JN207367

[第二版]

現代社会を考えるための
経　済　史

髙橋美由紀［編著］

創　成　社

はじめに

　現代社会では，何か情報が欲しいと思ったら，インターネットで検索すれば
すぐに手に入る。たとえば，これまで経済史で重要であると教えられてきたこ
とがらについて，「産業革命って何だろう」と思ったら「産業革命」という語
で検索すれば，さまざまな情報が得られる。では，情報があふれているこのよ
うな社会の中で，わたしたちが真に学ぶべきことは何だろうか。

　第一は，情報の信頼性を考えることの出来る判断力である。判断力は，さま
ざまな知識を習得し，みずからの頭で考えることによって培われる。そして，
歴史を学ぶ時に必要とされる判断素材は，その事実を裏付ける「史料」である。
歴史研究の多くは「文字史料」に基づいているが，発掘された遺跡・絵画・建
築物などさまざまなことがらから，わたしたちは歴史を学ぶことができる。新
たな史料は常に発掘され，従来は「正しい」とされてきた通念がくつがえされ
ることもある。このような観点から，本書においてはなるべく「史料」，ある
いは豊富な史料を紹介している書籍を紹介したい。ただし，「なぜその史料を
手に取ることができるのか」といった史料批判を同時におこなうことも重要で
ある。

　第二は，わたしたちの身近なものと歴史とのつながりを知ることである。単
なる，個別の知識を得るのでは無く，体系的に知識を習得することである。そ
れによって，学んだことが生きてくる。いま，あなたの前にあるもの，何でも
構わない。たとえば，スマートフォンはどのようにしてつくられてきたのか。
いま，あなたが何気なく手にしているものは，多くのひとびとの創造の上に成
り立っている。

　第三は，ものごとを考えるきっかけである。インターネットで検索すれば，
多くの情報が得られる社会ではあるが，まず「携帯電話はなぜ作られたのか」

という問いかけが存在しなければ，知識の広がりは生まれない。そのためには，ある程度の基礎的知識が必要とされる。

　経済史の基礎的な知識を学ぶことは，少し回り道に見えることがあっても，現代社会を考える上での重要な土台となる。未知であった領域を知ることは，本来楽しい作業である。自分の頭で考えることをしなければ，インターネットと切り離されたときに何もできなくなってしまうだろう。そのようなことがないように，ぜひ，楽しみながらいろいろな出来事について考えてもらいたいと願っている。

　本書は，編年形式を採らずにテーマ学習ができるように編集した。どこからでも読み進めていただけることと思う。そのうえで，書かれている時代を把握するために，人物や出来事に西暦を付すことを心掛けた。また，各章の末尾には内容理解のための「考えてみよう」3題と，「さらなる学習のために」推薦する3冊を付した。

第二版発行にあたって

　第二版では，主として現在生存していない人名のすべてに生没年を入れること，難読漢字にルビを振ること，および第7章のタイトルを内容に即して改めることなどの細かい調整をおこなった。実質的な内容に変化はないが，より読者にとってわかりやすくなるように努めた。

目　　次

第 1 章　経済史では何を学ぶか

1．経済史を学ぶ意味——身近なところから考えてみよう

　なぜ，経済史を学ぶのだろうか。もちろん，大学の授業で必修科目だから学習する人もいるだろうし，現在の経済における諸問題解決のヒントを歴史から得ようという人，単に関心があるからという人もいるだろう。かつては，経済発展はどのようにしたら成し遂げられるかを知るために，経済発展，特に産業革命を成し遂げた国のたどってきた経済活動を学ぶという目的も重要とされた。

　経済発展の経路を示した著作に，狩猟 → 牧畜 → 農耕 → 農工 → 農工商という五段階を唱えた**フリードリッヒ・リスト**（1789-1846）などの**ドイツ歴史学派**や，原始共同体 → 奴隷制 → 封建制 → 資本主義 → 社会（共産）主義（→ 第14章）という**マルクス主義者**による物質的生産力と生産関係を重視する19世紀中庸の**唯物史観**（**史的唯物論**），経済成長にいたる時には**テイク・オフ**（take off, **離陸**）が生じるというアメリカの**ウォルト・ホイットマン・ロストウ**（1916-2003）による理論などがある。日本では経済史学の大家，**大塚久雄**（1907-1996）が1955年に『**共同体の基礎理論**』において，アジア的 → 古典古代的 → 封建的 → 資本主義的 → 社会主義的という発展段階説を挙げた。産業化を成し遂げるための一定の道筋が多くの研究者によりさまざまに考えられ，ひとつの段階から次の段階へ移行する際には何らかの力，あるいは「革命的要素」が必要と考えられた。たとえば，産業化が上手く成し遂げられない場合には，発展段階の一部分が欠けていたり，あるいは革命がじゅうぶんに遂行されていなかったりするというわけである。多くの場合に分析単位とされたのは国家であった。そして，経済発展が進まない諸国においては国家の体制が産業化を阻むものであったという説明もなされた。

　しかし，これらの発展段階に関する諸説は，産業化を成し遂げた国家の典型として模範とされたのがイギリスであり，次いで西欧諸国であったという西欧中心史観に基づいたものであった。また，西欧以外で産業革命を成し遂げた国家としては日本が取り上げられ，その産業化の成功の理由を模索すること，日本はどのような発展段階をたどって工業化に成功し得たのかが研究対象とされた。しかし，現在，経済発展を達成するための道は，西欧が成し遂げた産業化以外にも複数存在するといわれ，アジア社会，特に中国経済が重要視されており，インド経済も存在感を高めている。さらに，経済発展イコール目指すべき道なのか，本当の豊かさとは何かということも問題とされている。そして，歴史を振り返ると，一国の経済は発展するばかりではなく，衰退することもある。わたしたちは，そのような全ての事象を網羅して経済史を捉える必要がある。

　「経済」の語源といわれる**「経世済民」「経国済民」**，すなわち，世を統べて民を救うという観点から，ひとびとの生活をよりよくするために，これまでにどのような歴史が繰り広げられてきたのか，あるいは歴史のどのような問題点を反面教師として私たちの未来に活かさなければならないのか，を学ぶことが経済史に課された役割である。

　そもそも，「経済史」は，「経済」と「歴史」の両方の語が含まれる。場合によっては経済に重点が置かれたり，歴史に重点が置かれたりとその比重が異なることもある。近代経済学では，ミクロ経済学にしろマクロ経済学にしろ，数学や統計学を援用するさまざまな分析手法を学ぶ。そして，それが現実の社会においてはどのような事象を説明できるのか，具体例を挙げて説明することもある。そのときに用いられる具体例というのは，1年前の統計であっても，「現在」からみれば「過去」に属する，すなわち「歴史」と考えられる。極端な話をすれば，常に動いている「現在」からみれば1秒前のことであっても，「歴史」なのである。たとえば，みなさんは，今朝，コンビニエンス・ストアーで昼食としておむすびとかパンとかを購入したかもしれない。その行為も現在という時点から見ると，すでに経済活動の歴史なのである。そう考えると，経済史の扱う領域は，決して私たちの現在の暮らしとかけ離れたものではなく，大変幅広いものであることがわかるだろう。

　ひとびとが暮らしていくためには，さまざまな経済活動がおこなわれている。それは，人類が社会生活を始めた時から現在まで脈々と続いている。最近では，歴史が扱う範囲は時代的にも内容的にも広がってきている。この本の中でそのすべてを網羅することは難しいが，経済史にとって重要で興味深い内容を取り上げていく。ぜひ，経済史を身近な学問として興味を持って学んでいただきたい。

２．経済史研究のいま

　歴史研究はさまざまなデータ（資料・史料）を土台として展開される。昨今，社会事象を考察する上で重要性を増している作法に「データを読み解く力」がある。データと聞くと数値データという定量的なものを思い浮かべがちだが，データには定性的なものもある。また，文字に書かれたデータは歴史研究の中心となるが，文字では記録されなかった歴史の動きを推測することも重要である。記録資料がほとんど無い時代や民族についての理解にはそのような試みが必須である。遺跡から発掘された骨や生活用品などである。科学の発達によって，埋もれていた資料に光があてられることもある。新しい技術が歴史研究を進めた例としてX線CTスキャンによる仏像調査などがある。その成果として，2021年には奈良成福寺が所蔵する聖徳太子像内部に収められた小さな菩薩像の存在が明らかにされるという発展があった。降雨量の歴史的推計には，当時の木材から年輪セルロース酸素同位体比を調査するという方法などが採られる（中塚 2022）。

　歴史的資料を扱う際には，現代まで残っているものを手がかりに残っていないものについて思いを馳せることも必要である。たとえば，衣類など布製品は残りにくいがそれに付随する金具などは残されていることが多い。また，金属の中でも鉄は錆びて腐敗しやすいが青銅は残ることが多い。それぞれの時代には歴史資料がどのような形態で何のために用いられていたのかを考えていく。歴史に残りにくい情報として匂いなどの研究もある。歴史研究の対象も政治を動かす王侯貴族などの支配者では無く一般民衆の歴史も重要とされるようにな

った。ジェンダーの視点から歴史を切り取って考察することもある。**リュシアン・フェーブル**（1878-1956），**マルク・ブロック**（1886-1944），**フェルナン・ブローデル**（1902-1985）などによるフランスの**アナール学派**は，20世紀にそのように多面的に歴史を捕らえることをおこなった。

　歴史の読み解き方としては，定量的・定性的のいずれのデータにおいても，手に取ったものを鵜呑みにするのではなく，それらがなぜ作成されたのか，そしてなぜ現在まで残されて私たちが活用することができるのか，批判的に考察すること（史料批判）が重要である。そして，データが作成された背景もあわせて研究する必要がある。たとえば，ある出来事を記録するとき，その記録された時代や立場によって同じ事象でも見方や書き留め方が異なることがある。騒乱や戦争において，勝者はそれを良い歴史として記録するが敗者は暗い歴史として記録するだろう。革命によって新しい時代が切り拓かれたときには，その前の時代は「不幸な時代」として記録されることが多い。21世紀の社会では，江戸時代を屎尿までを資源として用いる究極の循環型社会として肯定的に捕らえる考え方がある。しかし，明治期にはその前の江戸時代は身分制社会として百姓が支配者に搾取されていた暗い時代としたほうが，当時の国民の意識高揚には役立っただろう。

　数値からなるビッグ・データを扱って従来は分からなかった歴史を解明するという動きもある。長期的データが入手可能な指標として，たとえば，前述の気候に関するものや人口の歴史などがある。これは，歴史の中でも経済史とは親和性がある。数値データを扱った研究には，近代経済学の手法を用いて歴史的事象を説明している著作もある（岡崎2016など）。ひとが豊かになったのかどうかを測る指標として，GDP（国内総生産）や1人当たりGDP，賃金などを長期的に推計する試みもおこなわれている。

　経済史という学問自体の端緒は，19世紀ドイツ歴史学派に求められるかもしれない。しかし，その学問対象である経済の歴史は，人間の誕生時点から始まる。生存のためには食糧や住居が必要となる。衣類も必要となろう。自然界から得られるものだけで済めば良いが，そうで無い場合には何らかの方法で調達・加工する必要が出てくる。他者と関わりを持つようになれば交換が始まる

かもしれない。人の一生には，人類の誕生を起源とする悠久な時の流れにおいて変わらない営みが存在する。それは，幾多の社会の中でどのような現象として認識されてきたのか。重要なのは，それを知りたいという欲求と事実であり，どのようにして事象を把握するかという方法論は手段に過ぎない。昨今，データも電子化が進み，インターネットを通じてアクセスできるものも多くなっている。たとえば，国立国会図書館のデジタルコレクションにおいては，多くの歴史資料が公開されている。歴史に関心のある方は，可能ならばぜひ一次史料まで降りて自身の目で確かめていただくことをお薦めする。

3．グローバル・ヒストリーと経済史

グローバル・ヒストリーに関する文献も数多くが出版されている。たとえば，水島司によって 2010 年に『グローバル・ヒストリー入門』が世界史リブレットとして刊行されている。リブレットは内容が簡潔に説明されているので，知りたいテーマを把握するのには大変便利であり，ぜひ活用されたい。グローバル・ヒストリーの流れは世界規模で歴史研究において推し進められ，日本の高校における授業でも各国の歴史を関連付けて地球規模で捕らえるようにと「歴史総合」が 2022 年度から必修科目として導入された。歴史総合の教科書には，たとえば，「銀をめぐる世界の繋がりについて考える」など興味深い内容がある。ただし，学ぶ時間に制限もあることから，18 世紀より前の時代に関してはほとんど扱われないことが多いという点は残念である。ところで，グローバル・ヒストリーという語は日本でもそのまま使用されているが，global という語は地球を表す globe という語の形容詞形であるから，あえて日本語にするとすれば，「地球史」ということになるだろうか。これに対して，従来使用されてきた「世界史」という言葉は，日本の教育の中では「日本史」とともに使用され，一般には対象を地域や国ごとに細分化してそれぞれの歴史を学ぶことが多かった。グローバル・ヒストリーでは，地球上のすべての事象がどのように影響しあいながら変遷してきたかを学ぶ。現代ほど速くはないにせよ，地球上のある地域で生じた出来事は，別の地域と関連を持って生じてい

る。また，人類の歴史のみではなく，気候などの自然の歴史を考えることも重要とされている。地球上の気候が，ある一国のみに影響を与えるわけではないのは自明の理である。そして，同じ民族であっても異なる国家に属する場合もあることから，「国家」という単位のみで歴史を観察することは物事の一面しか見ない可能性があり，歴史の全体像を把握するという上では危うい。扱う時間のスパンも長く，グレゴリー・クラークによって，『10万年の世界経済史』などの書籍も出版されている。

　かつて経済史では，18世紀に世界で最初に産業革命を成し遂げたイギリスとそれに続く西欧の歴史が多く学ばれた。なぜ，最初の産業革命は18世紀にイギリスで生じたのか，という問いである。もちろん，それ自体は今日においても重要なテーマだが，現在は地球上の他の地域，特に中国を始めとするアジア地域にも大きな関心が注がれている。なぜ，当時イギリスと同等かあるいはそれよりも経済的に発展していたと考えられる中国が産業革命という道へ進まなかったのか。この疑問はケネス・ポメランツにより**大分岐**（The Great Divergence）として提起された。そして，今後の経済史を考える場合には，人口が急増するアフリカ地域がひろがる南半球の地域なども視野に入れていく必要があるだろう。

　イギリスで産業革命が生じた理由として，国家の政治的な体制や所有権の確立という経済活動における効率的なシステムが実現されていたという制度的な面をとりあげる説もある。労働者の誕生について宗教的要素など精神面から考察する試みもある。また，逆説的ではあるが，エネルギーの観点から木炭不足が挙げられることがある。当時，燃料として使用されていた木炭が足りなかったため，イギリスでは石炭を用いるようになった。大量の石炭資源と鉄鉱資源に恵まれている地域を含むイギリスでは，それらを用いる産業が興った。石炭は蒸気機関の燃料として活用された。また，先に挙げたポメランツは，イギリスがアメリカという植民地を得たことが重要であったという。すなわち，島国であるイギリスそのものの国土は狭いが，増えすぎた人口はアメリカという新世界へ移住が可能であり，「**マルサスの罠**」（人口による制限）から自由であったこと，そして食糧も植民地から調達できたため，「**リカードの罠**」（土地によ

る制限）からも自由となれたことを挙げる。「マルサスの罠」については，次章の人口の箇所でも触れるが，人口の幾何級数的増加（等比数列的増加）が経済発展を阻害するという経路であり，これは移民という人口圧力低下メカニズムによって回避された。「リカードの罠」とは，以下のような仕組みである。経済成長が始まると労働需要が増加する。そのため，一時的には賃金が上昇するが，それは人口増加をも生起させてやがては賃金水準を元に戻す。しかし，増加した人口は食糧需要を増加させるから食糧供給のための新たな土地が必要とされる。だが，土地には限りがある。より劣等な土地が農業生産に追加され，穀物の値段高騰に繋がり，生存賃金の上昇をもたらす。これは，工業生産における労働者の賃金を引き上げ，持続的な成長に歯止めをかける，というものである。新大陸アメリカにおける農業生産や市場の提供は，以上のような2つの罠を回避することにつながったのである。

　本書では，グローバル・ヒストリーの重要性も認識して人口や疫病といったテーマも取り上げつつ，経済史としての基本的内容については，あえて西欧・中国・日本・アメリカなど地域や国家ごとに紹介することもおこなう。

考えてみよう

1．あなたにとって，経済史を学ぶことの意味は何だと思うか。
2．「経世済民」「経国済民」とはどのようなことを指すか。
3．従来の「世界史」に対して「グローバル・ヒストリー」はどのように定義されるか。

さらなる学習のために

岡崎哲二（2006）『コアテキスト・経済史』新世社
ケネス・ポメランツ，川北稔訳（2015）『大分岐』名古屋大学出版会
水島司（2010）『グローバル・ヒストリー入門』世界史リブレット127，山川出版社

第2章　人口と経済

1．人口統計とその理論

　日本には，多くの人口調査がある。地域の居住人口数を知るための統計（**人口静態統計**）としては，**国勢調査・住民基本台帳・戸籍**などがある。また，出生・死亡・移動・結婚は，それらが生じたときに担当役所に届け出をおこなうことになっており，これらは**人口動態統計**と呼ばれる。国勢調査は国の重要な統計（基幹統計）調査であり，日本では1920年から5年おきにおこなわれている。1の位が0の年は大規模調査，5の年は簡易調査となる。国勢調査による日本の人口は，記録開始時から2010年調査までは常に増加を続けてきた（図表2－1）。しかし，2015年の国勢調査の数値は1億2709万人となり，2010年の1億2806万人より約100万人減少し，2020年の国勢調査ではさらに100万人ほど減少して，1億2615万人となった。このように，人口が減少局面に入ったと報告されたことにより，日本経済が縮小・停滞するのではないかと危惧する声がしばしば聞かれる。つまり，人口が経済発展を支えるうえで重要だとする考え方である。他方，人口数は経済発展にとっての必要条件ではなく，経済発展にはイノベーション（革新的な技術発展）が重要だとする考え方もある（吉川2016など）。

　このような日本における人口の減少に対し，世界人口は，増加率は次第に緩慢にはなってきてはいるが，2023年現在も刻々と増加している。たとえば，アメリカ・センサス局のホームページには，参照時点の人口の動きが示されているが，それによると，2023年3月の時点で世界人口は約79億5500万人である（アメリカ・センサス局 https://www.census.gov/popclock/）。このように，地球全体で観察した場合，人口の動きは地域によって異なり，それによって生ず

図表2－1　日本の総人口の推移（主として国勢調査による）

単位（千人）

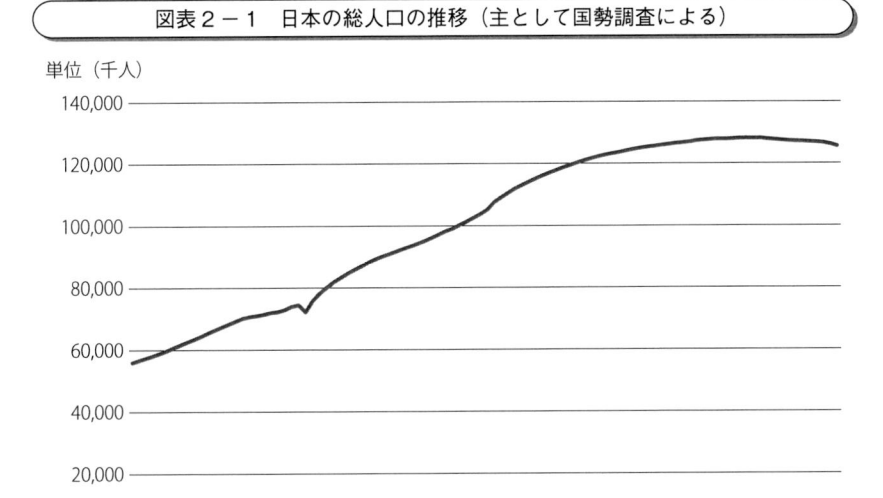

データ出所：e-Stat 人口統計

る問題や考えるべき問題は多様である。

　また，人口の増加・減少を考える際には，**人口学的方程式**のどの項がどのように変化したかによってとらえることが重要である。人口学的方程式は，

人口増加＝自然増加＋社会増加＝（出生数－死亡数）＋（転入数－転出数）

として定義される単純な式であるが，たとえば人口が減少したという事例があったときに出生数が減少したのか死亡数が増加したのか転入数が減少したのか転出数が増加したのかによってその社会状況や対策は異なる。ちなみに現代の日本における人口減少は，出生数の減少ばかりではなく高齢者の増加が死亡数を増加させていることにもよる。

　さて，おおまかに経済活動を「財を生産・消費する営みである」ととらえた場合，人口は「生産者」と「消費者」の両面から問題にする必要がある。労働者不足が経済活動の停滞につながるという心配は，人口を「生産者」の側面からみたものといえる。しかし，人口は同時に「消費者」でもある。ある地域で

どのような商品が売れやすいのか，市況をみて生産がおこなわれることがある。つまり，どのような消費が存在するのか，ということが生産をする上でも重要であり，これは当該地域に居住する人口の需要と関連している。時として社会的な状況が従来は存在しなかった需要を喚起することもある。

　たとえば，2019年12月に第一例目の感染者が中国武漢市で報道されたのち，世界に急速に広がったCOVID-19（新型コロナ・ウィルス）では，マスクや消毒液などが必要となり，マスクに関しては文字通り，「人の口の数」だけ必要とされた。また，少子高齢化が進む日本社会では高齢者向けの需要として高齢者施設・食事配達サービスの需要が生まれるなど，消費者の必要に応じた供給が展開されている。このように，人口と経済との関係については，生産者の視点と消費者の視点の両面からとらえる必要があるが，その場合にも単に頭数だけではなく年齢といった視点も重要である。年齢によって物を生産する人口（**生産年齢人口**，15-64歳）かもっぱら消費する人口（**従属人口**，0-14歳の**年少人口**および65歳以上の**老年人口**）かに分けられ，必要とする商品も異なるからである。

　人口と経済との関係について，経済史を学ぶ上で最初に取り上げるべき理論は，**トマス・ロバート・マルサス**（1766-1834，図表2－2）の『**人口論**』（*An Essay on the Principle of Population. As It Affects the Future Improvement of Society, with Remarks on the Speculations of Mr. Godwin, M. Condorcet, and Other Writers*）である（マルサス2011）。これは，産業革命が進行しつつある18世紀の終わりに著された。ここでは，人口の「消費者」としての側面が重要視される。以下の2つが彼の論点における骨格である。

① 食糧は，人間が生きていく上で必要である。

First, That food is necessary to the existence of man.

図表2－2　マルサス

出所：https://www.britannica.com/
biography/Thomas-Malthus

②　男女の情熱は必然であり，これは将来においても変わることがない。

Secondly, That the passion between the sexes is necessary and will remain nearly in its present state.

　たとえば，一組の夫婦から男女2人ずつの4人の子どもが生まれたとする。子どもを産むのは女性であるから，ここでは女性のみをとりあげて考えてみる。一人の母親から2人の女の子が生まれ，彼女たちも子どもを産む年齢まで生き抜いて結婚し，同じように4人の子どもを持ち，そのうち2人が女の子であったとする。

　　1人の女の子 → 2人の女の子 → 4人の女の子 → 8人の女の子
　　→ 16人の女の子……

というように増えていく。この増え方は等比数列的（幾何級数的）である。これは，図表2−3ではAの曲線になる。これに対し，食糧生産は増加したとしても，毎期同じ量ずつしか増加しない，すなわち等差数列的（算術級数的）にしか増加しないと考えると，図表2−3のBの直線になる。

　最初は，人口よりも食糧のほうが多いので，人口は増加していく。しかしながら，図のX点まで来ると人口が食糧を上回ってしまい，生存できなくなる。ここでは，餓死などが生じると考えられる。あるいは，食糧をめぐって争いが

図表2−3　人口と食糧の概念図

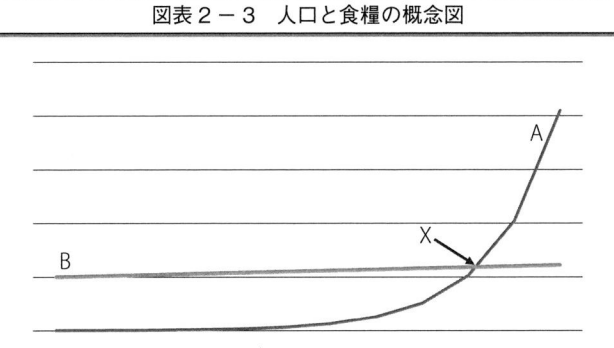

出所：筆者作成

起こり，その結果として人が亡くなるかもしれない。これが，**人口の積極的制限**と呼ばれるもので，「死亡」による人口の制限になる。これに対し，人間はそこまで愚かではなく，経済的に厳しくなる，たとえば職が得られなくなった時点で結婚を延期し，子どもを持たなくなるのではないか，という考えもある。これは，「出生」による人口の制限で**人口の予防的制限**（のちに**人口の道徳的制限**）と呼ばれる。両方の制限ともに，人口が経済によって制限される，すなわち経済が人口を決定するということになる。マルサスの人口理論は，「新マルサス主義」と呼ばれる学者たちに受け継がれたが，彼らは X 点に到達しないための人口制限策として結婚を抑制するのではなく，産児制限が重要であると主張した。その一人にジョン・ステュアート・ミル（1806-1873）もいる。また，多くの経済学者は，何らかの形で人口の問題について触れている。

　しかし，ちょうどマルサスの生きていた時代に生じつつあった「産業革命」（⇒9章）によって，彼の考え方が妥当しない社会，すなわち「経済」が急速に増加する社会が誕生した。

　前近代社会では，マルサスの理論通りに経済（食糧）によって人口が制限されていた。しかし，産業革命は経済の伸びを直線的なものから指数的なものへと変化させた。すなわち，**近代経済成長**（Modern Economic Growth, MEG）が成し遂げられた。近代経済成長は，「1 人当たり国内総生産（GDP）の増加」としてとらえられるが，この定義は大変重要な意味を持つ。なぜならば，1 人当たりの GDP が増加するということは，人口増加よりも経済成長のほうが早いということを意味し，経済の成長は図表2－3のBとは異なるからだ。

2．世界人口の変遷

　図表2－4は世界人口の推移を表している。これを見ると，世界人口は産業革命以降に急激な増加を遂げたことがわかる。このような人口の増加をグラフ上に同間隔の目盛りで描いてしまうと，産業革命以前の人口は低い位置で推移し，その変動はわからない。しかし，その時期においてもさらに細かくみてみると，いくつかの人口が増加した時期や減少した時期があることがわかる。

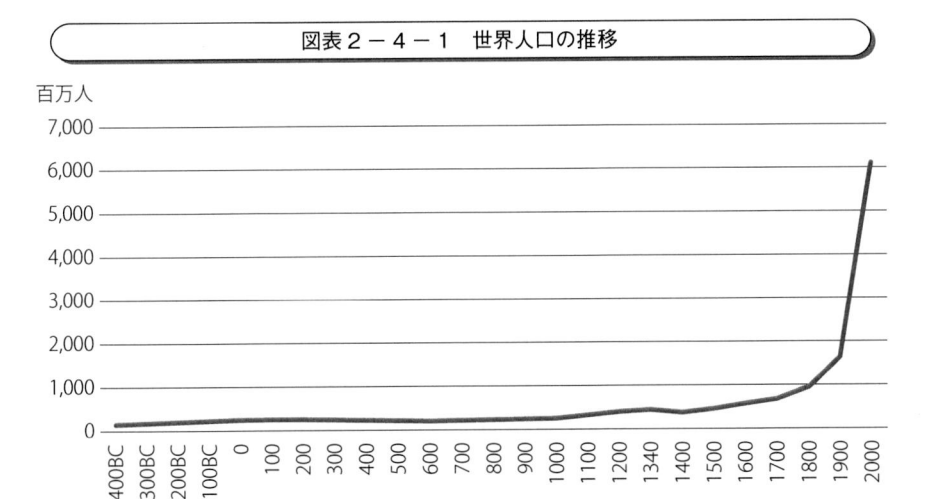

図表2－4－1　世界人口の推移

データ出所：リヴィ-バッチ（2014）p. 31　表1.3　データの無い箇所は直線補間をした

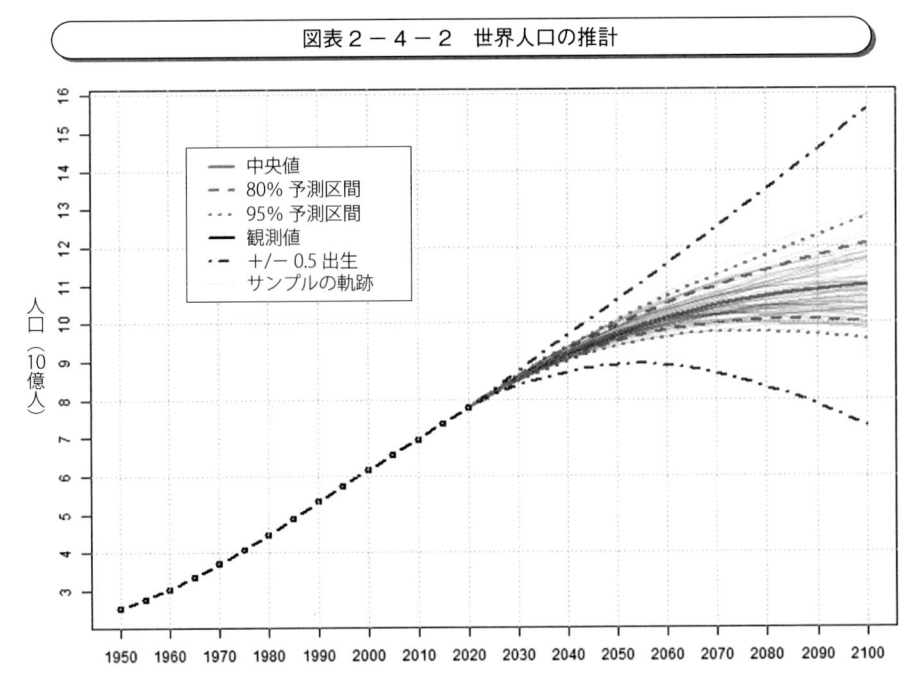

図表2－4－2　世界人口の推計

出所：国際連合 HP

> 図表２－５　アメリカ自然史博物館の画像

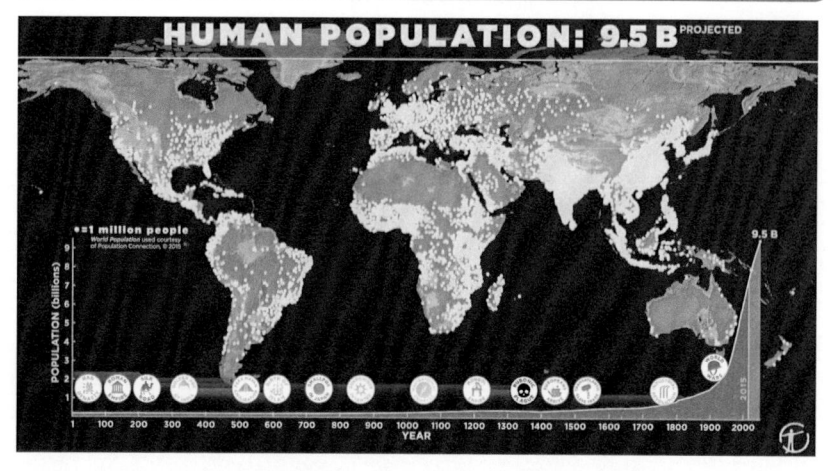

出所：アメリカ自然史博物館 HP「Human Population Through Time」

　2016 年にホームページに公開されたアメリカ自然史博物館のビデオを見ると，どの地域に文明が発達し，どのくらいの人口が住むようになったかがわかり，たいへん面白い（図表２－５）。アフリカ大陸で誕生した人類は，そこから他地域へと広がった。おおよそ１万年前に農耕を生活の中心とし（第１次農業革命），定住した。狩猟採取の移動型社会から農耕を営むことによって，計画的に多くの食糧供給が獲得可能となったことは，人口増加を加速させた。

　しかし，人口は増加するばかりではなかった。気候変動や疫病，そして戦争によって人口は減少した。14 世紀にヨーロッパを襲ったペスト（黒死病）では，人口の３分の１が失われた（⇒13 章）。急速な人口増加は，18 世紀にイギリスで生じた産業革命によって始まった。産業革命に先だってノーフォーク農業という農業生産を高める農法が導入されたこと，また，工業化したイギリスは植民地からの食糧を調達することによって，その増加した人口を支えることに成功した。

　経済発展に伴い，マルサス的な人口制限を脱したのであるが，経済発展がさらに進むと，先進国では人口が減少に転じるという新たな局面を迎えた。時系列的に粗出生率と粗死亡率を観察すると[1]，初期には粗死亡率も粗出生率も

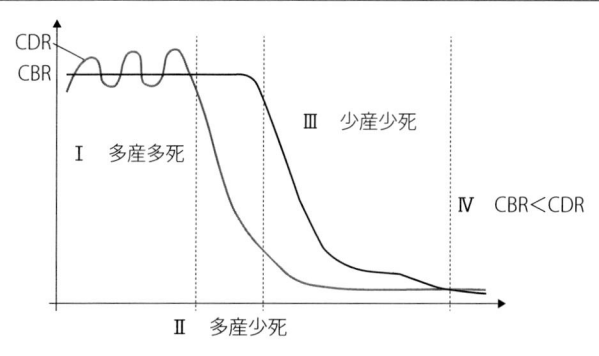

図表 2 － 6　人口転換（概念図）

（註）CBR（Crude Birth Rate，粗出生率）
　　　CDR（Crude Death Rate，粗死亡率）
出所：筆者作成

高い「多産多死」の社会であるが，まず粗死亡率が低下して「多産少死の世界」となり人口は急増する。しかし，その後に粗出生率も低下して「少産少死」の社会となり，さらに近年の先進諸国においては粗出生率が粗死亡率を下回って，人口が減少している。これを，**人口転換の法則**（demographic transition theory）という（図表 2 － 6）。粗死亡率低下は，栄養水準や衛生水準の上昇，医療の発展などにより生じた。粗出生率低下の要因は一概には決められないが，乳幼児死亡率が低下したことによって，多くの子どもを産まなくても成人して自分の後を継いでくれる子どもを残すことが可能となったこと，また産業発展に伴い女性の教育水準が上昇して結婚年齢が上昇したり，子どもを多く産みすぎたりすることが自分の健康を阻害することへの認識が高まったことなどが考えられる。

　2023 年に人口が増加しているのは主にアフリカ諸国などの発展途上国であり，日本などの先進国では人口が減少あるいは停滞している。これは，将来に地球上の人口の多くが発展途上国の人口になることを意味する。2090 年になるとアフリカの一地域を除いて世界すべての地域で人口が停滞，もしくは減少に推移すると推計されている（図表 2 － 7）。2100 年における中位推計では人口は停滞局面へ移行している。人口停滞・減少社会の到来である。

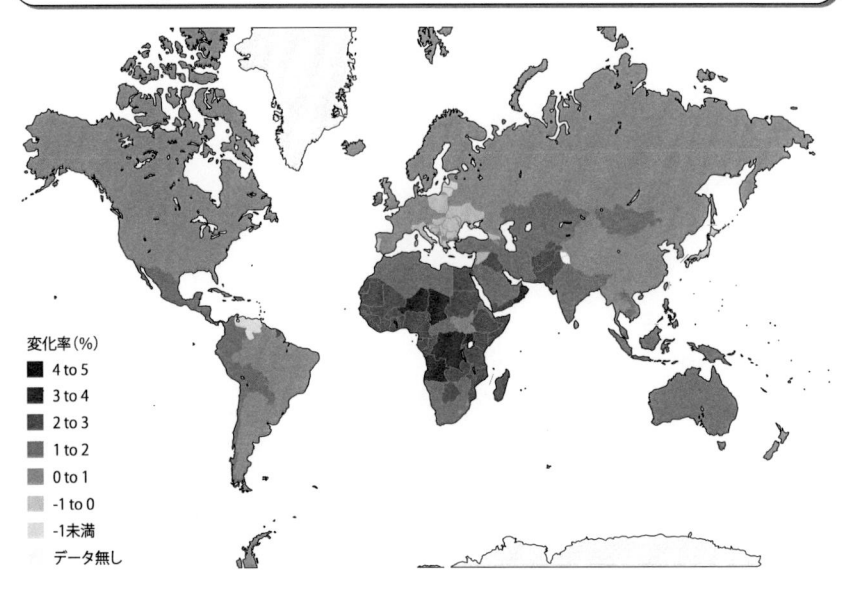

図表２－７－１　2015年から2020年における人口増加率

変化率（%）
- 4 to 5
- 3 to 4
- 2 to 3
- 1 to 2
- 0 to 1
- -1 to 0
- -1未満
- データ無し

出所：国際連合 HP

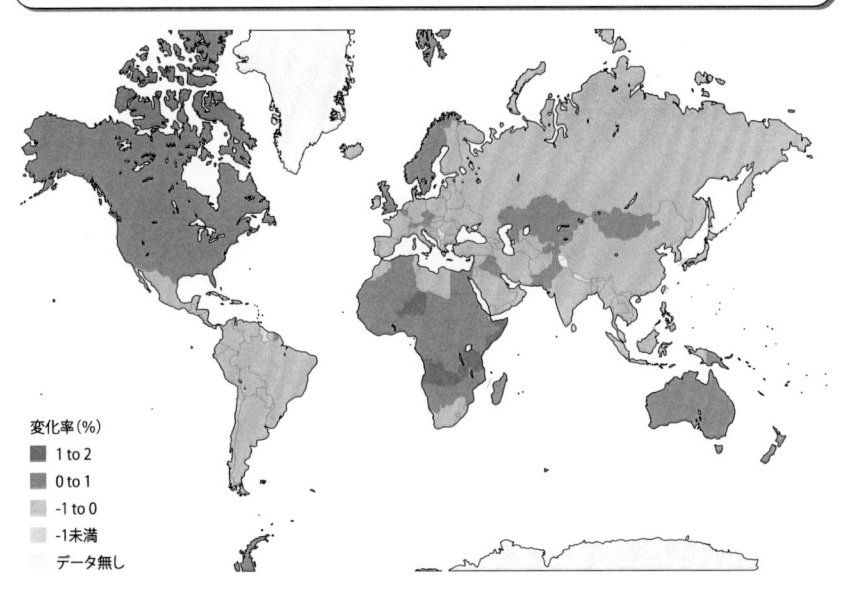

図表２－７－２　2090年から2095年における人口増加率

変化率（%）
- 1 to 2
- 0 to 1
- -1 to 0
- -1未満
- データ無し

出所：国際連合 HP

3. 歴史人口学

　歴史を考える上で注意をしなければいけないことがある。それは，歴史上の
ある出来事が何から明らかになったのか，それは本当に正しいのか，というこ
とを自分自身で確認する作業だ。情報があふれる現代社会においてこれは重要
なことである。

　たとえば，世界人口の推移の図はいったいどのようなデータを元に描かれた
のか。現在と異なり，統計などがない時代だ。そのため，歴史研究者は，遺跡
や人骨などさまざまな手がかり（史料）を使って推計をおこなっている。この
ような手法によって日本の人口推移をまとめると図表2-8のようになる。こ
こからは，歴史を振り返ってみると，人口はいつでも増加していたわけではな

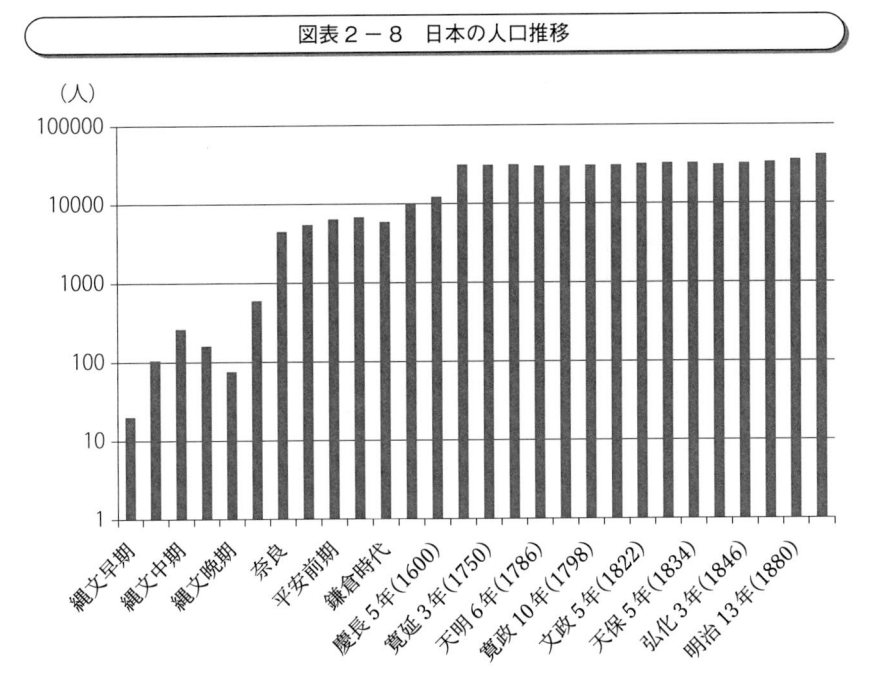

図表2-8　日本の人口推移

データ出所：鬼頭（2007）

図表２－９　教区簿冊の例
(St Martin-of-Tours Church – Chelsfield, Kent Baptisms & Burials Register: 1731-1812)

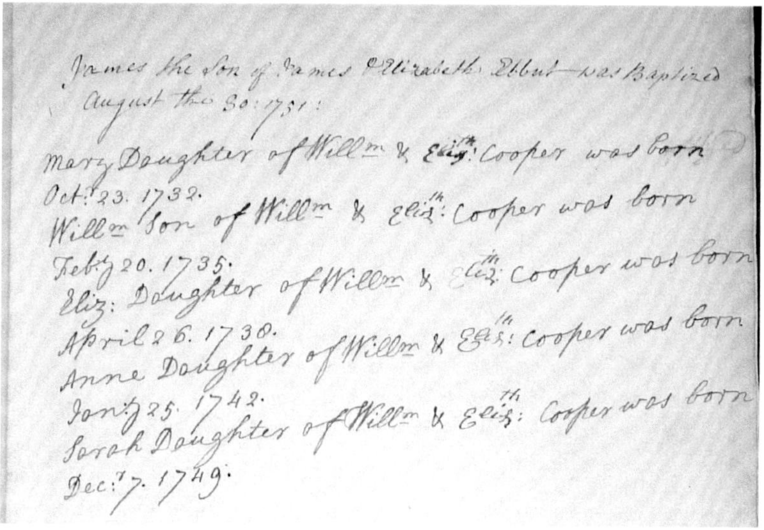
James the Son of James & Elizabeth Ebbut was Baptized
August the 30: 1731:
Mary Daughter of Willm & Elizth: Cooper was born
Oct: 23. 1732.
Willm Son of Willm & Elizth: Cooper was born
Feby 20. 1735.
Eliz: Daughter of Willm & Elizth: Cooper was born
April 26. 1738.
Anne Daughter of Willm & Elizth: Cooper was born
Jany 25. 1742.
Sarah Daughter of Willm & Elizth: Cooper was born
Dec: 7. 1749.

出所：NORTH WEST KENT FAMILY HISTORY SOCIETY 所蔵

いことがわかる。

人口史料を用いて，前近代の人口の実態を明らかにしようという学問として「歴史人口学」がある。歴史人口学は，1950年代にフランスで始まった。歴史人口学の創始者はINED（フランス国立人口統計学研究所）に勤務していた人口学者の**ルイ・アンリ**（1911-1991）である。また，歴史学者のピエール・グベール（1915-2012）もその一人とされることがある。アンリは，ドイツと比較した場合にフランスの出生率が低いのではないか，歴史的にはどうであったのか，ということに関心を持ち，教会の史料である**教区簿冊**（parish register，図表２－９）を用いて**家族復元**（family reconstitution）をおこなった。

教区簿冊は，キリスト教社会の記録で，洗礼（baptism）・結婚（marriage）・埋葬（burial）を記録する。洗礼を出生，埋葬を死亡として年代と名前を手がかりに１つの家族を夫婦から復元し，子どもの数を調べる。ただ，村の中にはキリスト教以外の宗教の人が居住している可能性もあるので，この記録のみで

図表２－10　人別改帳とその読み下し（二本松藩郡山上町）

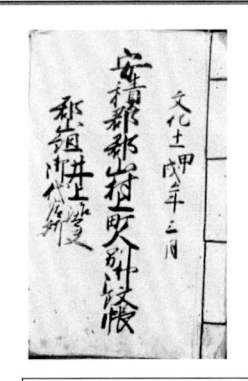

持高　本田壱拾九石武斗七升一合
　　　新田壱石武斗九升
作高本新合武拾石五斗六升武合

一　家主　永戸市三郎　印　年武拾
一　女房　　つね　　　同武拾七
一　嫡女　　ちゑ　　　同六ツ
一　母　　　とち　　　同五拾三
一　下女　　はや　　　同武拾四
門娘酉年方質物
　越後国蒲原郡高崎領太田村弥右衛
　　　五人　有人　　　馬壱疋
病死
　　・親新左衛門　年六十武去七月

文化十一甲戌年三月

安積郡郡山上町人別御改帳

郡山組　井上治太夫

御代官所

出所：郡山市歴史資料館所蔵

は１つの村にどれだけの人口が住んでいたのかはわからない。そこで，租税台帳や国勢調査のような地域居住者の記録があると，粗出生率や粗死亡率などを知ることができ，より詳細な人口の分析がおこなえることになる。

　このヨーロッパの方法を学んで，日本では 1960 年代に速水融（はやみあきら）（1929-2019）が歴史人口学の研究を始めた。歴史人口学の資料として用いられるのは，皮肉にもキリスト教を禁止するために作成された史料である。近世日本社会（江戸時代）ではキリスト教が禁止され，各個人が寺に登録されることが必要とされた（⇒第10章）。そして，そのために作成されたのが「宗門改帳（しゅうもんあらためちょう）」であった。また，同種の史料に「宗門人別改帳」「人別改帳（にんべつあらためちょう）」（図表２－10）などがある。現在，現存が確認されているもっとも古い宗門改帳は 1638 年のものである。幕府は

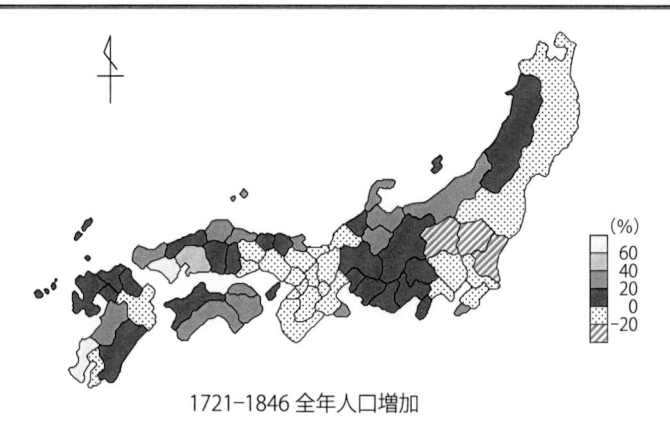

図表 2 − 11　幕府国別人口調査による地域別人口の変化（1721年と1846年の比較）

1721-1846 全年人口増加

データ出所：速水監修（1993）

直轄領をはじめとして各藩でも宗門改帳の作成を命じた。1664 年からは全国で，1671 年になると毎年の帳面の作成がおこなわれた。そして，ほぼ 6 年に一度全国集計がなされた（幕府国別人口調査）。これらの史料を用いて，前近代社会の人口と経済との関係が明らかになってきている。

　たとえば，日本全国でみたときに，東北日本，中央日本，西南日本で世帯規模や結婚年齢が異なっており，このような相違は農村なのか漁村なのか，奉公に出る人が多いのかなどという働き方とも関係している。また，江戸時代の三大飢饉とされる，享保の飢饉・天明の飢饉・天保の飢饉の，特に後者 2 つの飢饉では，東北地方において大きく人口が減少していることもわかる（図表 2 − 11）。

　このように，人口の動きは環境や経済によってかなり影響されてきた。しかし，ひとびとは単に環境や経済から影響を受けるだけではなく，生産者として経済活動にも影響を与えている。たとえば，人口増加によって農業用地が少なくなると新たな農地を開発したり，あるいは集約的な生産をおこなったりすることもある。これは，デンマークの開発経済学者**エスター・ボズラップ**（1910-1999）によって提起された考え方である（ボズラップ 1991）。大都市のような人口密度が高い地域のほうが，経済活動が活発になることもある。昨今，人口減少，

すなわち生産者の減少により経済が停滞してしまうことが心配されているが，新たな技術の開発が生産を飛躍的に伸ばすことにつながることもある。世界人口の増加と日本における少子高齢化・人口減少でどのような社会を作っていくのか，その知恵を歴史から考えていくことはたいへん重要なことである。

【注】

1) 粗出生率（普通出生率，Crude Birth Rate）＝一定期間の一定地域における出生数／当該期間当該地域における人口数× 1000（‰，パーミルで表す）。

　 粗死亡率（普通死亡率，Crude Death Rate）＝一定期間の一定地域における死亡数／当該期間当該地域における人口数× 1000（‰，パーミルで表す）。

考えてみよう

1．マルサスの人口論について，人口と経済の関係を図示して説明せよ。

2．歴史上で人口が大きく増加した時および減少した時はいつか，それぞれの要因についてもあわせて説明せよ。

3．近代的な統計が作成される前の人口について，どのような史料をいかに活用してどの程度知ることができるか，説明せよ。

📖 さらなる学習のために

鬼頭宏（2007）『図説　人口で見る日本史』PHP

速水融（2012）『歴史人口学の世界』岩波現代文庫

トマス・ロバート・マルサス著，斉藤悦則訳（2011）『人口論』光文社古典新訳文庫

第**3**章　農業とひとびとの暮らし

1. 中世ヨーロッパの農村世界の始まり

　西ヨーロッパにおいて，4世紀以降進行した西ローマ帝国の崩壊（476）は，社会的にも経済的にも大きな変化をもたらす出来事であった。ローマの特徴の1つでもあった都市の機能が失われ，流通機構や貨幣を用いた経済活動は損なわれた。ゲルマン人によって建国された王国の経済は，農業生活を主とする体制に変化してしまった。本章では，人口の大多数が農業活動に従事することから始まったとされる中世ヨーロッパの暮らしを中心に見てゆきたい。

　西ローマ帝国末期のゲルマン人の生活は，**牧畜**と**農耕**の両者を基盤にし，アルプスより北の地域においては，牧畜が主たる生業であったと考えられている。そこでは，穀物を原料としたパンよりも肉食が要であり，地中海世界で一般的なオリーブオイルの代わりに獣脂を利用し，飲み物はワインでなく牛乳やビールであった。ゲルマン人の富裕さは，持っている牛の数によって測られ，それが社会的な地位と結びついていた。飼育していた家畜は，牛の他，豚や山羊，馬である。穀物栽培をおこなう場合，その中心をなすのは**ライ麦**であり，小麦やエン麦も可能な限りで栽培された。ゲルマン人の一部族であるアレマン人は，ゲルマン人の移動期には，すでに農耕によって生活をしていたと考えられており，ビールの原料になる**大麦**や**エン麦**も栽培していたようである。穀物は，ライ麦，大麦，エン麦，スペルト小麦，裸小麦，エンマー小麦などさまざまな種類が知られており，ビール需要が大きいところでは，大麦やエン麦を栽培する春麦が優勢であった。肉食が少ない時には豆類の摂取は大切で，とりわけ**レンズ豆**の栽培が重要であった。ローマ時代のガリア（現在のフランスの辺り）では，小麦とぶどうがウィラ（大農園）を中心に栽培され，耕地は二分されて，秋まきの冬麦と休閑を1年ごとに交互に繰り返す**輪作**をおこなっていた。

　ゲルマン人たちは，ローマ人たちと戦をしてはいたものの，ローマ帝国の文明と無縁で生活していた訳ではなく，ローマ帝国の物資は，ゲルマン人たちの中に交換の形で入ってきていた。ゲルマン人たちは，ローマ人たちと奴隷や家畜，毛皮や獣皮，琥珀などを商品にして交換したのである。しかし，ゲルマン人たちは，基本的に自家需要のために農業や商業，手工業をおこなっていたため，商業も，副次的な役割を果たしていたに過ぎなかった。

　ゲルマン人のものづくりは，ローマ帝国内での手工業に比べれば未発達であり，陶器は回転盤を使わずに整形され，焼窯内ではなく焚き火で焼かれた。この仕事は，裁縫などを含めて女性の作業であったとされる。一方，男性が従事した冶金，優れた金属細工の技術は，ローマ人の手によるものよりも優れた部分があり，ローマの時代から知られていた。中世ヨーロッパの製鉄については第9章で簡潔に触れるが，中世の初期までのゲルマン人による金属加工は，鉄を鍛え，優れた鋼による剣を製造することを可能にしていた。

　ゲルマン人の集落は小規模であった。メロヴィング朝のフランク王国の時代（481〜751）に入っても大きな集落はまれであり，小規模な散村によって構成されていたとされている。フランク王国内の農村社会について見てゆくと，農民の暮らしとその環境は，この時期から少しずつ変化が始まったといえるだろう。地域による偏差はあるものの，ローマ時代のパンやワインを食する農業の遺産とゲルマン人による牧畜を中心とした畜産業の遺産が混合し合う，中世ヨーロッパの農業生活が生まれたのである。

　こうして始まった中世初期の時代，農民たちといっても，自営農民や不自由農民，奴隷などの身分に分かれていることが**サリカ法典**などの**諸部族法典**や修道院の**所領明細帳**（ポリプティクム，ウアバール）から確認できる。この者たちは，総じてメロヴィング朝期から**カロリング朝期**（751〜987）にかけて構築されてくる領主の所領形成の中で，領主の支配下にある隷属民となっていった。彼らは，土地の支配者たる領主に従属し，領主の直営地たる耕地での農作業，つまり，領主のための労働賦役をおこない，また貢租を支払いながら農業生活を営んだのである。

　カロリング朝期には，領主の隷属民たちが**開墾**を通じて農地を拡大させたと

考えられている。開墾は，領主にとっても，農業に従事する隷属民にとっても利のあることであった。特に，隷属民のうち，奴隷や不自由人たちは，拡大した農地を貸与されるようになったからである。メロヴィング朝期の所領では，穀物栽培よりも畜産などに重きを置いた農業形態が主であったが，カロリング朝期では開墾により耕地が広がったため，穀物栽培の比重が上がったとされる。さらに，穀物の種類が増えたり，収穫量の増加を見込んで地力を回復させる仕組みも工夫するようになった。場所によっては，ぶどう栽培も導入された。キリスト教の教会や修道院においては典礼の際にワインが必要であったし，聖職者たちの飲料として，また，訪れる人たちにふるまうためにも多量のワインが消費されていた。

　このような領主の政治的，経済的な基盤たる所領の様子を見て行くことにしよう。

2．荘園制と農村社会

　経済史では，農民たちの生活の社会的枠組みを考えるとき，先の大所領の枠組みを**荘園制**（**マナー，セニュリ，グルントヘルシャフト**）という言葉で表すことがある。ドイツ語圏の研究では，これをグルントヘルシャフトと呼ぶ。この名称は，あくまで，土地に対する処分権，土地の支配者が土地を利用する者に対する支配を可能とした近代の整理概念である。領主制，農場制と呼称することもあるが，ここでは，荘園制としておく。

　カロリング朝期には，多くの所領を持つ支配層の大荘園が現れてくるが，この大所領の経済的な構造を**古典荘園制**と分類するのが古くからある見解である。これらの荘園は，ローマ帝国との連続性がある地域では，ローマ帝国末期の制度が基礎となり，他方，ゲルマン的要素の影響が残る地域では，不自由人を利用して荘園経営をする制度が基礎となって成立した。古典荘園制は，**ヴィリカチオン制，フロンホーフ制**とも呼称されるものであるが，それは，7・8世紀に北フランクの肥沃な耕作地帯とロワール川とライン川の間の地域一帯に成立し，そこからさまざまな度合で近隣地域圏へと広がっていったと考えられ

ている。メロヴィング朝期の荘園と比べて，カロリング朝期の大所領は，開墾によって耕作地が拡大した。領主の**直営地**では，農地を貸与された奴隷や不自由人，領主の従属民となった自営農民が，賦役労働を行った。

　カロリング朝期の荘園の様子は，先に紹介した修道院に残された所領明細帳からその一端を見ることができる。このカロリング時代から普及するようになった所領明細帳は，現存するものも多い。その中でも多くの所領についての記載があるものとして，パリのサン・ジェルマン・デ・プレ修道院やランスのサン・レミ修道院，アイフェル地方のプリュム修道院の所領明細帳が挙げられるだろう。ここでは，9世紀前半のものと考えられているサン・ジェルマン・デ・プレ修道院の所領明細帳の一部と9世紀後半の情況を伝えるとされるプリュム修道院の所領明細帳の一部を紹介する。これらからは，農民の身分や賦役についての内容が見て取れる。

○サン・ジェルマン・デ・プレ修道院，ヴェリエール（パリの南13キロほどにある）の荘園

　「ヴェリエールに4つの直営地があり，257ボニエの耕地を4つ，1,100モディウスを播種できる。95アルパンのぶどう畑からは1,600モディウスのワインが手に入る。60アルパンの牧草地からは荷車60台分の干し草を手に入れられる。全体で周囲2リーグと推定される森では，250頭の豚を放牧できる。シャントネーに1リーグの灌木林が2つある。

　サン・ジェルマン・デ・プレの属人でコロヌスであり管理人であるフロドルドゥスと妻ヒルデガルディスは，3人の息子と1人の娘がおり，3ボニエの耕地と半ボニエの賦役地，6アルパンのぶどう畑，3アルパンの牧草地からなる自由マンスを1つ保有している。他のマンスとして，2ボニエの耕地と1ボニエの賦役地，4アルパンのぶどう畑，1アルパンの牧草地を保有する。軍役のために，あらゆるマンスから4ソリドゥスを貨幣で支払う。翌年には羊2頭，3年目には牧草の種，復活祭の時に3モディウスのワインを納付し，森の利用費として4デナリウスを支払う。冬期に4ペルシュ，春期に2ペルシュを犁返す。犁耕，伐採，運搬，手作業を行う。命ぜられた時には，4羽の鶏，卵15個，1アルパンのぶどう畑で作業をする。」

＊ボニエ，アルパン，ペルシュは広さの単位。モディウスは量の単位。

(Auguste Longnon, *Polyptyque de l'abbaye de Saint-Germain-des-Prés, rédigé au temps de l'abbé Irminon, Tome II Texte du Polyptyque*. Chez H. Champion. Paris 1886-1895, p.48.)

以上は，最初の部分であるが，賦役や貢租の具体的な種類と内容がわかるだろう。サン・ジェルマン・デ・プレ修道院の所領明細帳よりももう少し具体的で，当時の様子をわかりやすく記載しているのがプリュム修道院の所領明細帳である（図表3－1）。プリュム修道院の所領明細帳は，9世紀末のものがオリジナルであるが，13世紀になって作成されたこの写本が伝わっている（カエサリウス写本）。この写本は，製作時に筆写者が自らの注釈やコメントを付け加えているという面白さがある。

第114章の後半部分（図表3－1では10行目から）の内容を紹介する。

図表3－1　プリュム修道院の所領明細帳　第114章の一部

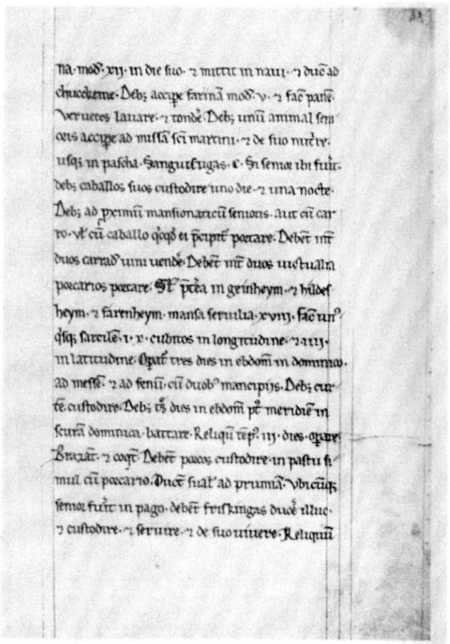

出所：Ingo Schwab, Rheinische Urbare, 5. Band., Das Prümer Urbar. "Das Prümer Urbar, Faksimile". Droste Verlag GMBH, Düsseldorf 1983, CXIIII

○プリュム修道院の所領の一部（所領明細帳第114章）

　「ラインゲンハイムとヒレスハイムとファレンハイムに，不自由人マンス18
がある。各々，長さ10クビトゥスで幅4クビトゥスの布を1枚作る。週に3日，
領主直領地で穀物収穫と干し草作りのため，2名が働く。屋敷の警備，週に3日
領主の倉で午後に脱穀をし，残りの時間には3日働かねばならない。ビールを
作り，パンを焼く。豚番とともに放牧地で豚に餌を与えて世話をしなければな
らない。プリュムまで豚を運ぶ。」(Ingo Schwab, Rheinische Urbare, 5. Band., Das
Prümer Urbar, Droste Verlag GMBH, Düsseldorf 1983, S.253.)

　プリュム修道院の所領明細帳からも，農民の賦役などの内容が見て取れる。
この所領は，プリュム修道院から150キロほど離れた都市ヴォルムス，アルト
リップ近郊にある飛地であり，ここからプリュム修道院まで豚を運搬するの
は，かなり大変であったのではないかと推察される。ちなみに，大領主があち
こちに自らの所領を保有しているのは普通であった（散在所領）。

　カロリング朝期に成長した領主の大農場は，一般的に耕地，放牧地，庭畑，
森や河川，水車小屋から構成されており，領主にほぼすべての権利があったか
ら，荘園の農民たちは，領主が設置した水車の使用を強制されたり，森や河川
も領主との約束事に基づいた上で利用しなければならなかった。耕地は，マン
ス＝フーフェと呼ばれる単位で整理され，これが課税単位ともなった。そこ
には，宅地や庭畑，牧草地やぶどう畑も含まれている。各農家は，およそ幅
20m，長さ200mの**地条**（strip：短冊状の細長い畑）を30本ほど保有し（一農家
の所有は30エーカー），この耕地を2頭から8頭立ての牛馬が引く（有輪）犁で
耕作した。ヴィリカチオンと呼ばれる初期の荘園形態においては，先の史料で
紹介したように，荘園に属する農民たちが，領主の直営地と各農家が保有する
耕作地の両方を耕作していたのである。

　古典荘園の姿を平均化させると以下のように示される。

● **領主直営地**と**農民保有地**の存在

● **農民による賦役**＝週3日程度

　収穫労働，羊毛刈，伐木，牧場労働，運搬，領主の屋敷の手入れなどがある。

● **貢租**＝豚，鶏，卵，羊毛，うさぎなど

　貢租は，耕作地地代，牧草地地代，死亡税，婚姻税，人頭税などで，さらに軍役税や教区教会への十分の一税もあった。

　11世紀頃から領主の所領経営に変化が訪れた。人口が増加したことで，農地の分割相続に耐えられない農民たちが森林をさらに開墾して農地を拡張したり，さらには新しい村に移り住むといった動きが起こったのである。**大開墾の時代**とも呼ばれる12世紀頃からのこの農村の変容は，ヨーロッパ社会の大きな転換点でもあった。人口の増加によって穀物価格も高騰した。開墾地からの租税を免除するといった領主の動きが現れるのもこの時期である。人口増加の圧力は，ひとびとを東方へと移住させる動きももたらした（**東方植民運動**）。東方への入植以外にも，**十字軍運動**や商業活動の活性化によって，地中海世界との繋がりも強くなり，ヨーロッパ人の経済活動域が拡大したのもこの時期であった。

　12世紀以降，新しく作られた村落では，各農家の地条を一緒にして一耕区とし，村落農民が共同で耕作することを前提とした村づくりがなされていた。これを**混在耕地**と呼ぶが，この仕組みは播種から収穫にいたるまで，各農家により**共同耕作**をおこなうことを不可欠にした。休閑地や放牧地，刈入れ後の耕地では，家畜を共同放牧させた（混在耕地制，開放耕地制）。農民にとっても大切な森林は，領主に属してはいたが，村の共同地にもなっていた。こうした動きは，これまで散在して住んでいた農民たちが地縁的なまとまりの中で集住し，やがて村落という組織体を生み出すことになった。このような村落は，村落共同体としてある種の農村自治団体の形を呈するようになる。農民たちの代表も出現した。村の代表は，領主が任命するものであったが，後には，領主に対して村落の代表を農民たちから出すようになった。農民たちは，集会において村の決めごとを決定し，時には森の用益権などを巡って領主と争う姿勢も見せ始めた。また，隣村と争うことも多くなる。村落共同体の成立により，村の農民は領主に人格的に隷属している環境から土地を介して領主と結びつく関係となった。村落の住民内の関係も，ただの隣人・仲間の関係ではなく，よりい

っそう組織的な枠組みの中で生きる関係へと変化したのである。なお、**集住形態**を持つ村落は、新たに入植して作られた村落に多い。

　新たに入植し、開墾した領主の所領では、農民たちの権利拡大と負担の軽減が認められる場合が多く、既存の大所領では、領主直営地が解体されて農民の保有地となったりする動きが起こった。これを旧来の学説ではヴィリカチオンの解体という。領主は、自身の直営地を農民たちに貸与し、かつての直営地での賦役労働の代わりに、農民たちから地代を受け取る形にした。しかも、地代を物納から貨幣地代へと変更することも多くなった。農民たちは貢租支払いのために作物を市場で貨幣に替えることを強いられた。貢租が金納制となったことで、賦役も軽減された。このような荘園は、**地代荘園制**と呼称されるのだが、カロリング時代にその例がなかったわけではない。ただ、中世の盛期において、地代荘園が広まりを見せたのである。人口の増加、新開墾による耕地拡大、農業の生産性の上昇、物流の発展は、農業の経営効率化と相まって、領主と農民の関係も変化させたのであった。

　水車や風車の普及と増加も 12 世紀からの出来事である。すでに見たように 9 世紀頃から領主の所領内に水車が設置され、領主たちは粉ひき料を農民たちから徴収していた。農民たちが自分の家で挽き臼を利用するのを禁止したりもしていたのである。水車は農民たちの穀物を挽くだけではなく、中世の時代における重要な動力源として活躍し、縮絨や紡績、皮なめし、製鉄など、さまざまな用途に利用された。水力が利用できないところでは、風車が水車に替わって利用された。農村では耕作方法にも変化が起こった。とりわけ、後に紹介する三年輪作システムの導入とともに、農業活動の合理化がなされた。

　14 世紀に入ると、ヨーロッパは停滞の時期を迎え、人口も減少し始めた。かつて人口の増加によって開墾された耕地は、人口の減少によって荒廃をきたすことになった。耕地の縮小のみならず、各地で廃村すら現れるようになる。特に 1315－1317 年の穀物危機と呼ばれる飢饉の時代にそれは起こったのである。収穫の減少は、穀物価格を上昇させた。1347－1351 年の**ペスト**の流行時には、さらに人口は大きく減少した。

　トレント大聖堂の司祭であったジョヴァンニ・ダ・パルマ（1320 頃-1381 頃）

は，1348年6月にトレントで起きた疫病の発生について，『トレント年代記』
(1375) においてこう記している。

　「トレントでは間違いなく6人中5人が亡くなった。そして家族の中に死亡
者を出さないところはなかった。多くの家族が全滅した。また，生き延びるも
のがいなかったために多くの一族が途絶えてしまった。かくして貴族の多くの
家には一人も住むものがいなくなってしまった。」(石坂尚武編訳『イタリアの黒
死病関係史料集』p. 246)

　自らも疫病に感染したパルマは，「かくいう私もまだ腺の病が完治していな
い」と語り，疫病の時期には働き手がいなくなり，作物は農場に置かれたまま，
賃金を支払っても労働者を見つけることができなかったこと，その後，上等と
はいえないトレントのワインが4割ほど値上がりしたことも記している。同じ
く疫病がはやった1373年は，パンやワイン，小麦があり余るほどあった年であ
ったが商いはされず，その後，物価は上昇した。1375年にはイタリアで小麦
の飢饉が発生して，ミラノやロンバルディア地方の都市，ジェノヴァも小麦を
バイエルン地方から輸入しなければならなくなり，小麦価格が高騰したことな
ども克明に述べている (石坂尚武編訳『イタリアの黒死病関係史料集』pp. 245-253)。

　農業経済史家のヴィルヘルム・アーベル (1904-1985) は，農業の長期的な傾
向としては，14世紀の時代は農業所得が低下したこと，1347－1351年のペス
トの流行時には，賃金は上昇したものの，穀物価格には影響を与えなかったと
している。ペストの時期は，天候不良や凶作を示唆するものはなく，穀物価格
や賃金の上昇は，耕地面積の減少，すなわち労働者や農民の不足と生存者の購
買力の上昇にあるというのがその理由だろう (W. アーベル『農業恐慌と景気循環』
pp. 67-69)。それでも，疫病によって人口が減少したところでは，農業生産物が
過剰になり，また，豊作によっても穀物価格の下落は起こったから，パルマが
記したように，穀物価格の変動は，これらの外的な要因によって左右されたこ
とには間違いない。なお，アーベルは，中世後期の農業不況の諸原因は貨幣・
経済的な事情を要因とするよりも，人口減少によるものと主張している。

　ここで中世の農民の1年の生活を簡潔に紹介しておきたい。

　3月から4月：農民たちは耕作を始める。耕地の犂返し，夏穀地に大麦や燕
　　　麦の種をまく。家畜も休閑地や放牧地に放たれた。夏耕地の大麦や燕
　　　麦は，9月の収穫後にビールの原料として利用されたり，オートミー
　　　ルのような粥にして食べられた。カラスムギなどは，馬の飼料として
　　　利用した。

　5月：休閑地の最初の犂返しを行う。

　6月：乾草刈り，羊の毛の刈り取り，休閑地の犂返しを行う忙しい月である。

　7月：冬穀地の刈り取り，収穫である。

　8月末から9月：夏穀地の穀物，ぶどうの収穫期となる。ワインの需要が多
　　　い場所に近く，ぶどうが栽培できる農村では，商品性が高く利益も出
　　　るワイン作りのためにぶどう栽培とその収穫は欠かせなかった。

　10月から11月：冬穀地の犂返し，種まきを行い，ドングリを食べさせるた
　　　めに森に豚を連れて行く時期である。この時期の犂返しは翌年の収穫
　　　のためにも重要であった。冬穀地では，パンの原料になる小麦やライ
　　　麦を栽培した。ライ麦は寒冷地や痩せた土地でも栽培が可能であり重
　　　用されたが，嗜好としては，小麦の方が好まれた。

　12月：ソーセージなどの保存食を作り，冬を越す。クリスマスのシーズンで
　　　もある。

　1月から3月：農耕の再開までは，四旬節などの行事の時期であり，冬の季
　　　節となる。

（堀越宏一『中世ヨーロッパの農村世界』pp. 65-70)

3．中世ヨーロッパの農業技術

　中世ヨーロッパの農業は，ゲルマン人とローマ人たちの農業との混合，地域
による特徴などに色づけられながら，領主制という枠組みの中でおこなわれ，
そして，変化してきた。ここでは中世農業の変化を技術的な視点から見てゆき
たい。これらの技術は，農業のあり方や生産性を変えるのみならず，農村社会
をも変化させたと考えることができるからである。研究者によっては，この農

業技術の導入から引き起こされた変化を「**中世の農業革命**」と呼称したことも
ある。しかし，社会の変化や経済の発展は，すべて新技術の導入によるもので
あると単純に考えたり，その後の社会との違いを特定の原因だけで見てゆくの
は，あまり適切ではない。中世の技術に限っても，それは古代から長い時間を
かけて普及，発展してきたものであって，中世におけるイノベーションとして，
これを過度に評価したりするのは避けねばならない。18世紀の産業革命もし
かり，革新や革命という言葉の安易な適用は，ことを単純化しすぎるきらいが
ある。それでも，長い歴史のスパンで社会の変化や経済活動の変化を見る際に
は，これらの出来事は無視することができない事実でもある。

　中世において，農業の革新に寄与したとされる技術的要素は，**重量有輪犁・
鉄製農具・蹄鉄・水車**あるいは**風車**の普及，**馬**の役畜としての利用，その**繋駕**
法の変化，3年輪作方式の普及と耕地強制を伴う**三圃制**の実施などであろう。

　中でも，重量有輪犁の導入や3年輪作の導入は，経済史の研究上でも早くか
ら注目されている出来事であった。南部ヨーロッパの土壌では，2年輪作で，
軽量な犁を用いた耕作方法でも問題はなかったが，アルプス以北の湿った土壌
においては，深く犁返し，水はけの良い畝を持った耕地を作ることで，穀物の
生産性が大きく変化したからである。

　重量有輪犁は，6世紀末にスラヴ族が導入し，西ヨーロッパでは7世紀から
8世紀にかけてカルカという単語が2輪馬車ではなく，車輪が付いた犁を表す
ようになったと考えられていることから，その後，次第に普及していったと考
えられる（図表3－2）。無輪の軽量な犁を伝統的に使用してきたところに重量
有輪犁が導入されたことは，1つのエポックとして考えられたため，これを耕
地の形状の問題から，村落の形成や荘園制のあり方と関連するととらえる研究
者も多かった。重量のある有輪犁は，無輪犁に比べて，深く土地を犁返すこと
ができた。犁返しは，地条を長くして往復作業の回数を減らすことで，労働生
産性を上昇させたと考えられている。犁返しとは，耕作地に生えた雑草や切り
株を大地に犁込む作業であり，土地の地力を回復させ，少しでも肥えさせるた
めの重要な作業である。休閑を取り入れてはいたものの，家畜の糞などの他に
は肥料が少なかった時代，この犁返しの念入れが収穫を左右したといわれる。

図表3－2　犂の種類

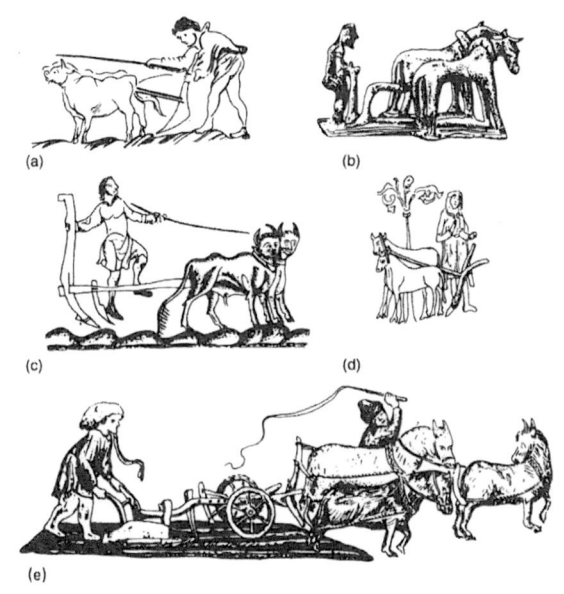

(a) と (b) 古代の軽量犂　(c) 北西ヨーロッパにおける中世初期の軽量犂
(d) 11世紀のモラヴィアの軽量犂　(e) 14世紀のベーメンの重量有輪犂

出所：Norman John Greville Pounds, *An Economic History of Medieval Europe.*
2nd. Ed. Routledge. 1994, p. 194

12世紀半ばからは，犂返しの回数が増えた。回数を増やしたことで収穫が増加したからである。

　3年輪作方式は，8世紀末に領主直営地において始まったと考えられており，この仕組みの導入もまた，農業の生産性を上げるものであった。3年輪作の耕作方法は，先に述べたとおり，耕地を3つの部分に分け，秋蒔き夏収穫の**冬穀地**，春蒔き秋収穫の**夏穀地**，**休閑地**といった三圃構成で耕作する仕組みである。2年輪作の二圃式の場合には，土地のおよそ半分に冬穀地作物を栽培し，残りを休閑地として放牧などをおこない土地を休ませていた。3年輪作における秋蒔きの冬穀地の利用は，中世初期の気候変化によるものと考えられている。古代北ヨーロッパでは，ゲルマン人たちは，大麦を春に蒔く夏穀耕作をしていたと推察されているからである。3年輪作の方法は，冬・夏ともに穀物の安定し

た収穫を期待できることから，その導入が促されたに違いない。3年輪作の場合，夏穀地にエンドウ，ヒヨコマメ，ヒラマメ，ソラマメなどの**豆類**を栽培することもできた。これは，農民たちの食生活において栄養度を高めるだけでなく，穀物の収穫を高める上で重要であった。豆科の植物には根粒菌がつきやすく，この根粒菌のおかげで豆はやせた土地にでも育ち，さらに，大気中の窒素をアンモニアに代える性質から植物に必要な窒素を大地に止める役割を果たすのである。現在でいうところの窒素肥料である。家畜の糞も土壌の施肥として利用できるが，豆類の栽培は，耕地を痩せさせないための方法として有効であった。もちろん，当時のひとびとが現代のような科学知識を持っていたわけではなく，経験などから得た知識を試みたと推察される。

また，3年輪作の導入によって，カラスムギなどのエン麦の増収を可能とした農民たちは，馬を**役畜**として飼う余力を手に入れることができた。技術史家のリン・ホワイト・ジュニア（1907-1987）は，これを**馬力の発見**として，重量有輪犂や3年輪作の導入と共に中世初期の農業革命の要素としてとらえた。蹄鉄の使用は，9世紀以降と考えられているが，11世紀末には一般的になった。ギリシア・ローマ時代から続いていた牽引具を改良し，牽引に適切な馬具が開発された。こうして，ランニングコストが高く敬遠されがちであった馬が，次第に犂を牽く役畜として利用されるようになった。馬は，牡牛よりもスピードと持続力があり，耕作能率を上げた。馬は騎乗用や荷車を引くことにも当然，利用されただろう。11世紀末までに，馬耕はヨーロッパ北部では普通に見られる状況になった。さらに，3年輪作の仕組みは，中世全期間を通じて徐々に中欧に広まっていたと考えられている。

中世ヨーロッパの技術は，一見，革新的で世界でも進んだものと思われがちだが，ローマ帝国やアラブ世界からもたらされたものも含め，すでに東アジアの王朝では利用され，発展していた物も多い。製鉄や火器，水車などもその例の1つである。それが西洋にどのように伝わったのかは不明な点が多い。中国の技術については，第6章を参照されたい。

最後にリン・ホワイト・ジュニアの研究（内田星美訳『中世の技術と社会変動』）

を参考にして，3年輪作方式導入の利点を紹介する。

　1年で耕作地1回，休閑地を二度犂返す2年輪作の場合，これを3年輪作に切り替えると，農民たちが犂返す面積が減少し，時間的な余裕が生まれる。農民たちはその余力をもって新たな土地を開墾できる。よって，3年輪作の導入は，3圃にして増加した耕作面積に加え，開墾地における耕作地の拡大から，2年輪作の二圃式に比べ，およそ50％の増収が見込まれることになる。

　3年輪作方式の導入による効果を計算で示すと以下のようになる。

　仮に2年輪作の二圃式において，600エーカーの耕作地全体を2分し，作付け地を年1回，休閑地を年2回犂返すと，犂返す面積は，年間900エーカー（300 + 300 + 300 = 900）となる。この耕作地全体を，3年輪作に切り替えると，年間の犂返し面積は，800エーカー（200 + 200 + 200 + 200 = 800）で済み，100エーカー分の労働力が余る。もし，この100エーカー（25 + 25 + 25 + 25 = 100）の余剰労働分を新たに開墾して得られる未耕作地に投入すれば，75エーカーの耕作地を利用できることになる。したがって，これまでと同じ労働をもってして，耕作地全体の面積は，675エーカーとなり，収穫するための作付け地は450エーカーとなるから，二圃式の300エーカーに対して，1.5倍の増収となる。実際の農業活動では，犂返しの回数をさらに増やしたこともあったから，これは単純に2圃式から3圃式にした場合の労働量の違いから計算した理論的な数値ではある。しかし，当時の農業従事者たちが3年輪作や豆類の栽培によって地力を落とさない仕組みを利用しつつ，耕作地を増やし，かつ労働量のさらなる投下で収穫量を増やしていった工夫の1つとして考えることができるだろう。

考えてみよう

1．西ローマ帝国末期からメロヴィング朝までの農業について解説せよ。
2．中世ヨーロッパの荘園における農民の生活の変化について解説せよ。
3．中世ヨーロッパにおいて，農業の生産性を上げたとされる技術的な事柄について解説せよ。

📖 さらなる学習のために

ギース，ジョゼフ・ギース，フランシス著，青島淑子訳（2008）『中世ヨーロッパの農村の生活』講談社学術文庫

河原温・堀越宏一（2015）『図説中世ヨーロッパの暮らし』河出書房新社

甚野尚志・堀越幸一編（2004）『中世ヨーロッパを生きる』東京大学出版会

第4章　都　市

1. ヨーロッパにおける都市の成立

1.1　都市とは

　都市という名称は，人類の歴史上，文明と結びついた場として理解されてきたといえる。古代の文明社会を都市国家の時代と捉えたりするのは，都市の存在が文明社会の要素となっているからである。しかし，いざ都市とは何か，都市のメルクマールとは何なのかと問われると，意外に困難にぶつかる。都市の概念もそれぞれ研究視角によって異なるからである。

　まず，古代の都市の出現とその地域を振り返ると，BC4000年ころからのシュメールの**ウルク**や**ウル**，BC2500年頃からのインダス川流域の**モヘンジョ・ダロ**，同じころの現レバノンの**テュロス**などが挙げられるだろう。古代エジプトの**メンフィス**も同様である。シュメールの都市は，宗教や政治の中心地として栄え，都市神を祭った神殿を核とし，神殿域の外側に住民区が形成されていた。テュロスは，フェニキア人の商業活動によって発展した都市であった。フェニキア人たちは，地中海沿岸に植民都市を数多く建設している。その後，地中海世界で発展した都市文明としては，ギリシアやローマがある。

　このような都市は文明の中心地として発展したことがわかる。経済学や社会学においては，都市は古くから興味を持って取り上げられ，議論される対象であったので，都市の概念について著名な学者の見方をまず見ておくことにしよう。経済史家ヴェルナー・ゾンバルト（1863-1941）は，経済史を研究する者は経済的都市概念を立てねばならないとして，「経済的意味における都市とは，比較的大なる人間の居住地であって，その生活物資を他者の農業労働の生産物に求めるもの」（岡崎次郎訳『近世資本主義　第1巻第一冊』p. 193）と定義した。同じくドイツの経済史家・社会学者**マックス・ヴェーバー**（1864-1920）は，

「都市」という語を以下のような場合において用いたいとしている。「その土地に定住している住民たちが，彼らの日常的需要の中の経済的に見て重要な部分を，その地の市場で充実しており，しかもその中で著しい部分を，その地に定住している住民や直接の周辺地の住民たちが―市場で販売することを目的として―生産し，または，その他の方法で取得したごとき生産物によって，まかなっているという場合である。」(世良晃志郎訳『都市の類型学』p. 6)

　都市に注目したのは，必ずしも近代の研究者たちだけではなかった。中世の時代に活躍したイスラームの学者**イブン・ハルドゥーン** (1332-1406) は，彼の著作である『**歴史序説**』において都市について詳細な分析をおこなっている。彼は，「都会の人とは，都市や町々の住民を意味し，そのある者は，生計の手段として技術を選び，ある者は商業を選ぶ。彼らの生活が必需的生活の域を脱しており，生計も彼らの富にもとづいて行われていることからもわかるように，都会のひとびとは田舎や砂漠のひとびとより多くの所得を得て安楽である。」(森本公誠訳『歴史序説』1，pp. 319-320) と述べ，都市の担い手たるひとびとと砂漠で暮らすアラブ人との技術力の違いを指摘し，都市の特徴を認識していた。

　20世紀後半以降の研究は，都市への視角が多岐にわたるようになり，人口集中，商工業活動の場といった経済的な特徴に注目するだけではなく，都市のイメージ性やその空間的意義などを論じる研究も進んでいる。このように都市は，いつの時代にも注目される対象となっているが，この章では，西ローマ帝国が滅んだ後の北ヨーロッパにおいて，都市がどのように生まれ発展したのか，また，地中海沿岸の地域で発展したイスラーム世界の都市の特徴をみてゆくことにしたい。

1.2　ヨーロッパにおける都市の成立とその特徴

　ローマの都市は，**ウルブス，キウィータス**と呼称されたが，これは城壁の内部だけを指す言葉ではなく，城壁に囲まれている部分の他，農村を含むその周辺領域も含めた概念であった。戦士たちは集まって都市に住み，農業は都市周辺の各市民が持つ農場で奴隷によって営まれた。商工業は**外国人**に依存していた。それは古代ギリシアの**ポリス**も同様であった。西ローマ帝国の末期には，

市民は税負担の多い都市から荘園に移住する傾向が生まれ，都市の活気も停滞するようになったといわれる。しかし，都市は市民たちの生活の場であると同時に政治の場であったから，農村とは異なる場所であったことは間違いない。

北西ヨーロッパでは，**カロリング時代**（751-987）に入ると，**人口の増加**，**農業生産性の上昇**や**市場の展開**があり，都市的な集落に定住して商工業を営む機会が生まれた。北西ヨーロッパの河岸や北海の沿岸部では**ヴィクス**や**ポルトゥス**と呼ばれる非農業集落において商業活動が活発となった。こうした商工業者が集まる拠点，また宗教的・政治的な拠点を基にして都市的な集落が生まれ，都市となっていったと考えられる。後者の場合でも，都市は，城砦や王宮と異なり，王のために建設されたというよりも，城砦であったところを拠点として市が展開し，そこに商業をおこなう人たちが集まり，領主との依存関係の中で都市へと発展したといえるだろう。ローマ帝国域にあったところでは，ローマの都市域にあったキリスト教会を基にして継続された都市もあるが，北ヨーロッパに関しては，新たに建設された都市が多い。

かつて，ベルギーの歴史家のアンリ・ピレンヌ（1862-1935）は，中世都市の成立にあたり，その主役となったのは遠隔地商人たちであり，彼らによって12世紀に商業が復活し，都市が発展する旨の大胆で魅力的な論を彼の論文や書物（『中世都市』1927年）において展開した。都市の経済力伸張の要因を西ヨーロッパにおける商業の復活と都市の商人に注目して説明したのである。しかし，その後の研究においては，12世紀よりも前のカロリング時代において，貨幣を用いた商業活動，農村と都市間の流通が始まっており，都市の成立やその経済力は，12世紀における遠隔地商人によるものとした説明はあまりなされなくなった。都市の成立についても，後に示すような政治史的な解釈において，都市に付与された**特権状**（特にフランス王によるもの）は，すでに**農村共同体**に付与されていた**慣習法**が基になっていることから，都市において初めて自由や自治が誕生したわけではないと見る研究や，都市の主導的な役割を最初に担ったのも，富を得た商人だけではなく，領主たちに仕えていた家人団（ミニステリアーレン）や大土地所有者など，どちらかといえば領主の関係者であったとする見解がある。

　それでも，大都市の経済的なエリート層は**貿易商人**たちであり，国際的な商業をおこなう富裕層の市民は商人であったことには変わりはない。特にイタリアの都市においては，地中海の諸都市をつなぐ商業活動によって多くの利益を得たし，イタリアの商人たちは北ヨーロッパの都市にも支店を設けて商取引を活性化させた。金融業者としても活躍する商人たちの活躍の場が都市であった。北ドイツにおいては，**ハンザ**と呼ばれるドイツ商人たちが北海やバルト海を中心にして商業活動にいそしんでいた。

　非農業集落や領主が認めた市場開催地から発展し，通商や交換経済の中心地となったヨーロッパ中世の都市は，経済史上，注目されるべき対象である。都市はまた，定住者たちによる住民の意識の高まりから結集し，団体を軸にして自らの自治をもって統治する場所に成長することもあった。北フランスやライン川沿岸地域，北イタリアなどでは，**誓約団体**が生まれ，都市領主の支配から**一定の自立と平和を要求する動き**が起こったのである。**コミューン**とも呼ばれるこの誓約団体は，都市ごとに性格が異なるが，「**自由と自治**」を領主から獲得するに至った。この点は，とりわけ都市の法制的な研究の中で注目され，19世紀後半から20世紀前半にかけて大きな影響力を持った。都市は，封建社会にあって農村とは異なる法体制（都市法）を持つ自治団体であり，このような中世の都市の特徴が，ヨーロッパの近代の市民社会を生み出す基礎となったと考えられたからである。しかし，中世の都市は，封建社会の中にあって自由の獲得と自治をおこないうる特別な場所という見解も慎重に扱う必要があるだろう。中世都市の成立は，一元的に説明することが難しいのである。

　都市では，都市内に居住する商人や手工業者たちが市民団を結成し，場合によっては先のように領主権力に対抗して**自治権**を獲得することもあったが，中世ヨーロッパの都市は，そのすべてが同じ要素を持つものではなく，地域的な差異が存在した。フランスでは，**コミューン都市**の他，市政役人の団体（コンシュラ）が統治する**コンシュラ都市**，領主の代官（プレヴォ）によって統治され自治がない都市などに分かれる。ドイツでは，ケルンのように，都市の住民が都市領主たる司教に反抗する騒動が起こり，結果として領主権力から解放された「**自治都市**」や神聖ローマ皇帝に直属する「**帝国都市**」などが成立するケー

スがあった。北イタリアの都市もまた，早くから誓約団体を持つ自治都市で
あって，**執政**（コンソリ）という役職が都市を統括していた。北イタリアの都
市では近郊農村に所領を持つ（コンタード）貴族やその家臣が都市内に居住し，
これらの都市門閥が都市を支配した。ただし都市が形成される過程において，
都市の運営を担ったのは，領主の庇護の下で権利を獲得した不自由な身分のも
のたちであり，遍歴する商人のように，かなり自由度のある身分の者たちでは
なかったようである。

　都市の住人たる市民たちは，都市の共同体に属し，市民総会に出席し，ギル
ドや組合の成員となって職業を営んだ。もちろん，納税や兵役といった義務も
負った。都市の市民といっても，何でも自由であったわけではない。市民登録
簿にその名が記載され，農村とは違った形で都市の規制に服した。都市の市民
は，厳密には市民権を有する者のみを指している。よって，都市の住民の多く
が非市民であったことも忘れてはならず，都市の規模に関しても，人口が500
〜2000名くらいまでの村落とそれほど変わらない農村のような都市が多かっ
たので，そこで生活するひとびとは半農半商・工で暮らしていたのである。

　西ヨーロッパでは，11世紀から12世紀に多くの都市が生み出されることに
なった。このころには，**十字軍運動**や**東方植民運動**も開始され，ヨーロッパ人
の経済圏が拡大したからである。

　ここで，建設された都市について，いくつか紹介しておきたい。南ドイツの
都市フライブルク・イム・ブライスガウは，1120年に領主であるツェーリン
ゲン公が，商人たちを招致して，市場を開設し，商人たちには，屋敷地に住ま
う権利や流通税を免除する特権を与えた。公はこの市場を訪れる者に旅行中の
平和や安全を約束した。商業を中心とした人が集まる場所を公の関与で設置し
た例である。

　バルト海に注ぐトラーフェ川の沿岸に建設された都市リューベックは，ホル
シュタイン伯のアードルフ2世に始まり，その後，ハインリヒ獅子公や皇帝フ
リードリヒ1世，2世の保護を受けて成長し，北ドイツの商人たちの商業の中
心となる商業都市である。ハンザと呼ばれる商人団体が基盤とした都市でもあ
った。

　このリューベックは，皇帝の保護を受けた「帝国都市」である。皇帝フリードリヒ2世は，1226年に特許状をリューベックに与えており，そこでは，都市リューベックは自由であること，特別に帝国領に属する帝国都市であることを宣言している。都市に対し，代価として毎年銀60マルクをフリードリヒの宮廷に納めることで，フリードリヒの名前を刻んだ貨幣を製造することを認め，都市を訪れる商人たちには，税を支払う限り安全に帰途につくことができることを保証した。フライブルクと同様，都市においては，政治的・経済的に平和と安全が何よりも重要だったからであろう。

　フランスでは，フィリップ2世が1187年に発布した特許状が，農村の支配と自治，その後の都市の成立やその特徴を理解する上で重要である。ロリス慣習法特許状と呼ばれるこの特許状は，ロリスがコミューンを形成しない「**解放都市**」の典型であり，誓約団体がなくても特許を王から獲得していたことを示すものである。そこには，「何人にもあれ，ロリス教区に1年と1日居住し，なんらの抗告を受けず，かつ余あるいはピヴェールのプレヴォによって権利を拒否されざる限り，この後，永遠に自由かつ平和たるべし。」（森洋訳『西洋史料集成』平凡社，p. 274）との文言がある。ここに1年と1日居住することで，農村の呪縛から逃れられ，自由が手に入るとする「**都市の空気は自由にする**」という法諺の始まりの1つが見てとれる。

　この特許状は，ロリスの住民が有していた慣習法を確認したものであったが，後に，このロリスの慣習法と似た内容の慣習法が，他の都市においても容認されるようになる。このロリスの証書において注目すべき点は，元はこれがロリスという都市に帰せられた証書ではなく，ロリスという農村集落に享受されていた農村の慣習を確認したものであったということである。つまり，都市の特権と考えられていた内容は，すでに開墾農村などに与えられていたものであったのである。

　これらの史料からは，13世紀における経済発展によって生じた開墾農村や都市建設のあり方，その共通性や異質性を見てとることができる。都市における人間関係や世界観は，農村とは異なるところもあり，特に12世紀からは中世のひとびとの意識に大きな影響を与えたはずである。しかしながら，中世の

時代を理解する上では，都市と農村とのコントラストを強調しすぎるのには注意が必要である。

2．中世ヨーロッパ都市の住人たち

　都市の住人たちは，さまざまな仲間団体に属していた。都市内では，職業的なつながりの団体であるギルドやツンフト，職種を越えたつながりを持つ**兄弟団**，宗教団体などがあった。都市の経済活動を考える際，商業と手工業に従事する者たちが，大きな役割を担っていることは，周知の通りであり，農村とは異なる都市の特徴として理解する必要がある。

　ギルドは，8世紀末からその名前を確認できる団体組織であり，宣誓によって構成員間の相互扶助の役割を担った。商人を主体とする**ギルド**は，11世紀頃になって初めて出現したらしい。多くの都市では，特定の家系に所属する者だけが参事会員資格を持った。参事会員資格を持つ**都市門閥**（有力者）は，富だけではなく，古い門閥との婚姻関係などを通じて家柄を高め，都市の有力者の一員となったものたちである。都市の上役は，都市居住の貴族や都市の大商人，呉服商人などである。もともと遍歴の商人たちは，しばしば集団を組んで行動していた。商人の集団は安全のために武装もして相互に助け合った。ギルドと呼ばれる仲間団体は，都市と直接の関係なく相互扶助組織として誕生したものである。中世の時代，いわばアウトロー的な存在であった商人が，1カ所に定住して商業を営むようになると，定住した所で，商人に共通する約束事を決めてゆくようになったと推察される。

図表4－1　商　人

出所：ハンス・ザックス詩，ヨースト・アマン版
（1970）『西洋職人づくし』岩崎美術社

　北フランスにサン・トメールという都市がある。ここには7世紀にはすでにサン・ベルタン修道院が存在していたことが知られており，その後，ノルマン人の襲撃に備えて壁や堀をもって防備をおこない，12世紀には織物業の発展により経済的な繁栄を誇る都市へと成長していた。1127年にフランドル伯からコミューンを認められている。この都市の商人ギルド規約（1127年）を見てゆくと，ギルド成員になることによって，ギルドによる保護や援助を受けることができることがわかる。ギルド内外での暴行や喧騒などについては，罰則が科されることやギルドメンバーが病気の際は，毎晩，酒がふるまわれるなどの約束事も記されている。このギルド規約で面白いのは，宴会を終えた後，残金があった場合には，その額を通りや門，都市の防御のために与えるとの文言があることである。ギルドの資金が都市の設備に使われることから，都市のギルド成員たちが都市を枠組みとしたいわゆる都市という共同体の中で生きていたことがわかるのである。

　都市はその形成にあたり，商人とともに手工業者も引き寄せていた。農村には手工業を営む者もいたから，都市に移ることもあったと考えられる。都市の手工業者は，それを専業とする専門的な手工業者となるべくして生まれたともいえよう。都市の手工業者の製品は，遠隔地向けの製品や贅沢品の他，都市の内部や周辺地域への供給も目的としたものである。商人と同じく，都市の手工業者たちも団体を形成した。**手工業者のギルド（ツンフト）**は，12世紀以降，ヨーロッパ各地の都市に現れたとされ，フランスやドイツの諸都市において王や都市領主から規約を付与された。手工業者のギルドは自分たちの経済的な利権を守る役割を果たした。都市では

図表4－2　指物師

出所：ハンス・ザックス詩，ヨースト・アマン版
（1970）『西洋職人づくし』岩崎美術社

これらのギルドに属する手工業者のみが商品を生産し，販売することができたのである。現在のような営業の自由はなかった。

　手工業者のギルドは，当初，都市の手工業者の親方たちの団体として出現し，その後，さまざまな手工業種が形成され，手工業者数も増えていった。13世紀末のパリの租税台帳からは，手工業の職種は 300 以上あったことがわかっている。中世後期および近世に商工業が栄えた内陸都市ニュルンベルクでも高度な**職業専門化**が進行し，1363 年には 50 以上の職種が知られ，16 世紀末には 277 もの職種に専門分化されていた。

　都市の手工業者たちは，1 つの工房において，**親方**，**職人**，**徒弟**といった構成員の中で仕事をしていた。親方になるためには，徒弟，職人の期間を経て，技術を取得する必要があり，親方になることで初めて都市内での営業が許されたのである。また，ギルド成員になれるのは親方のみであったから，職人たちも職人の組合を作るようになった。一部の職人たちは，親方になる前の職人期間に遍歴を行い，都市を渡り歩いて仕事をしたりした。

　1268 年頃にパリの代官が編纂させたという同業組合規約集には 101 の組合規約がおさめられている。たとえば，石工の規約には，1 名を超えて徒弟を採用できないことや手伝いの職人であれば何名採用してもよいこと，夜警の任務や国王に対して税を納めることなどが記されている。他方，毛織物仕上工の規約には，親方は，自分の息子や兄弟以外には，2 名しか徒弟を持つことができないと決められている。両職人とも仕事はノートルダム教会の鐘の合図により終える定めとなっていた（河原温訳『西洋中世史料集』pp. 326-328）。職人や徒弟の数，遍歴のありなしは，都市や時代，職種によって異なるところがあるのだが，こうした職人の規約からも都市の住民の生活環境を垣間見ることができるのである。

　都市は，周囲の農村から食料や原料の供給を受け，周辺地域に対しては，製品加工と販売を独占する傾向を示した。多くの都市は，領主から与えられた特権の他に，**禁制圏**（バンマイレ）を設け，周辺地域の農民が手工業を営むのを禁止し，工業製品を都市以外で購入することを禁じていた。ギルドなどが保守的な傾向を示すようになったり，特定の家柄の人物のみが都市の要職を独占す

図表4－3　都市の図　ハルトマン・シェーデル『世界年代記』（1493）より

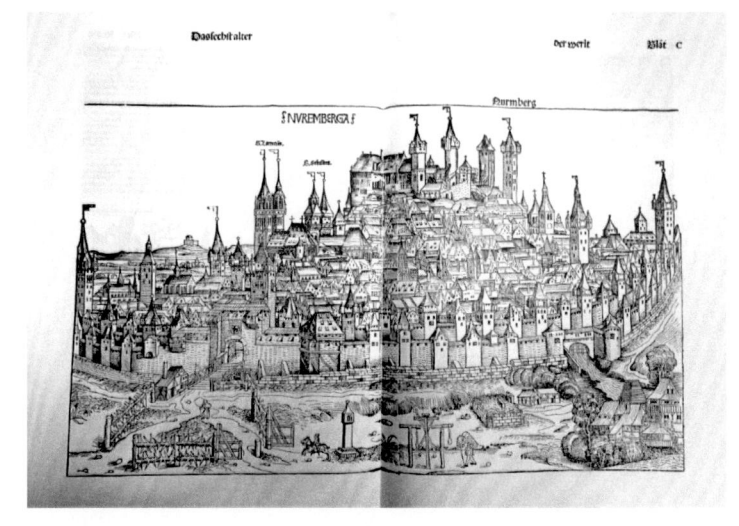

出所：Haltmann Schedel, Weltchronik Nürnberg 1493. Deutshe Ausgabe im Originalformat von 1493., Lahnstein 2010 Blat.C

る状況も生まれてくると，都市内に居住する自由な人間の集まりという意識は薄れ，手工業者たちは，市政への参加を求めて闘いを挑んだり（ツンフト闘争），都市下層民による反発も起こるようになった。手工業者たちの徒弟が逃亡したり，下層の職人たちが賄いや対応への不満から親方に反抗し，ストライキや蜂起を起こしたりすることもあった。

3．中世イスラーム圏の都市

　中世の時代，文明的に進んでいたのは，西ヨーロッパの世界ではなく，イスラームの諸国の都市であった。地中海域や中東のイスラーム世界においては，ヨーロッパの都市と同じように古典古代に起源を持つ都市の他，イスラームの王朝が支配する時代に入ってから新たに建設された都市があった。新設の都市は，軍事拠点として築かれ，**ミスル（軍営都市）** と呼ばれた。当初は，征服者たちの拠点であったものの，やがて商業活動の高まりによって都市へと発展す

るケースである。638年に建設されたイラクのバスラ，642年に建設されたエジプトのカイロの南にある都市，フスタートがその例である。もちろん，はじめから王朝の首都として建設された都市もあった。バグダードやカイロ，フェスやマラケシュなどがそれに該当する。中東の都市は人口も多く，バグダードは，アッバース朝の最盛期には100万人都市であったといわれている。もとより，メソポタミア地域の都市は，歴史的に宗教的・政治的中心地であって，神殿や城壁が存在している。これらの形式は，地中海地方，インド，ヨーロッパへと受け継がれた。地中海周辺や西ヨーロッパの**囲郭都市**は，円形の形を取るものが多く，それに対して，東アジアの囲郭都市は，正方形の形をしていることが多い。イスラームの都市は，城砦・市壁，**モスク**や**マドラサ**などの宗教・学問施設，市場などを擁している。ヨーロッパの都市にも，領主が城や宮殿を構え，その城下が都市となるケースもあるが，基本的には王や君主は都市の外に城砦を構えて領域を支配していた。

　城砦は，中東の都市の特徴とも捉えられており，君主の居城であり，防衛施設でもあった。ただの軍事拠点とも異なり，内部には，居住施設だけではなく，マドラサや浴場，商店なども備えられている。1047年にメッカ巡礼への旅で，フスタートやカイロを訪れたナースィレ・フスラウ（ナーセル・ホスロー，1004-1088）は，カイロの中心にはスルターンの宮殿があり，町の外から見ると建物の多さや高さによって山のように見え，町中に入ると壁の高さから見えなくなること，スルターンの禁裏には美しい庭園があることを記している。屋敷の間にも小さな庭園や果樹園があり，大部分の建物は5階建てか6階建てであったそうだ。彼自身，「屋敷は，瀟洒な様と優美さから，漆喰と煉瓦と石でではなく宝石で造られているかのようである」（森本一夫監訳，北海道大学ペルシア語史料研究会訳『旅行記』Ⅲ　p. 7）と語り，絶賛している。

　一般に，都市の住民は，モスクや市場を取り巻いている**街区**（ハーラ，フット）を単位として生活していた。街区は，行政区画でかつ，人的に緊密に結びついている共同体でもあった。宗教的な違いによっても街区が異なった。街区はまた，共通の職業のひとびとの集まりによって形成されることもあった。職業の特性が仕事環境に共通性を持つひとびとを集まらせたのであろう。製造業で水

や広さが必要な職業の人たちは同じ街区に集まり，また，街の外や内に物資を運搬するような仕事の人たちは，大通りに面した街区に集まっていた。経済的な要素が一街区を特徴づけることもあった。都市の出入りや居住は，法的に制限されることはなく，自由であったことから，農民や放牧民たちが都市に訪れ，商売をおこなっていた。都市には，軍人から奴隷まで，さまざまなひとびとが住んでいたが，ヨーロッパの中世都市のように，市民という身分だけが持つ特別な権利は無かったようである。イスラームの都市の支配層は，10世紀以降は軍人であったという。イランなどでは遊牧の軍人，エジプトやシリアではマムルークといった具合である。都市の統治機構は，国や州の統治と重なっており，都市独自の統治機構はほとんどなかったとされる。彼らの支配が無くなったときに，市のウラマー（学識者）やカーディ（裁判官），市の名士が，都市の代表を支配者の代わりにつとめることもあった。

都市内にあるモスクは，礼拝をおこなう場所であると同時にひとびとが集い憩うところでもある。モスクには学生や異国人，小切手や証書を書く人などが集まり，モスクの諸門は市場に向かって開かれ，そこにはいつも教師やクルアーン読誦者が座っていたという。アラビア語でスークと呼ばれる（ペルシア語では，バザール）市場は，通りの両側に面して複数の店舗が集まっているところを指す。スークには，織物商やガラス商人など，職種ごとに集まり，常設の店が構えられていた。売り物は実にさまざまであり，衣類だけではなく皮革製品や絨毯，香料や香辛料をはじめとする食品，貴金属，武器や農具すら販売していた。料理を売る店も多かったとされる。フスラウは，商業で繁栄していたフスタートについて，モスクの北側の市場は，ランプ市場と呼ばれていて，他にはこのような市場は見られず，ここでは世界のあらゆる珍品を見つけることができると語っている。スークは，モスクに隣接して開設されるだけでなく，市門周辺，市外にも置かれた。都市は大きくなると，市壁に囲まれた部分の他，郊外にも街区が広がったからである。バグダードなどはその主たる例で，円城の外側に新たな街区が生まれ，その後，その街区を囲むように新市壁が造られた。

都市には，隊商宿（フンドゥク，ハーン，キャラバンサライ）も設置されていた。

隊商宿は，主要な街道にも建設され国際交易をおこなう商人たちの重要な拠点となっていた。隊商宿は複数階の大きな建物で，取引所や倉庫，宿泊施設を持ち，卸売商人の事務所として利用されたのである。イスラームの商人は，先のスークで店をかまえ市場で販売する商人の他，多くの商品を扱い輸出入をおこなう大商人も存在し，彼らは，東アジアから地中海を経て，ヨーロッパやアフリカへと国際的な貿易に従事した。10世紀末以降，バクダードの政治的不安を受けて，東西の交易ルートがペルシア湾ルートから西の紅海ルートに転換した。紅海ルートは，カイロに至りアレクサンドリアへと続いた。12世紀頃からこのルートを用いて香料貿易に従事した者たちは**カーリミー商人**と呼ばれた。彼らは，インド洋海域で調達する香料や香辛料，明礬，象牙，綿花や絹織物，また，穀物や砂糖なども扱いヨーロッパへと輸出した。ヨーロッパからは，金属や木材，毛織物や北欧産出の奢侈品を輸入して販売した。カーリミー商人は，莫大な資本を持って商業活動に従事したため，都市の支配者たちも彼らに一目を置き，彼らの貿易活動を保護したとされる。

　都市の手工業は，ヨーロッパの都市と同じく多くの職種があり，専門化・細分化されていた。イスラーム都市の研究者である三浦徹によると，フスタートで発見されたゲニザ文書では，10世紀から12世紀のフスタートとカイロには265の手工業，90の商業・金融業の名前が挙げられているという。また，15世紀のダマスクスでは，織物業だけで百もの職種に分かれていたとされる。イブン・ハルドゥーンは，都市では，製靴，鞣皮（なめしがわ），絹織物，金銀細工等々を作る技術を持つ者は，それで生計をたてることができることを述べており，都市の手工業の実態を教えてくれる。イスラームの世界では，事業運営にあたり，資本の出資者と労働の提供者が共同しておこない，利益を分配する契約方法がいろいろと定められていて，これらの方法をもってひとびとはそれぞれの生業をおこなっていた。

　都市の商人や職人には，十分の一を意味するウシュルと呼ばれる税とマクスと呼ばれる雑税が課せられていた。関税としてのウシュルは，ムスリム商人では商品価格の2.5％であり，外国商人の場合には10％であったそうである。マクスは，都市に運び込まれる商品に対して課税される入市税であったり，営業

税であったりした（三浦徹『イスラームの都市世界』山川出版社　p. 63）。

　イスラーム都市の特徴の１つに**ワクフ制度**がある。都市の施設は，ワクフによって提供されていたといっても過言ではないだろう。スークや隊商宿，賃貸家屋，公衆浴場，水道設備などはワクフによって整備されていた。ワクフは，不動産を社会資本として寄進すること，また，その行為をさしている。寄進した不動産から上がる収入は宗教，教育，慈善などの施設運営にも利用された。これらが大きな資本を持たない職人や商人の都市での営業に便宜を与えることになった。職人や商人は，賃貸料を支払って商店や作業場を使用することができたし，ワクフ寄進者は，寄進した財を運用して得た利益の受給に与ったので，運用者に任せるだけで収入を得ることができた。

　技術や学問の発展を担う都市の文明性，また奢侈の享受ができる経済力の場としての都市を論じたイブン・ハルドゥーンは，他方で「都会の生活はまた悪の最後の段階であり，善からもっとも離れた段階であるともいいうる」（森本公誠訳『歴史序説』岩波書店 1. p. 326）と述べている。この点は，非常に興味深いところである。

考えてみよう

1．歴史から見て都市の特徴と経済的な意義は何か。
2．各地域の都市の特徴とその違いは何か。
3．世界の中から都市を１つ取り上げ，その経済活動についてまとめよ。

📖 さらなる学習のために

ギース，ジョゼフ・ギース，フランシス著，青島淑子訳（2006）『中世ヨーロッパの都市の生活』講談社学術文庫

河原温・堀越宏一（2015）『図説 中世ヨーロッパの暮らし』河出書房新社

三浦徹（1997）『イスラームの都市世界』（世界史リブレット）山川出版社

第5章　宗教と経済

1. 宗教と経済活動との関わり

　宗教と経済はどのような関係にあるだろうか。経済は物質的，合理的，唯物的と考えられるのに対し，宗教は観念的，非合理的，形而上的であり，対立する概念であるようにも思われる。しかし，果たして歴史的に考察した場合，本当にそうだろうか。実際，経済はわたしたちが毎日生活していくうえで常にかかわってくるものである。これに対して，こと日本においては一定の宗教を信じていない，宗教が生きていくうえで必須の存在ではないという人も多い。しかし，2011年に生じた東日本大震災や2020年からのCOVID-19の流行などの災害に直面したときに，神仏に救いを求めて祈った人は多いだろう。ちなみに，2020年の統計によると，日本での信者数は神道が9000万人弱，仏教が8000万人強，これらについでキリスト教が200万人弱である（2021年度文部科学省宗教統計調査）。日本の人口は約1億2000万人であるから，神道と仏教には重複がある。ちなみに，みなさんはどのような宗教に属すると回答されるだろうか。

　これまでも歴史の流れの中でひとびとは多くの災害に直面してきた。そのような災害からの救いとして神が希求された。約1万年前に狩猟採集中心の生活から農業生産に重点を置く生活になり，どの程度の食糧が賄えるのかがひとびとの生活の最重要事項になると，収穫期には穀物の豊穣を神に祈願した。そのための祭りなども催行されていく。余剰作物が生産され，食糧生産にかかわる仕事に携わらなくても生きていけるひとびとが集団においてでてくると，祭礼を取りあつかう専門の宗教的存在が誕生する。すなわち，経済も宗教も双方ともに人間が生きていくうえで重要な存在であり，古くから私たちとともにあった。それでは，経済は宗教にいかなる影響を与え，宗教は経済にいかなる影響を与えてきたのだろうか。

　宗教の教義によって経済への影響も異なる。現在「宗教」と考えられる教義は多数存在し，また同一宗教の中でも複数の宗派が存在して，ときに対立するなど複雑な様相を呈している。そこで，本章では，三大宗教といわれる**仏教・イスラーム教・キリスト教**のみについて，それらが経済に対してどのような影響をあたえてきたのかを，おおまかに考察する。社会では，異なる宗教・教義間の対立により戦争が生じるなどの事例も枚挙に暇がない。たとえば，ヨーロッパ中世では失地回復を目指して十字軍が編成されたし，中東ではイスラーム教徒とユダヤ教徒の対立が21世紀の現在も続いており，そこにアメリカなど大国も介入してきた。イスラエルの首都であるエルサレムはキリスト教・イスラーム教・ユダヤ教の聖地でもある。そして，1973年の第四次中東戦争は「石油危機」という世界的な経済問題を引き起こした。宗教的紛争から土地を追われて，難民になったひとびとも多い。

　一国において複数の宗教が信仰されており，ある宗教信者が他の宗教信者によって政治的に支配されている場合，支配されているひとびとは経済的には優位な地位に立とうと行動することがある。たとえば，歴史的にユダヤ人はそのような立場にあることが多かったと**マックス・ヴェーバー**（1864-1920）はその著書である『**プロテスタンティズムの倫理と資本主義の精神**』で述べる。ゆえに，どのような宗教を信仰しているか，そしてその宗教内でどのような地位にあるかということが経済的地位を代表することもある。やはりヴェーバーの著書である『アメリカ資本主義とキリスト教』には，アメリカの事例としてバプティスト教会員であることが富の象徴と考えられたことが示されている（ヴェーバー1946）。

　さて，世界における宗教信仰地図は図表5－1のようである。三大宗教をみてみると，仏教は東アジア地域に信者が多く，イスラーム教は中央アジアから西アジアと北アフリカ地域に信者が多い。キリスト教は，ヨーロッパと，かつてその植民地であった地域に広がっている。2016年においてもっとも信者数の多いのがキリスト教で，およそ世界人口の3分の1，ついでイスラーム教が4分の1弱，ヒンドゥー教が7分の1弱，仏教が14分の1弱となっている。インドの人口増加によってヒンドゥー教の占める割合が高まっているが，将来

図表 5 − 1　世界の宗教分布

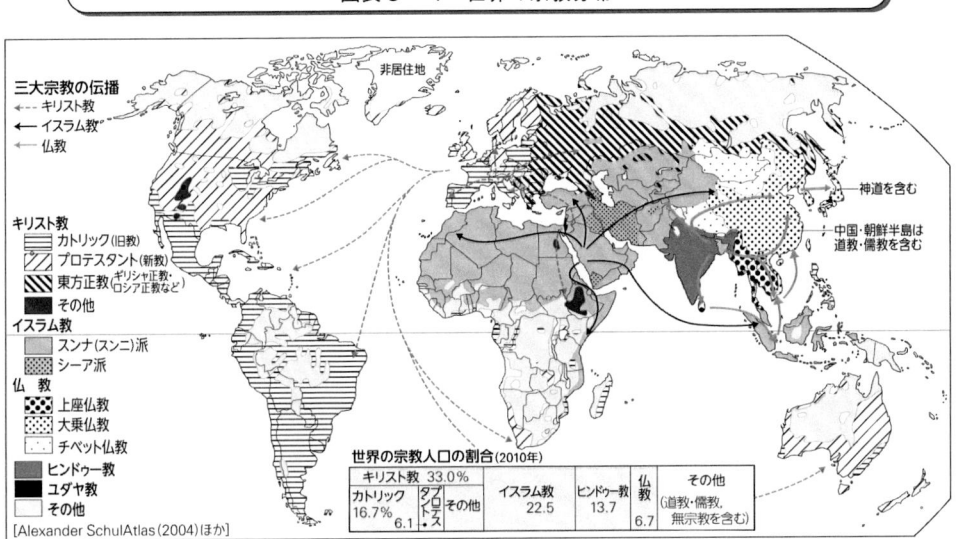

出所：山川＆二宮 ICT ライブラリ

的にはアフリカで信者の多いイスラーム教勢力が増加すると考えられる。

2．三大宗教と経済

2.1　仏　教

　仏教は，紀元前 5 世紀ころに**ガウタマ・シッダールタ**（釈迦，前 563?-前 483?）によって開かれた。仏教では市場で買い手と売り手が取引をするための「契約」という概念は生まれにくい。そのため，仏教は経済学になじみにくいと思われがちだが，ドイツ生まれのイギリスの経済学者，**エルンスト・フリードリッヒ・シューマッハー**（1911-1977）によって，1966 年に「仏教経済学」が提唱された。この中心的な概念は，"Small is beautiful"（小さいことは美しい）である。すなわち，「足る」を知る思想であり，近代経済学が説くところの「効用最大化」とは大きく異なる。自利ばかりではなく利他も考える。仏教的な観点から説く「仕事の役割」とは，「①人間にその能力を発揮・向上させる場を与えること，

②一つの仕事を他の人たちとともにすることを通じて自己中心的な態度を棄てさせること，③まっとうな生活に必要な財とサービスを造り出すこと」と『スモール イズ ビューティフル』においてシューマッハーは定義する。「人間は，仕事がまったく見つからないと，絶望に陥るが，それは単に収入がなくなるからではなくて，今述べたような，規律正しい仕事だけがもっている，人間を豊かにし活力を与える要素が失われてしまうのが原因である」。仕事は単に物質的な人間の欲望を満たすのみならず，精神的にも重要であると考える。この思想は仕事とは何なのか，ということを私たちに改めて考えさせる。

　日本では，江戸時代に**鈴木正三**（すずきしょうさん，1579-1655，図表 5 - 2）が，仏教観と経済について著している。彼は徳川氏に仕えた武士であったが 42 歳で出家し，仮名草子などにより啓蒙活動をおこなった。士農工商それぞれの身分の人が自分の職業を全うすることが仏業であるという考えである。ただし，それは必ず信心に基づいていなければいけない。彼の著した『萬民徳用』の中にある「農人日用」には，「農人問うていわく後生一大事疎かならずといえども農業時を追って暇なし。あさましき渡世の業をなし今生むなしくして未来の苦を受くべき事無念の至りなり。何として佛果に至るべきや。答えていわく農業すなわち佛行なり。心得悪しきときは賤しき業なり。信心堅固なる時は菩薩の行なり」と書かれている（図表 5 - 3）。農民は，農業労働に従事せねばならず，日々の仕事が忙し過ぎて仏業をおこなう時間が無いために，来生に苦を受けることになる。どのようにしたら，仏果（悟り）に至ることができるか，との問に対して，信心を持って農

図表 5 - 2　鈴木正三

出所：木造鈴木正三和尚座像（恩真寺）
（https://apec.aichi-c.ed.jp/kyouka/shakai/kyouzai/
2018/syakai/seisan/sei107.htm）

図表5-3 「農人日用」

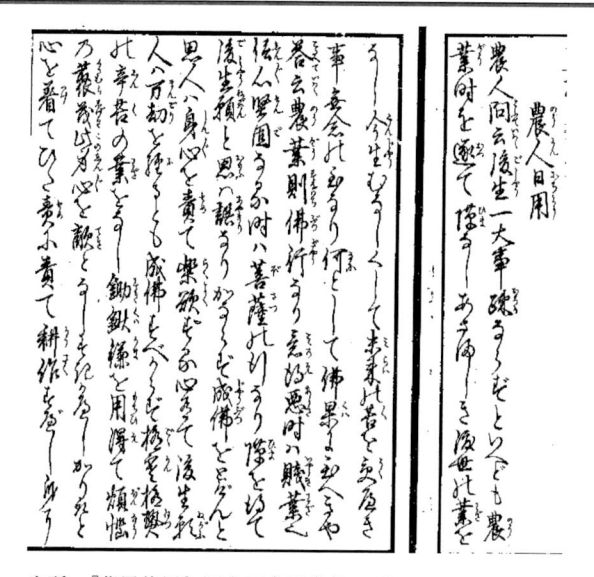

出所:『萬民徳用』国立国会図書館デジタルコレクション
(https://dl.ndl.go.jp/info:ndljp/pid/817029/1)

業をおこなうことがすなわち仏行であり，それを遂行していればよいという。

　このような考え方は当時の日々農作業などに追われるひとびとにとっての救いになったことだろう。また，同時に農業を中心とした前近代社会において，そのように説きつつ，領民を熱心に労働に従事させることは領地の経済発展に寄与したことだろう。正三が生きた1600年代の日本は，戦国の世が終わり，新田開発がすすめられて農業生産高も増え，それが人口増加を後押しした社会でもあった。

2.2　イスラーム教

　イスラーム教は，7世紀ころに**ムハンマド**（570?-632）が興した一神教で，**クルアーン**（コーラン）を聖典とする。イスラーム社会では，アラビア数学など，早くから自然科学を発達させてきた。アラビア数学はインド数学の影響を受け，0の概念を持ち，それをヨーロッパに伝えた。1465年に，サブンジュオー

ル・シェラーフェッディン・アリ・ビン・アル＝ハジェ・イルヤスは，具体的な手術の方法を記した『外科の書』を著した（オズトルコ 2012）。また，イスラーム社会では，手形などがかなり早い段階で使用されていた。西アジア一帯に広がるイスラーム社会は，ユーラシア大陸の中間にあり，中国や東南アジアなどの大陸の東とヨーロッパなどの大陸の西をつなぐ役割を担ってきたが，見方を変えれば中間に存在して両者を隔てる障害ともなってきた。このような位置を活用してイスラーム商人は遠距離貿易に従事してきた。また，交通の要所には宿舎などを備え，旅人が利用可能なキャラバンサライなどが**ワクフ**（後述）によって設けられた。

　イスラーム社会は中東に位置して，産油国が多いことでも知られる。20 世紀にエネルギーの中心的役割を石油が果たすことになると，それらの地域から得られる資源は莫大な金額となった。そのため，これらの利権をめぐっての争いも頻発した。

　経済への向き合い方として，イスラーム教では不労所得ではなく，ひとびとが労働をして稼ぐことを勧めている。そして，クルアーンでは，**ザカート**（喜捨）と**サダカ**（施し）による善行を推奨している。ザカートは後述するワクフ制度にも，税金を払うことにもつながる。サダカは，人間に留まらず地球上に生きるすべての生物を対象とすることから環境問題に配慮する思想ともいえる。イスラームのモスクに作られた人工的な鳥の巣などもその一環といえる。

　保坂俊司は，『宗教の経済思想』において，イスラームの経済に関して，「独自の金融論，つまり，元本の保証されている利子配分の禁止など，金融業務を大幅に限定する思想がある」，「これによって巨大資本家である西洋的な銀行業が成立しなかった」という。

　イスラーム社会に特徴的な経済観念としては，「**イスラーム金融**」がある。これは，①利子の授受の禁止，②投機的な取引の禁止，③不確実な取引の禁止，④禁忌的行為の禁止（豚肉，アルコール，タバコ，武器，猥褻物など特定の禁制品の利用・取引の禁止）などを定めている（西川 2016 一部改訂）。およそ「金融」に似つかわしくない条項に思われるが，不労所得を強く禁じている。

　また，イスラーム経済の特徴として，①金銭欲を含む人間のすべての欲望に

対する肯定，②商売での利得についての肯定，③「経済人」から出発する近代経済学に対して，「神」から出発する，④イスラームの経済ビジョンに裏付けられた個々具体的なプログラムは，信徒共同体で神の共同体であるウンマに結びつけられている，⑤不労所得としての利子（リバー）の禁止と将来における不確実な利益に対する懐疑（「利得」は労働の対価として許される），⑥シャリーア（イスラーム法）における，過剰なまでの同時かつ現物での取引へのこだわり，⑦精緻でカズイスティック（決疑論的）な資本と労働の組み合わせに関する契約規定，⑧短期的な契約観が挙げられる（加藤 2016）。

　さらに，イスラーム社会には「ワクフ制度」が存在する。これは，イスラーム教徒に課された5つの宗教的義務（信仰告白・礼拝・断食・喜捨・巡礼）の1つである喜捨（ザカート）に基づく寄進行為であり，ワクフ文書によって取り決められる。ワクフ施設である，モスク・高等教育機関・共同供水所・病院・墓地などの慈善的，公共的施設の建設をワクフ物件である，土地や建物などの賃貸によって収益を生むことができ，永続的な履行が期待できる不動産からの収益などでおこなう。ワクフ物件と定められると，所有者が凍結され，設定後には分割，譲渡，売却など一切の処分が禁止されることになる。また，ワクフには，「慈善ワクフ」と「家族ワクフ」とがある。ワクフと都市景観として，イスラームの商業都市には密集性，迷路性，閉鎖性，境界性があり，多くの商館と小さな店舗からなる市場（スーク（図表5 - 4），バザール）とモスク（図表5 - 5）やマドラサ（学院）などの宗教・学問施設が存在する。商館は，卸売り業務がなされる大規模な商業施設であり，ほとんどすべてワクフとして設定され，同時に部分賃貸借あるいは共同賃貸借と呼ばれた方法で貸し出された。職業空間と居住空間とが分離しているという特徴も持つ。ワクフによって建設された施設は美術的観点からも一定の水準にあり，イスラーム社会の代表的な景観を形作っている。イスラーム思想の意図として，単にひとびとに施しを与えるのではなく，貧しく生まれたとしても各個人が自分で仕事に従事して所得を得ることができるようになる，ということを大切にしている。そのため，孤児も含めた教育に力を注ぎ，宿舎を備えた教育施設を建ててきた。これは，富の再配分とも捉えられる。ワクフは，オスマン・トルコでもっとも発達し，その経済全

図表5－4　スーク（イスタンブール）

出所：iStock

図表5－5　スレイマニエ・モスク：トルコ

出所：GNU Free Documentation License

体の1割から2割を占めていたこともあり，また農業・製造業・商業・金融と
いったさまざまな経済の重要な部分にもかかわってきた（オズトルコ2012）。

　また，**イブン・ハルドゥーン**（1332-1406）の『**歴史序説**』によれば，イスラー
ム教と経済との関係として，①富と所得の源泉は勤労である，②富と所得の規
模は協業の度合いによる，③協業の度合いは人口規模と技術水準に基づく，④

都市は，その経済（＝技術・情報・貨幣の蓄積＝市場経済）によって，農村を支配すると定められる。これは「食糧を供給する農村があって初めて都市が成立する」という考え方とは正反対である。

2.3　キリスト教

　キリスト教は，紀元元年頃に**イエス・キリスト**によって開かれた一神教である。キリスト教には，カトリック（旧教）・プロテスタント（新教）・正教会・国教会などがある。ローマ教皇を中心とするカトリックでは，経済的発展に役立つ科学的合理性は重んじられなかった。カトリックと自然科学的（科学的合理性）価値観との対立としては，天動説と地動説との対立が有名である。すなわち，イタリア・ルネサンスでは，15 世紀頃を中心に科学や技術の発展が見られたが，それ以前には，たとえば世界は神が創造した平面であり，太陽や月が地球を回っているという天動説が信じられていた。ニコラウス・コペルニクス（1473-1543）が地動説を唱えたのは，16 世紀のことであるが，カトリック教会が地動説を認めたのは，何と 20 世紀も終わりに近い 1992 年のことである。

　また，宗教的権威と経済的権威が不可分であった時代には，贖宥状（しょくゆうじょう）（**免罪符**）（図表 5 − 6）を購入すれば救われるとカトリックの聖職者が民衆に謳い，富を得ることもあった。そのようなカトリックに，1517 年に**マルティン・ルター**（1483-1546）は，「九十五カ条の論題」を発表して抗議（プロテスト）した。その第二十七条では「かれらは人に説教して，金銭が箱に投げ入れられて，音がするならば，霊魂は（煉獄から）とびにげる，といっている」とカトリックのおこないを批判した（江上1975）。15 世紀に**ヨハネス・グーテンベルク**（1398?-1468）が活版印刷の技術を発明しており，聖書を各言語に翻訳して一般民衆に供することも可能となっていた。このような科学的な流れは思想にも変化をあたえて，経済的発展と結びついていく。

　プロテスタントは，従来のカトリックのおこないに抗議した集団である。経済史では，産業革命，そして資本主義がなぜほかの地域ではなくイギリスから生じてヨーロッパに広まったのかが大きな問いとされる。その際に，プロテスタントの思想が資本主義を進めていくうえで精神的支柱として大きく寄与した

図表５－６　レオ10世発行の贖宥状（免罪符）1515年

出所：http://runeberg.org/nfba/0763.html

という考えがある。たとえば，ヴェーバーは，『プロテスタンティズムの倫理
と資本主義の精神』において，「プロテスタントの人びとは，職業が神から与
えられた使命であり，その使命を規律正しく実行し，来世での救いを確実なも
のとしようとした。こうした中から，勤勉で規律ある経営者あるいは仕事に禁
欲的に献身する労働者が育ってくる。利潤の追求は神の意志にかなったもので
あり，再び生産的用途に投資される」という。

3．生活の中の宗教

　宗教はわたしたちの生活に基本的なところで結びついている。たとえば，宗
教と食習慣に関して，ある一定の宗教には禁忌とされる食材がある。イスラー
ム教では，不浄の動物である豚を食することや飲酒が禁じられている。そのた
めに，ハラール食が供されることは，昨今日本でもよく知られ，ハラール食を

提供するレストランも見かけるようになった。また，ヒンドゥー教では牛は神聖な動物であり，それを食することが禁じられている。これに対し，キリスト教では，パンはキリストの身体，ワインはキリストの血であり，キリストと一体となる聖なるものとして食される。

また，宗教的儀式と時間との結びつきもわたしたちの生活のリズムを作るものである。キリスト教の場合は日曜礼拝，イスラーム教の場合は1日に数回祈りを捧げる時間がある。また，食と時間と双方が結びついた習慣として，聖なる月であるラマダーンにはイスラーム教徒は日中には食事を摂らない。また，衣類についても，イスラーム教では女性はスカーフ（ヒジャーブ）などを用いて肌を隠す服装をすることが多い。住については，日本でも居宅に神棚や仏壇を設置したりする。寺院・神殿などの建築は多額の費用を要し，時に国家財政を圧迫することもあった。

信仰はわたしたちの精神を安らかにしてくれる面があるが，盲目的な信仰は良くも悪くも大きな力となり，時には問題を生じさせる。新興宗教の信者が教団に多額の寄付をしてしまい，本人ばかりか家族の人生までをも犠牲にしてしまうといった金銭トラブルが報じられることもある。わたしたちは信仰についても冷静な判断をすることが求められるのであろう。

考えてみよう

1. 仏教思想からは，経済についてどのような考察があるか。
2. イスラーム経済にはどのような特徴があるか。
3. マックス・ヴェーバーは，キリスト教と経済についてどのような書物を著し，どのように考察したか。

さらなる学習のために

ヴェーバー，マックス著，大塚久雄訳（1988）『プロテスタンティズムの倫理と資本主義の精神』岩波書店

F・アーンスト・シューマッハー著，小島慶三・酒井懋訳（1986）『スモール イズ ビューティフル』講談社学術文庫

保坂俊司（2006）『宗教の経済思想』光文社新書

第6章 中国の技術・経済・思想

1. 中国の経済と思想

　2010年にGDPが世界第2位となり，近年では「**一帯一路**」政策を掲げ，巨大経済圏を構想する中国。経済成長はやや減速するも，その影響力は依然として強い。優れた電子商取引システムを持つアリババは，アフリカ諸国と手を組み，巨大なデジタル経済圏を作ろうとしている。また，ウィーチャットペイなど電子決済システムが普及した中国は，人民元をデジタル通貨へと変貌させ非ドルの経済圏を構想している。いま中国政府は，**鄭和**（1371-1434）に再注目し「英雄」として讃えているという。明の時代に，永楽帝（1360-1424）に命じられた鄭和は，大艦隊を率いてインド洋を7回横断し，アフリカ東海岸に至った。最先端の技術を駆使した船に，豊かな物資を載せ中華帝国の力を見せつけると同時に，ムスリム出身の鄭和は，旅先でイスラム教徒たちにも歓迎された。そして今，中国は，異なる宗教，異なる文化を持つ多様なひとびとが住む幅広い地域を巨大経済圏に取りこもうとしている。

　アジアにおいて先駆けて近代化を果たした日本に対し，中国は長い間，経済的に停滞した国という印象を抱かれてきた。かつては強大な帝国として君臨した中国が，なぜ近代以降立ち遅れ，そしていま再び大国として力を持つに至ったのか。この問いに対し，本章では，経済の発展を支えた技術について思想という側面から考えてみたい。

　近年，民主主義の行き詰まりを指摘し，これからの国際社会に必要な理論として，**儒教**に注目する思想家たちがいる。たとえば，李晨陽は儒教は「和」を重んじていたと主張する。「和」は，現代社会に必要な「最適な共生」に到達するために，さまざまな関係者がお互いに協調しあい，変化していくプロセスを表現したものであるという。彼らの主張はさまざまだが，強大な中国経済を

導いた要因の1つとして儒教が再び，クローズアップされつつある。

　このような主張は目新しいものではない。現代中国の経済的な発展を潜在的に支えた思想として，儒教に注目する学者は少なからずおり，彼らは**新儒家**と呼ばれた。たとえば杜維明である。彼は「儒学第三期発展説」を唱えた。孔子の故郷である曲阜から儒教が中原全体に広がった時代を第一期，東アジアに伝播した第二期を経て，これからの時代は世界的に儒教が発展する第三期だと捉えた。

　実は，儒教と経済の関連については，新儒家の登場を待つまでもなく，日本では**渋沢栄一**（1840-1931）が『論語と算盤』（1916年）（たとえば，角川ソフィア文庫（2008））を書き，儒教的な道徳心と利の追求は決して矛盾しないものだと論じた。また余英時（1930-2021）は，**マックス・ヴェーバー**の『プロテスタンティズムの倫理と資本主義の精神』（たとえば，岩波文庫（1989））を批判しつつも中国史理解に応用し，中国前近代社会における倫理や宗教もまた「資本主義」的精神を芽生えさせたと論じる。確かにヴェーバーは，儒教を礼，すなわち外的な規範で人間の行動を律する宗教だとみなしており，余英時が注目したような，11世紀以降の朱子学にみられる新しい展開については看過している。

　しかし近代中国において，儒教は中国の経済的発展を停滞させた戦犯として糾弾されてきた。**新文化運動**（1916-1921。「科学」と「民主」をスローガンに封建的な制度や文化に対抗した運動）をリードした陳独秀（1879-1942）にとって，儒教は時代遅れの思想に過ぎなかった。**白話運動**（文語ではなく，口語を用いた文学を推進する運動）を展開し，封建的価値観を批判した魯迅（1881-1936）にとって，儒教は行き過ぎた倫理を押しつけ，人を人として扱わないような「人を喰らう」存在であった。このように儒教は，ある時には経済を停滞させた負の遺産として，またある時には国際社会を導く輝かしい存在として，勝手に解釈され続けてきたといえよう。

　そもそも儒教は，経済や社会に具体的な変化を与えうるほど，大きな影響力を持っていた（持っている）のだろうか。経済を発展・停滞させる要因を特定の思想だけに帰することはできない。経済や社会の変化が，思想の潮流に影響を与えることもある。思想と経済，あるいはほかの分野を，相互作用する存在

として，俯瞰する必要があるだろう。たとえば「なぜ中国が近代の世界システムの中心となり得なかったのか」，そして「なぜ中国はその後，経済成長できたのか」という問題に取り組むためには，結局，一つ一つの事象がどのように生み出され，どのように解釈されたのかを考えなければならない。そこで，次節では製鉄という，経済史上どの国においても重要な１つの技術の歴史をたどりながら，この問題について考えていきたい。

２．中国における製鉄の歴史と技術

そもそも，現代において鉄はどのように作られているのだろうか。鉄の主な原料は鉄鉱石とコークス（石炭を蒸し焼きにした固体で，火力が強い）である。鉄鉱石には鉄が含まれ，高い温度で熱すると鉄を取り出せる。現代では「高炉」という設備を使う。「高炉」に鉄鉱石とコークスを入れ，熱風を吹き込むとコー

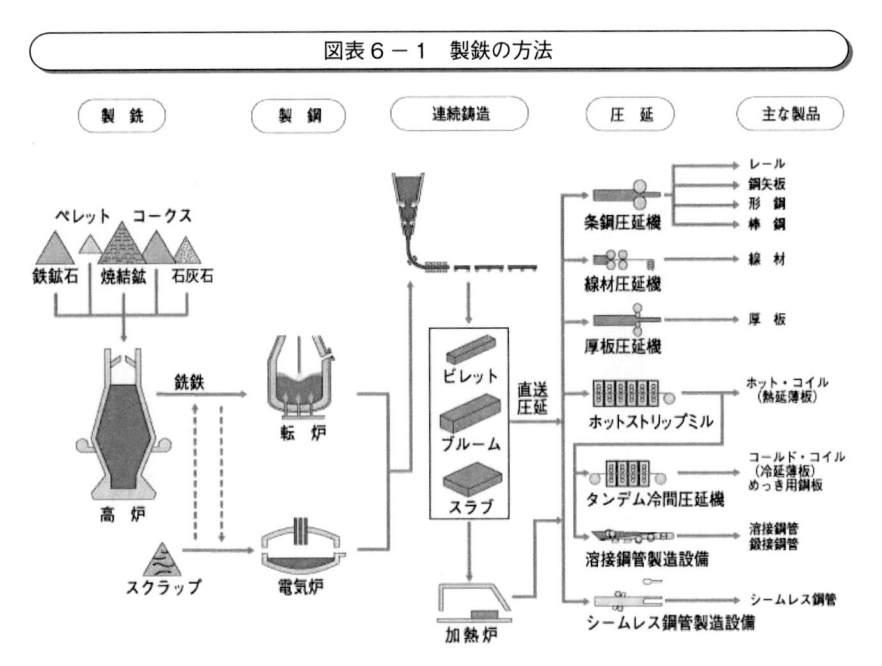

図表６−１ 製鉄の方法

出所：「公益財団法人　JFE21世紀財団」http://www.jfe-21st-cf.or.jp/jpn/
chapter_2/2a_1.html

クスが燃え出し，炉の温度が急速に高まる。鉄鉱石から溶け出した鉄は，炉の底にたまり，これを「銑鉄」という。続いて，高炉で溶け出した銑鉄を「転炉」に移し，酸素を吹き付ける。これにより，炭素の量が減って，ねばり強く加工のしやすい鉄，すなわち「鋼」を作る。現代では「電気炉」でも鉄が作られており，こちらは再利用するために回収された鉄スクラップから鋼を作る。日本では2021年7月，鋼の約75%が「転炉」で，約25%が「電気炉」で作られている。こうして作られた鋼は「連続鋳造設備」で「鋼片」(鋼の塊) となる。「鋼片」を熱して「圧延機」に送り，およそ4000トンの力で「鋼片」をのばして，さまざまな形の鋼材 (釘や針金などになる線材，自動車に使う薄板，船やタンクに使う厚板，水道管やガス管に使う鋼管) が作られ，出荷される。

　ところで，製鉄はどのような歴史をたどってきたのだろうか。ヨーロッパでの製鉄の歴史はBC14世紀頃，ヒッタイト帝国に始まるとされてきた。しかし，2017年にトルコのカマン・カレホユック遺跡で酸化鉄を多く含む分銅形をした塊が，BC25−23世紀の地層から発見された。この遺跡はヒッタイト帝国があったアナトリア地方の中心部に位置するが，塊を分析すると，別の地方から持ち込まれた可能性があるという (朝日新聞朝刊「製鉄の人類史に一石　日本の調査団，遺物を発見・分析　起源に新説「ヒッタイトの地と別」，2019年3月25日)。ヒッタイト帝国が滅亡した後，製鉄の技術は周辺の各国に広がった。5世紀のローマ時代までは，炉高が約1mのボール炉やレン炉で，固体のままで，炭素濃度の低い鋼塊であるルッペを作っていた。ヨーロッパではスウェーデンで12−14世紀に溶鉱炉が出現した。この溶鉱炉は炉高が2m以上ある，現在に至るまで続く炉である。18世紀初頭までには脱炭炉が発展し，錬鉄が作られた。ここでは鋼の融点直下の温度で完全には溶かさず銑鉄を脱炭して錬鉄を作る。産業革命期には，木炭に変わり石炭を燃料とする溶鉱炉が開発された。1856年，ベッセマー転炉が発明されると，溶けた銑鉄に空気や酸素を吹き付けたり，吹き込んだりして脱炭し，溶けた鋼を作るようになった (第9章参照)。製鉄史の歴史的区分では，炉高約1mの製鉄炉でルッペを製造する製鉄法を「古代製鉄法」と呼び，溶鉱炉が登場し錬鉄を製造する方法を「前近代製鉄法」，脱炭して溶けた鋼を製造する方法を「現代製鉄法」と呼んでいる (製鉄の歴史

図表6－2　西周早期　BC1046－771　祖乙尊

出所：故宮博物院（台北）所蔵（https://theme.npm.edu.tw/selection/
Article.aspx?sNo=04001125）

については，永田和宏（2017）『人はどのように鉄を作ってきたか4000年の歴史と製鉄
の原理』講談社を参照）。

　中国でも同様に，鉄器時代に先立ち青銅器時代が始まる。青銅とは，主に，
銅・錫・鉛などの合金であり，西周期（BC11-8世紀）になると，徐々に石器
に代わって青銅製の農具が用いられた。鋳造法が進化し，精微で美しい大量の
青銅製の武器や礼器（写真）なども作られるようになった。この製造鋳造の経
験から，次第に合金の成分・性能・用途に関する法則が理解されるようになっ
た。経書（儒教経典）の1つである『周礼』考工記では「六斉」として，6種
の青銅を取り上げ，それぞれの錫の含有量を述べ，どの用途に用いるのがふさ
わしいかを論じる。たとえば，錫の含有量が6分の1（およそ16.7%）の青銅は，
鐘や鼎（礼器）を作るのにふさわしい。錫の含有量が17%前後の青銅はオレン
ジ色となり，儀式に用いる鐘や鼎を製造すれば，外観も音色も美しい。また，
錫の含有量が5分の1（20%）の青銅は，斧などに用いる。強度を高めるため
に錫の含有量を多くする必要があるからである。考工記に記録される合金の配
合比率は，ほぼ正確であり，世界最古の記録だという。

　以上のような青銅製錬・鋳造技術の基礎に基づき，遅くとも春秋期（BC8-5

世紀）には鋳鉄技術が始まり，その末期には銑鉄の製錬鋳造技術がかなり進んでいた。その要因は，中国科学史家の杜石然によれば，青銅器時代に，各種の製錬技術の基礎を固めていたからである。銑鉄の製錬鋳造技術が出現し，加工に時間がかからなくなり，生産率も高まり，より複雑な形の鉄器を鋳造できるようになった。そして戦国時代中後期には，幅広い地域で製鉄業が営まれるようになった。農具や兵器，生活用品なども鉄で作られるようになり，社会生活の中で欠かせない存在となった。

　漢代（BC206 – AD220）においても，さまざまな方面で製鉄技術は進歩した。たとえば送風の動力である。この時代，人力による送風から，馬や牛を用いた家畜による送風に変わり，水力を用いた送風装置も作り出された。また，炉の上部や下部，壁に用いる耐火材も進歩している。石英石や緑色岩石を混ぜた耐火性の粘土によって耐火材を作り，用途に応じて，炉の異なる部位に敷いていった。また，炒鋼法の発明も見逃せない。炒鋼とは，銑鉄を加熱しながら攪拌することで，空気や鉄鋼粉中に含まれる酸素によって脱炭し，軟鉄や鋼鉄を作るのである。また，そのようにして生み出された鉄材を，何度も再加熱し，折りたたんで鍛打する方法（百煉鋼）も出現した。

　このように漢代の製鉄技術は高度な水準に到達した。製鉄業も規模が大きくなり，全国的に展開された。武帝（在位 BC141 – 87）は鉄の専売制度を始めた（BC119年）。『**塩鉄論**』は，武帝の後を継いだ昭帝（在位BC87 – 74）の時代に，塩・鉄・酒を国家が専売することの是非をめぐる論争をまとめたものである。外征や大規模な土木事業をおこなった武帝は晩年，国家財政の悪化に苦しみ，塩・鉄・酒の専売制を導入した。これに対し儒家から，政府が利益を民と争うような事業をやるべきではないと批判が出る。鉄を作り，売るという事業が国家財政を支えるほど重要だと認識されながらも，政府はそれに介入すべきではないという意見であった。このほか，政府が介入し，単一的に鉄の精製や販売を管理することで，各地域の需要に見合った事業を展開できないという批判もあった。

　隋唐期（581 – 907）には大型の鋳造物が数多く登場した。たとえば石の大きなアーチを作る際，その結合部に鉄を注ぎ込むのである。宋代（960 – 1279）になると，製錬炉の生産性がさらに高まり，鉄の生産量が飛躍的に増加した。上

部の炉口は小さく，下部の炉胴は大きくて新しい炉型が開発された。すなわち，炉口に向かって縮小する円錐形をしており，この構造は熱量を無駄なく使い，鉱石と燃料を安定的に降下させることができる。また，木炭に代わり，石炭が製鉄に用いられるようになった。前述の通り，ヨーロッパで製鉄に石炭を用いるようになったのは 18 世紀になってからである。

　明 (1368-1644) 末には，製鉄も含めた冶金技術は世界屈指の規模となった。鉄場は鉱山や森林の近くに作られ，採鉱から鉄鉱石の製錬，器具の製造まで一連の過程をおこない，空前の規模となった。たとえば鉱石の採掘には，火で鉱床を焼き，水をかけて，温度差によって膨張・縮小させることで，鉱床にひびを入れ，鉱石を採掘する「焼爆法」が用いられた。石炭の採掘については，宋代にすでに技術的方法は確立していた。まず，円形の竪坑を地面にあけ，地下の炭層の状況をみながら坑道を掘り，炭層を複数の区画に分割して掘削した。明末の産業技術書である『天工開物』(焙焼，石炭) には，炭層を見分ける様子から，毒ガスをどのように除去するのか，さらには落盤の防止策までが講じられている (宋応星撰，薮内清訳注 (1969)『天工開物』平凡社，p. 220。『天工開物』については後述)。また，銑鉄と錬鉄を連続して生産する技術も開発された。『天工開物』には，溶解した銑鉄の流れ出る先に四角い箱を作り，その周囲に設けられた壁の上に数人が立ち，1 人が海の汚泥を乾燥させた粉末を撒き，ほかの者たちが柳の棒で攪拌し，錬鉄を生成する過程が描かれている (図表 6-3)。海の汚泥には，珪酸鉄や酸化鉄が含まれており，銑鉄中の炭素を酸化して二酸化炭素に変えるのを促進することができ，結果として炭素含有量が減り，錬鉄に速やかに変化させる効果がある。また，珪素には酸化鉄と化合して沈殿物を作る性質があり，その沈殿物は錬鉄を凝固させ大きな塊にすることができる。さらに，柳の棒で攪拌するのは，銑鉄と空気の接触面を増やし，銑鉄に含まれる炭素や珪素や燐などを酸化させるためである。

　以上のように中国における製鉄技術とその発達は独自の展開を遂げていた。産業革命以前は，中国の製鉄技術は世界的にみても優れ，現代の製鉄技術に転化する可能性があったにもかかわらず，なぜそうならなかったのだろうか。その原因は，封建社会による束縛のため，あるいは，中国の工業はマニュファク

図表6－3「銑鉄と錬鉄を連続して生産する技術」

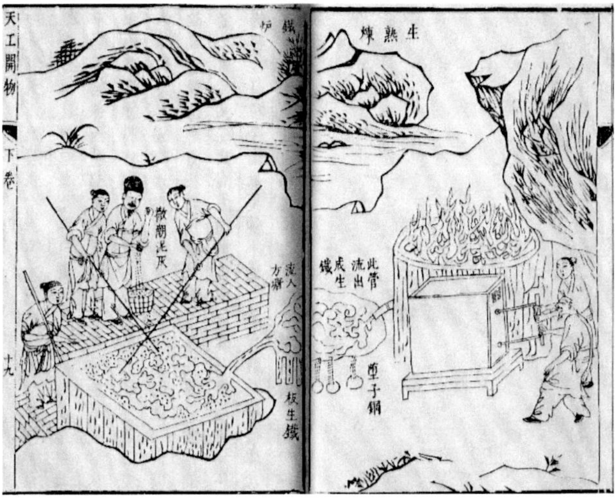

出所：『天工開物』下巻，中国古代科技図録叢編初集之一，北京図書館蔵崇禎十年刊本景印，北京：中華書局，1959，第十八－十九葉

チュア段階で停滞し，大規模に機械化できず，近代的鉄鋼業に結びつかなかったためともいわれている。

近代に入り，西洋の技術を導入する際にもスムーズにはいかなかった。1894年，アジア最初の近代的製鉄所である官辦漢陽鉄廠（かんべんかんようてっしょう）は日本に先んじて操業を開始した。その責任者は**張之洞**（ちょうしどう）（1837-1909）である。清代末期に科挙に合格した彼は，湖広総督となり，任地の武漢で製鉄や兵器，紡績の官営工場を設立した洋務官僚（軍事を中心に西洋技術を積極的に導入して近代化を推進しようとした官僚のグループ）である。しかし，この漢陽鉄廠は最初からうまくいかなかった。製鉱炉の選択を誤り，レール用の鋼材が生産できず，また，鉄廠付近の炭鉱はコークス用の炭を産出できなかった。製鉄技術についての理解が足りなかったのである。経営面でも赤字が続く。当初官営だったため，赤字は清朝政府が補填したが，1908年には民間企業である漢冶萍（かんやひょう）公司として再編成される。それでも経営は行き詰まり，1920年代初頭には停業となった。製鉄業はその後，日系資本によって東北部（満州）で発展することとなる。2020年，中国の粗鋼

生産量は年間10億トンを超え世界第1位を誇るが，初期の発展は外国資本によって支えられてきたのである。

（中国の製鉄の歴史については，北京鋼鉄学院『中国古代冶金』編集部著，館充他訳 (2011)『中国の青銅と鉄の歴史』慶友社を参照。）

3.「天工」を「開物」する

　製鉄技術についての歴史的蓄積が膨大だったにも関わらず，洋務官僚たちはその技術について深く理解していなかった。彼らは決して鉄鋼業の重要性を認識できなかったわけではない。誰もが「鉄は重要である」と考えてはいたが，結局，古典的な技術軽視の思想から抜け切れなかったのだろうか。しかし，実は儒教の中で，製鉄を伝統思想の中に位置づけようとする試みはすでに存在していた。

　それでは改めて思想と技術の問題に戻りたい。中国の思想家は鉄をどのように語ってきたのだろうか。技術の問題が思想の問題として積極的に取り上げられることは少ない。前近代ではどの社会においても，手を使って何かを生み出す技術や，それに従事する者は軽視される傾向にある。鉄は社会にとって欠かせない存在だが，農業ほど日常生活には直結しない。「重要ではあるが，儒家がやる仕事ではない」——これは，前近代中国社会に一貫する考え方であった。それではこのような産業技術軽視の思想が，製鉄技術の停滞をもたらしたのであろうか。

　士大夫たちの技術軽視に警鐘を鳴らし，彼らに身近な技術についての理解を深めさせるため執筆されたのが『天工開物』という産業技術書である。著者は宋応星 (1587頃-1666頃) であり，明代末期の崇禎10 (1637) 年に書かれた。彼は知識人たちが古典の中の知識ばかり追求し，身の回りのさまざまな事物に対しては何も知ろうとしないと批判した。

　明代後期は，思想家の中でも実学を重んじる傾向が生じた。たとえば李時珍 (1518-1593) の『本草綱目』(1596年) は中国の代表的な本草書（薬草について解説する本）として知られ，また徐光啓 (1562-1633) は『農政全書』(1639年) を著し，

中国の伝統的農業に加え，西洋から学んだ農作物の栽培法などについても記した。中国科学史を専門とする藪内清も指摘するように（同上『天工開物』解説，p. 374），明末は「啓蒙的な実用科学書や技術書を読みうる人々」が「前代とくらべて格段に増加していた」のである。

　『天工開物』もこのような技術書の1つであり，宋応星自身も序文で「五穀を貴んで金玉を賤しむ」と述べ，まずは食物，続いて衣服やさまざまな調製技術について論じ，その後で冶金を論じる。しかし，同時代の大部分の技術書が農業のみに焦点を当てるのに対し，『天工開物』は金属に関する事項（採鉱から鍛錬，精錬や溶解に必要な木炭や石灰の作り方に至るまで）がかなりの紙幅を占める点には注目したい。これについて藪内は「兵器製造や明代における貨幣の盛行と関連するものであり，金属の需要が増大しつつあった当時の情勢を反映するものであろう」（同上『天工開物』解説，p. 365）と述べる。

　「天工」と「開物」の解釈にはさまざまあるが，人工という言葉が「人力で作り出すこと」という意味を持つように，「天工」は「天が作り出すこと」である。そして，この「天工」に働きかけ，自分たちの生活に役立つものとして作り出すことが「開物」である。たとえば宋応星は，銀を坩堝で精錬する際，硝石を少しまくことによって銀にまざっていた鉛が分離される過程に，「天工」と「人工」の作用がみえると考えた。つまり，自然がもともと有する霊妙な性質（熱で溶融点の低い鉛が溶け出し，銀と分離される）と，人間が作った技術（坩堝や火を使う）が組み合わされることで，銀という素晴らしい物質を手にすることができると宋応星は述べる。

　「製塩」技術を取り上げてみよう。宋応星は五味を論じ，辛・酸・甘・苦の四味は，何年味わわなくても大丈夫だが，塩だけは数日間断っただけで体がだるくなると述べ，その重要性について言及した。そして以下のように述べる。

> 中国の領域にあって，蔬菜や五穀を作ろうにも全くできない場所にも，塩分がうまく産出して，人の需要に応じている。その機構は人知の及ぶ所ではない。（同上『天工開物』上，五，製塩，p. 108）

人間にとって本当に必要なものは，野菜や穀物がとれないような痩せた土地であっても，天は産出させている。塩が産出すれば，それを産業として，他の土地から食物を買うこともできる。このように，天は人間の力が及びようも無い部分で，非常に霊妙なわざを見せる。わたしたち人間は，そのような「天工」なく

図表6−4　「貨幣の鋳造」

出所：『天工開物』中巻，中国古代科技図録叢編初集之一，北京図書館蔵崇禎十年刊本景印，北京：中華書局，1959，第二十六葉

して生きられないのだ。たとえば貨幣のような「人工」物についても，世界中くまなく流通し数えつくせない様子は，人の力が及ばないことであると述べている。『天工開物』が描く貨幣は，円の中に四角がある「天円地方」の形をしており（図表6−4），天は円，地は四角であるという中国の宇宙観を反映している。地で流通する貨幣という「人工」物においても，天の働きがあるという宋応星の思想とも通じるだろう。

「天工」と「人工」が織り成す世界は，まったくの別世界ではない。そもそも天が理想とする世界は，人間が理想とする世界でもあるのだ。たとえば，以下のようにいう。

人には十の等級がある。しかし上は王公から下は最下級の役人に至るまで，その一つを欠いても社会は成立しないのである。大地が五種の金属を生じ，天下の人々とその後世に利用されるのも，その意味はやはり同様である。（同上『天工開物』下，十四，製錬，p. 258）

　金属には黄金や銀など，なかなか産出されない貴重なものもあれば，銅や鉄など幅広く産出される「賤しい」ものもある。しかし，貴重だからといって金だけでは日用の役には立たず，値段が高いだけで，多くのひとびとにとっては無益である。この様子が，人間社会と同じ（地位が高い人だけでは社会は構成されず，色々な地位の人がいて初めてこの社会は成り立つ）であるというのだ。

　このように「天工」が織り成す世界は，「人工」が目指す世界と同じ価値観で構成されている。ただし「天工」は，そのままでは人間にとって有用なものとはなりえない。人間が，あくまで「天工」に依拠しながら，自分たちの創意工夫によって「開物」しなければならないのだ。「製油」について彼は以下のように語っている。

　　草木の実はその中に油を蓄えているが，自ら流れ出るわけにはいかない。
　　水火を媒介とし，木石の力に頼って，初めて流れ出る。こうした人々の営
　　みの聡明さは，いったい何から受け継いだものであろうか。（同上『天工開
　　物』中，十二，製油，p. 233）

　油は人間の生活に欠かせない。調理以外にも船や車を動かすために必要である。油をさまざまな植物から採取する際には，専用の道具（搾木）が必要であり，その道具の作り方や火の入れ方など，熟練した技術も必要である。

　宋応星は技術の創始者を天や神になぞらえる。たとえば「粋精（調製）」の項では，粟や黍などの穀物を精白・製粉する際には，杵や臼を用いる。彼は杵や臼によって数多くのひとびとが利益を得ているとし，これらをつくった人は，天が仮に人間の姿をして現れたものに違いないと述べる。また「舟車」の項目では，ひとびとがそれぞれ違った地域に分かれて住み，そして，土地によってそれぞれ違ったものができるため，この世界は人と物の往来と交易によって成り立っていると考える。そのため，舟や車を初めて作った人もまた，神として祀られるべきだと考えている。

　ギリシア神話などでは，特定の技術の創始者を神に仮託する傾向もあった。たとえばプロメテウスは，天上の火を盗み人類に与えたとされる。中国でも同

じように，洪水を治める技術を有した禹は聖人とされ，古代の建築家である魯
般もひとびとの崇敬を集めた。このような古代の思想と17世紀の宋応星の思
想とは，異なる点があるのだろうか。

　前述したように「天工」は，決して「人工」と分離した完全な客観的世界で
はない。人間世界と密接に関わる一方，あくまで人間には為しえない能力を秘
めた存在である。このように「天工」（天の働き）と「人工」（人の働き）との関
係を明確にし，あくまでも「天工」に依拠しながら，それを人間に役立つよう
に作り替えていく技術（「開物」）を，新しい技術の発展を見据えながら，儒教
の中に取り入れようとしたことこそ，宋応星の思想の重要な点である。言いか
えるならば，中国では近代以前に，知識階級の思想の中に技術を位置づけよう
とする試みは存在していた。

　しかし，そもそも『天工開物』は技術書の1つとして読まれるに過ぎず，こ
こで論じられた自然と人間をめぐる技術の問題について，その後深く検討され
ていく形跡はない。たとえばフランシス・ベーコン（1561-1626）の思想と比較
しよう。彼は「知は力なり」，すなわち，客観的な自然に介入し，その自然の
真の姿を開示し，知識を獲得していくための力として，技術が必要だと考えた
（村田純一（2009）『技術の哲学』岩波書店，pp. 64-68）。知識の獲得は，そもそも技
術なしには成立しない。技術の地位は高まり，「知」の必須条件となったので
ある。ベーコンの思想が，その後の科学技術史の発展に果たした役割は大きく，
技術力の積極的な推進を背景に産業革命が展開された。

　宋応星にとっての「開物」は，あくまで「人間に役立つ範囲」に留まる。そ
の範囲を超えて，「天工」の本来の姿までをすべて知り尽くそうというもので
はない。いくら技術を駆使しても，客観的事物をすべて明らかにすることはで
きない。中国においては誰もが「鉄は重要である」と考えていた。製鉄も含め
た技術という概念を，儒教の中に組み込もうとする試みも存在していた。しか
し，少なくとも宋応星にとって，技術とはあくまで「人間の役に立つから」重
要なのであり，自然の中には依然として，われわれでは知ることのできない領
域が存在しており，技術ですべてどうにかなるわけではない。すべての「知」
を技術で知り尽くすことはできないのである。

このように，自然を究極的には「不可知」だと捉える思想は，中国科学の特色であると考えられる。しかしそもそも，完全な「知」などありうるのだろうか。そしてそのような「知」へ到達するために，われわれはたゆまぬ努力を続けていくべきなのだろうか。現代社会では，「不可知」を前提にした技術論も必要なのかもしれない。

考えてみよう

1．近現代の中国において，儒教と経済の関連はどのように論じられてきたか。
2．中国における製鉄の歴史の概要を述べよ。
3．宋応星の「天工」と「開物」とは，どのような意味か。

さらなる学習のために

桓寛著，佐藤武敏訳（1970）『塩鉄論』平凡社
杜石然他著，川原秀城他訳（1997）『中国科学技術史』上・下，東京大学出版会
ユク・ホイ著，伊勢康平訳（2022）『中国における技術への問い』ゲンロン

第7章　貨幣の歴史

1．貨幣の歴史

　お金，貨幣とはなんだろうか。一見，誰でも知っていることであるが，よく考えてみると難しい問いでもある。飢えた人が食べ物を欲するように，人が貨幣を欲しがるとしたらそれはなぜだろうか。貨幣は，なぜ誕生したのだろうか。人が一般的に考えそうな理由としては，貨幣を持っていれば，それでいろいろなものと交換できるから，食べ物が欲しいときには，食料と交換できるからということだろう。また，いつでも交換できるということであれば，交換するときまで，その交換できる価値を保存しておけるという特徴も備わっている。貨幣の価値が定まってくると，魚1匹が貨幣換算でいくらというように，魚の価値を貨幣で計ることもできるようになり，魚1匹とおにぎり1個とを貨幣の価格で比較することもできるようになる。誰かに仕事などを助けてもらったとき，そのお礼として，その何とでも交換できる貨幣を労働の対価として渡すことも可能となる。そうなると，支配者も，労働で奉仕する夫役ではなく貨幣での支払いを欲するようになるだろう。いわゆる代銭納化である。

　ここで登場する貨幣は，貨幣の役割を誰もが認識して，合意の上で使用しているものである。つまり，貨幣は，**通貨（流通貨幣）** として認められたことになる。しかし，この貨幣そのものに誰もが交換を認める実質価値がない場合には，少しややこしいことになる。物々交換での問題は，自分の欲しい財を所有する相手が，自分が提供可能な財を欲するかどうか，ということである。この問題を解決するために，貨幣が生まれたとする見解があるが，このようなわかりやすい見解は，現在，研究者によって否定されてもいる。それゆえ，貨幣の成立の議論や貨幣の定義もさまざまである。このような難しい問題を秘めている貨幣について考えるために，まず最初にわたしたちが利用してきた貨幣の歴

史を振り返ることから始めたい。

　歴史を紐解いてゆくと，現在でいうところの貨幣の役割を果たしたものに，**タカラ貝**がある。タカラ貝は，紀元前 6000 年から紀元前 5000 年に存在したヅェトゥン文化の遺跡（現トルクメニスタン）から連なったものが発掘され，アッシリア帝国のテル・アパラチアからは紀元前 5600 年から紀元前 5200 年頃の製作とされるタカラ貝の首飾りが出土している。古代中国でも，紀元前 3300 年から紀元前 2100 年頃に存続した馬家窯文化期の墳墓からタカラ貝が発見されている。これらのタカラ貝は，希少性のために最初は貨幣の役割を果たさず，宝飾品や価値のある財，また，**威信財**と見なされていたらしい。タカラ貝は，西周（紀元前 11 世紀中頃から前 771 年）の末期から，物の価値を計る尺度として利用されるようになり，タカラ貝そのものの貨幣化や銅製で貝の形をした**銅貝**が貨幣として流通するようになったと推察されている。春秋戦国時代（紀元前 770 から前 221）には，貨幣が多様化し，黄金や銭，布，帛などが代用的な貨幣として利用されるようになった。しかし，**貝貨**は古代の時代に利用されただけの貨幣ではなかった。その後，実に 20 世紀に至るまで利用されていた貨幣なのである。たとえば，**マルコ・ポーロ**（1254?-1324）の旅行記である『**世界の記述**』（『東方見聞録』）には，カラジャン地方（現：雲南）の首都ヤチ（現：昆明）では，白いタカラ貝がお金として使われていることが記されている。タカラ貝の価値は，80 個で銀 1 サジュであり，それは 2 ヴェネツィアグロスに値するという。なお，純銀 8 サジュは純金 1 サジュに換算される。ヤチから西方にある王国の首市カラジャンでもタカラ貝が貨幣に用いられていた。この貝はインドからもたらされると述べられている（高田英樹訳『世界の記』p. 283）。

　16 世紀末には，フィリッポ・ピガフェッタ（1533-1604）が，アフリカのコンゴ王国の話として，「この地方において価値を持ち貨幣として利用されるのが，金でも，銀でもなくて，巻貝である。」（河島英昭訳「コンゴ王国記」第 1 書第 4 章『ヨーロッパと大西洋』pp. 372-373）と述べ，それはコンゴ王国だけでなく近隣のエチオピアでも，アフリカのどこでも，中国の諸地域やインドのいくつかの地方でも，金，銀，銅，あるいはこれらの合金によらない貨幣が用いられる事実を紹介している（河島英昭訳 同，pp. 375-376）。アフリカでは，17・18 世紀のダ

ホメ王国でも貝の貨幣としての利用が見られる。ミクロネシアの**ヤップ島**では，後述するパラオから持ち込まれた**フェイ**（ライ）と呼ばれる大きな円盤状の石が貨幣としての役割を果たしており，現代の人たちの注目を引いたが，同時に貝もまた少額の貨幣として利用されていた事実がある。これらの記録から，わたしたちは，タカラ貝が古代・中世を通じて，実に現代まで世界の各国で貨幣として利用されてきたことを確認できる。タカラ貝を貨幣とするのは，ヨーロッパを除けば世界的に普遍的な現象であったのである。

　カール・ポランニー（1886-1964）は，このような貝貨の使われ方に注目し，通貨としてのタカラ貝の金に対する優位性として，およそ以下のような点を指摘している。まず，金は重さで測ったりしなければならないが，タカラ貝は，目で見て１つが１単位であり，しかも，その単位は金に比べて微量である。よって，誰でも手に入れられるような食物を購入できる。金の場合，たとえ，砂金であっても高価であるので，取引には不利である。タカラ貝は，模造されにくい。金貨のように青銅粉をまぜて品位が落とされたり，切られたりすることがない。きれいで錆びず，光ったままの乳白色は変わらない。といった具合である（栗本慎一郎・端信行訳『経済と文明』pp. 296-298）。

　現在の日本でわたしたちがイメージする貨幣といえば，古代から使用されてきた金や銀で製造された硬貨だったり，政府が発行した紙幣であったりするだろう。しかしながら，世界の歴史を見てゆくと貴金属製でない貨幣が，交換や対価の支払い手段として利用されていたことがわかるのである。

　アメリカ大陸については，ホセ・デ・アコスタ（1540-1600）が1590年に公刊した彼の『新大陸自然文化史』において，アメリカの原住民が，金や銀を貨幣として使用していなかったことを克明に記している。少し長いが引用して紹介したい。

　　　「既に言われているがごとく，インディオは，金，銀，他の金属であっても，貨幣として用いたり，物の値段として用いたりすることはなく，彼らは装飾にのみそれを用いた。彼らは，何千もの金や銀の器を神殿や宮殿，大墳墓に保持していた。彼らは取引や購買のためのお金を持たなかっ

たが，昔のように他の人と物を交換していた。ホメロスが指摘し，プリニウスが語っているように，お金の代わりに値段を決定するものがいくつかあり，この習慣は今日までインディオの間で続いている。メキシコの諸地方では，彼らはお金の代わりに果実の一つであるカカオを使用し，これと望む物を交換する。ペルーでは，コカが同様に利用される。コカはインディオがとても大切にしている葉である。パラグアイでは，彼らは，鉄の刻印を，サンタ・クルス・デ・シエラでは，織布を貨幣として使用する。最後に，インディオの取引方法，つまり，彼らの売り買いは，物と物とを交換することであり，とても大きな市が頻繁に開かれていたことで，お金や仲介する人も物も彼らには必要なかった。なぜなら，彼らは，ある物がどれだけの価値があるかをよく知っていたからである。スペイン人が来てから，インディオたちも金と銀を使って購入をするようになった。初めのうちは，貨幣はなく，古代ローマ人が言っているように銀の重さが値段をあらわしていた。その後，利便性を高めるため，メキシコとペルーで貨幣が製造され，今日に至るまで，西インディアスにおいては，銅やその他の金属ではなく，銀と金だけがお金として利用された。」

(Padre Ioseph de Acosta, *Historia natural y moral de las Indias en que se tratan las cosas notables del cielo, y elementos, metales, plantas, y animals dellas, y los ritos, y ceremonias, leyes y gouierno y guerras de los Indios.* Impreso en Seuilla: en casa de Iuan de Leon, 1590. pag. 198-199.)

　貨幣の代わりに，**カカオ**や**コカ**，**織布**を利用しており，場合によっては，物々交換によって取引をしていたことがわかる記述である。実は，古代の日本でも，米や塩，布などが貨幣の代わりに使用されていた。交換の媒介物と認められれば，これらのものは，貨幣の代用，実際には貨幣としての役割を果たしていたのである。

　古代メソポタミアでは，粘土製の板が交換の媒介物となっていたことがわかっている。この粘土板に記された文言の通りに，粘土板と対象物の取引がおこなわれるのである。たとえば，粘土板には，「これを持参した者に大麦をどれ

くらい渡す」という内容が記されている。一種の引換券のようにも見えるが，いわば，支払いを受ける権利が付与された**代用貨幣＝トークン**である。このような例は古代エジプトにもあり，パピルスに支払いの内容が記され，このパピルスが代用貨幣として通用したと考えられている。先に挙げたマルコ・ポーロの『世界の記述』は，カンバルク（現在の北京）では，桑の木の皮から**紙幣**を作り，統治しているすべての国で利用させていること，ガインドゥ（建都，今の四川省西昌県）では，金の延べ棒を貨幣として利用し，重さで価値を決めていること，少額貨幣として，塩を煮て型取りしたものが使われていることを紹介している。貨幣は実にさまざまである。

さて，ここからは金属貨幣の歴史を探ってみたい。まず，銅でできた貨幣から見てゆこう。銅銭は，春秋戦国時代（BC770-BC221）の斉や燕，趙などで使われた刀の形をした刀貨，また，韓，魏，趙で使用された鋤の形をしている布銭（銅でできている），さらに，周，秦，魏，趙で使用された円形の円銭が確認されている。円銭は，丸い穴を持つ円孔円銭（環銭ともいわれる）や四角い穴が

図表 7 - 1　中国の銭貨

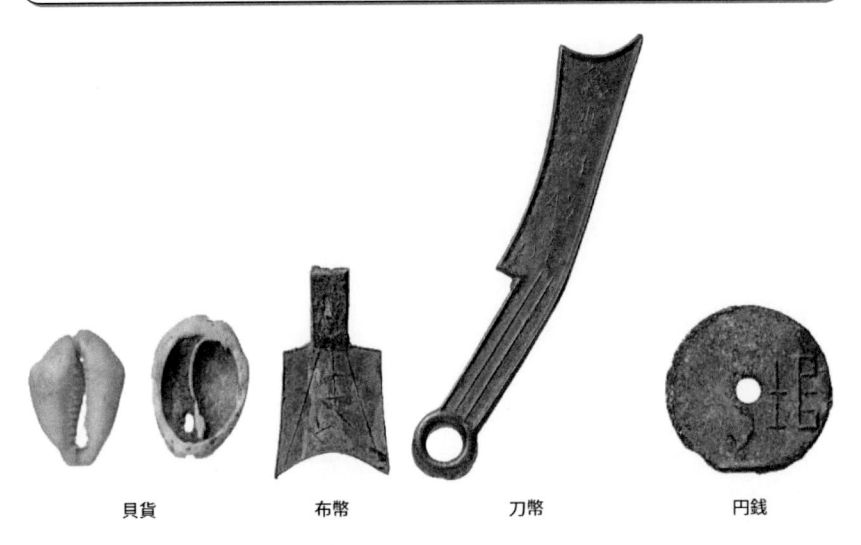

| 貝貨 | 布幣 | 刀幣 | 円銭 |

出所：日本銀行金融研究所貨幣博物館 HP

ある方孔円銭がある。方孔円銭は，円が天を表し，方が地を表すとも考えられている。秦は，国内の貨幣を方孔円銭である半両銭に統一した。楚では，銅貝（蟻鼻銭）や銅貨（良金・当釿），銀貨，金貨も製造され，利用されていた。

　金貨については，現在，発見されているところの最古のものとして，紀元前7世紀頃のリュディア王国（現在のトルコに存在していた）で製造されたとされる楕円形のエレクトロン貨がある。これは，金と銀の合金で打造され，ライオンの頭部が刻印された硬貨であった。古代ギリシアの歴史家ヘロドトスも「リュディア人は，われわれの知るところでは，金と銀の貨幣を製造し，使用した最初の民族である」と記している（松平千秋訳『歴史』クレイオの巻94，pp. 89-90）。金や銀は，その価値が認められる場合には，地金のまま財貨として交換や支払いに利用されたこともあっただろう。希少性もあるから，それらを持つ者が富や権力を手に入れるというイメージを発信することもできたと考えられる。先に示したように，上田信は，タカラ貝も貨幣の役割を果たすことになる前には，「威信材として用いられた」と述べており（『貨幣の条件：タカラガイの文明史』，p. 72），この類似点はある。

　古代のギリシアでは，リュディアに追従するように銀貨が発行された。すでに古代ギリシアのアリストテレス（BC384-BC322）は，貨幣について，「自然的な必需品のすべてがかならずしも運ぶのに容易でない。それゆえ人びとは，交換のために，それ自体有益なもののうちに含まれるが，生活の目的にとって重宝な扱いのできるもの，たとえば鉄とか，銀とか，その他そのたぐいのものを，たがいに授受するという契約をむすんだ。はじめは，それは大きさと重さが決められただけの単純なものであったが，最後は，その上に刻印を押すだけのものになった。それは，人びとが直接計る労からみずからを解放するためであった。なぜなら，押された刻印が，どれだけの量に相当するかを表示するしるしになったからである。」（牛田徳子訳『政治学』9章，p. 31）と貨幣の発生理由を論じている。アリストテレスの考察は，あくまで推論であり，現在では異論が唱えられているが，金属貨幣が使われていた当時を知る手がかりにはなっている。アリストテレスによる貨幣の考察については，むしろ，続いて述べられている，貨幣は無価値なもので，貨幣を扱う者が別の貨幣に切り替えたら，も

との貨幣はなんの価値もなくなって，生活用品を購入することもできないと指摘した所の方が魅力的である。アリストテレスは，経済を論じようとしたわけではないが，貨幣がそれ自体に絶対的な価値を持つわけではなく，貨幣への信用によって成り立っていることを彼自身が理解していたことがわかるからである。

　古代ギリシアでは，銀貨の導入の前には，鉄や鉄串が貨幣の役割を果たしていて，銀貨が導入された際にも少額の貨幣として，銀貨と併行してこれらが利用されていた。古代ローマにおいても紀元前3世紀までは，青銅の地金や鉄の棒が貨幣の役割を果たしていたとされる。ローマでは，その後，青銅製の棒型の貨幣を製造したり，ギリシアの影響を受けて円形の硬貨が製造されるようになった。ローマは，さまざまな印字や図柄を持つ硬貨を製造し，交換や交易，さまざまな支払いのために利用していた。当時の硬貨は今日，東アジアでも遺跡から発掘されている。ただ，このことから，ギリシアと同じく，ローマもまた，政府によって発行された貨幣に基づく貨幣経済が早くから浸透していたと考えるのは早計であり，金属貨幣が大量に製造されるようになるのは，ローマが海外へと遠征を繰り返し，貴金属を手に入れることができるようになってからのことであった。その後のヨーロッパ世界では，貴金属で製造された硬貨が貨幣として通用するのが一般的となったが，紙幣は古代の中国より遅れている。銀行券として発行される紙幣では，17世紀のストックホルム銀行が発行した銀行券まで待たねばならない。

　貨幣の歴史の注目点としては，金属貨幣に信用が与えられ，通貨として使用されるようになった時，これらの貨幣は，新たな性質を持つ貨幣へと変貌したことである。リュディアの硬貨には，ライオンの頭や首の刻印がなされていた。ギリシアでもポリスが銀貨を発行し，アリストテレスも述べたように印や紋章を刻印した。それはなぜだろうか。貨幣に記された模様は，何かを象徴する役割があったからだと考えられる。また，発行された金属貨幣と同じ重さの金属では，金属の価値としては同価であっても，交換や支払い手段としての価値（貨幣の価値）は，同じではなくなった。わたしたちは，貨幣を交換の媒介物だったり，支払い手段であると考えがちである。確かに，その役割は十分に果た

せるだろう。しかし，貨幣の製造と発行の権利はポリスにあり，貨幣は，支配者によって強制的に支払いや交換の手段として利用させることがあったことを看過すべきではない。そこでは，貨幣に交換の媒介物としての価値以上のものが付与された。これらの貨幣は，ギリシアやローマが地金や鉄串，鉄棒を代用貨幣として利用していたのとは，異なる利用法なのである。これらの点を次に少し詳しく見て行きたい。

2．貨幣の発行

2.1 ヨーロッパの貨幣

　ローマでは，一説によれば，青銅貨は紀元前3世紀半ば，銀貨は紀元前3世紀末に成立し，金貨は紀元前1世紀頃から次第に製造され，それぞれ支払いに利用された。ところが，このローマ貨幣は，国外からの財貨を輸入する対価としてローマの外に流出してゆくことになる。給与の支払いなどにも貨幣が必要であったことから，ローマ皇帝はたびたび金属貨幣を新たに発行した。その際，流通している硬貨を回収し，額面は同等のまま含有する貴金属の量を減らして硬貨を再発行した。額面は同じであるから，その割り引いた分が皇帝の手中に入ることになり，割り引いた分を用いて硬貨を追加発行することもできた。こうしてローマ帝国で普及していたデナリウス銀貨は，銀の含有量が減ってゆき，まるで銅貨のようになってしまう。貨幣の増発によって国の支出をまかなうはずが，帝国内ではインフレが起こり，**ディオクレティアヌス帝**（244-311）は，歴史上有名な市場価格の上限を定めた「**最高価格令**」を発する必要性にさらされた。ディオクレティアヌス帝は，ローマ帝国を東西に分割して統治することを始めたが，西ローマ帝国は5世紀後半に滅ぶことになる。西ローマ帝国滅亡の原因は，貨幣の改鋳にあったわけではないが，高い文明を誇り，北西ヨーロッパを支配した西ローマ帝国は経済的な混乱もあり滅んだのである。その後の西ヨーロッパでは，各部族による王国が築かれてゆくことになった。

　5世紀以降の西ヨーロッパでは，豪族などがさまざまに貨幣を発行したりしたが，基本的にはローマの貨幣制度を継承したといってよいだろう。しかし，

フランク王国が頭角を現し，**カロリング朝期**（751-987）に入ると造幣権を国王が一手に握り，国内で統一的な貨幣制度を整えることを試みるようになる。

カロリング朝時代には，以前より重い**デナリウス銀貨**が製造された。ローマ時代に比べると金が希少になり，金貨の品位も落ちていたからである。すでに7，8世紀頃から12デナリウスを1ソリドゥスと計算するようになっていたこともあって，カロリング朝ではこの比価を用いることにした。そして，**カール大帝**治下において，大きい数字を計算するのにリブラという，計算単位が制定された。カール大帝の勅令により（794年），12デナリウスは，1ソリドゥス，20ソリドゥスは，1リブラ（240デナリウス）とする度量衡が定められたのである。1libla = 20solidus = 240denarius（1solidus = 12denarius）この単位は，もとよりローマ時代の重さの単位であった。ちなみに，1リブラの銀を240等分して作られた銀貨が，1デナリウス銀貨となる。

金貨製造は，フランク王国ではカロリング朝のルートヴィヒ1世（778-840，在位 814-840）の治世以後停止され，西ヨーロッパのキリスト教世界では，金貨は13世紀まで製造されることはなくなった。よって，それまでに造幣される貨幣は，デナリウス銀貨のみとなった。リブラとソリドゥスは，デナリウスという実体貨幣の倍数を表す計算単位となり，ここにデナリウス貨を基礎とする中世ヨーロッパの貨幣制度が確立した。

フランク王国で造幣権を持つ者は，市場での交換の便宜や支払い手段のために，貨幣を発行した。これは，既存の貨幣が不足し，交換上の問題を解決するためであった。それはカロリング時代から展開してきた商業が，**贈与互酬**や物々交換の方法にとどまることができなくなったことを示す証左でもあった。貨幣製造権および市場税徴収の権利は，市場設立権とともに本来は国王の専権事項であったが，これらの権利を国王から獲得した在地の聖俗君主たちは，貨幣の必要性から金属貨幣を独自に発行したのである。もちろん，金属貨幣の絶対的な供給能力不足もあり，不足が改善されない場合には，取引において，**布きれや穀物**，**胡椒**などが代用貨幣として利用された。

造幣権を持つ者たちが発行した貨幣は，貨幣の素材である地金の価値をもとに貨幣として通用させたわけではなかった。ローマの時代と同様，公権力を持

つ造幣権者は，貨幣をどのような価値で流通させるかを決定する力を持っていたから，硬貨に含まれる貴金属の含有量を調整し，はじめから市場において貴金属の価値よりも高く設定された硬貨を発行したのである。これによって造幣をおこなえば，貨幣の発行者は，自動的にその差益が得られるというわけである。経済学では，貨幣の発行権益を指す言葉として，シニョレッジの語を使うが，シニョールという語は，もとより領主を指す言葉である。とはいえ，貨幣の実際の価値が，名目価値と比べてあまりにも低くなると，受け取りを拒否されたり，他の貨幣との交換比率が極めて低くなり，取引や支払いのための役割を果たせなくなったりするので，造幣権者も市場で流通している硬貨の信用度を無視できなかった。古代ローマ帝国で起こったインフレーションのようなこともありうる。一般に，銀の含有量が高い銀貨と低い銀貨が存在した場合，市中に出回るのは含有量の低い銀貨となり，含有量の高い貨幣は退蔵されることになる。これをトーマス・グレシャム（1519?-1579）は，「為替が下落して，良質の金貨がすべて国外へ流出した」と述べた。後に「悪貨は良貨を駆逐する」の表現で語られる，いわゆるグレシャムの法則である。

　中世の時代，これらの発行貨幣は，交換のための手段というより，支払手段の役割を担っていたといえる。賃租や罰金の支払いが貨幣の単位で要請されることになってきたからである。当時，財産の保管には，金属貨幣よりも価値が安定している指輪といった宝飾品や地金に手が加えられた貴金属製品のほうが好まれていた。つまり，動産としての財は，指輪や宝石等で保存されたのである。支払いにおいても，貨幣の代わりにこれら財宝が利用されるケースも多かったようである。興味深い支払いの例としては，12世紀にイングランドで導入されたタリー棒がある。タリー棒は，ハシバミやヤナギの木から作成されたいわゆる割り符で，負債者の負債額が記された棒である。この負債を記録したタリー棒は，2つに割られて，債権者と債務者にそれぞれ渡された。債務者が，負債を返済した時，債権者が持つタリー棒「ストック」と債務者が持つタリー棒「スタブ」が合わされ，タリー棒は破棄されたのである。この「ストック」は，債務者から支払いを受けることができる債権の証であったが，これが一般に代理貨幣としてどこでも通用すれば，たくさんの硬貨を手元においたり，取引に

使用したりする必要はなくなる。古代メソポタミアの粘土で造られた板＝トークンと同じような役割を果たしたのである。

　話を硬貨に戻そう。中世ヨーロッパの造幣権者たちは，自らの国や都市で発行した貨幣＝硬貨を通用させることを望み，他国の硬貨を自国の硬貨に作り直してしまったりしていた。硬貨は，銀などの貴金属が含有されているため，市中の硬貨がひとびとによって削られてしまうこともあった。よって，純粋な重さで計ると，規定の度量衡には足りなくなる場合もありえた。また，支払い手段として，他国の硬貨（＝通貨）はそのままでは取引に利用できない場合があったから，通貨の異なる市場においては，硬貨の両替をおこなう必要があった。たとえば，パリとトゥールでは，銀の含有量が異なる銀貨が造られており，等価値ではないため，交換の比率などが決められたりしていた。計算貨幣と発行貨幣の不一致はどこでもありうることで，その場合，両替は必須となった。しかも，国際的な取引をおこなう商人たちは，為替手形などを用いて送金したり，互いの債権債務を帳簿決済したりするような仕組みを導入したので，通貨の表示と両替・為替作業は日常のことであった。商人たちは，多額の硬貨を持ち歩くことはせずに，異なった通貨で表示された金額を為替相場に基づいて決済した。そして，この仕組みは，すぐに金融行動と結びついたのである。

2.2　日本の貨幣

　日本の貨幣発行の歴史についても簡潔に触れておきたい。日本の歴史上，有名な通貨として，**和同開珎**がある。708（和銅元）年に秩父で産出した和銅を献じられた朝廷は，年号を「和銅」と改め，自国貨幣の鋳造にとりかかった。その貨幣こそ，この和同開珎であった。形は，621（武徳4）年に発行された唐の開元通宝を模したものであるとされている。最初に製造された和同開珎は，実は銀銭であったのだが，同年中に銅銭も発行された。この和同開珎は，絶対的な製造量が少なかったせいか，貨幣としては，畿内とその周辺を除いてあまり流通しなかったといわれる。しかも，朝廷が定めた貨幣価値は地金よりもとても高く，当初から私鋳銭が横行し，当然にして貨幣の価値は下落した。その後，朝廷は万年通宝から続いて10種類の硬貨を発行したが（和同開珎も含めて12種

類になるので皇朝十二銭と呼ばれる），これらも発行後に貨幣価値が下落したとされる。当時，取り引きにおいては，**米**や**布**が貨幣の役割を果たしており，必ずしも，国が発行した貨幣に頼らなくてもよかった。近年，日本の銭で注目されているのは，**富本銭**で，これは，和同開珎よりも古い，683（天武天皇12）年頃に日本で製造された貨幣と考えられている。この富本銭は，実際に流通した貨幣なのか，祭祀や呪術に使用されたものなのか（厭 勝 銭），いまだ不明な点が多く，通説はないようである。また，銅銭に先だつ無文銀銭なども確認されている。

　中世の日本でも商品交換はかなりのレベルでおこなわれていたらしい。というのも，ひとびとが賦課された年貢には，繊維製品や工芸品などがあり，しかも，水田では生産できない年貢を課していたからである。農民たちは年貢を払うため，自分たちの生産物を市などで年貢の対象品と交換していたと考えられる。13世紀に入ると，農民たちは**絹**などの**繊維製品**で納めていた年貢を銭で納めるようになったとされている。13世紀の後半には，米で納められていた年貢も銭で納めるようになる。銭で納めることを**代銭納制**と呼ぶが，この代銭納化はさらに進み，**割符**と呼ばれる手形制度も出現するようになる。イタリアの商人たちが利用した為替手形に類似したものである。日本で年貢の代銭納制が普及したのは，海を隔てた隣国が宋から元へと変わったことが原因の1つだと考えられている。当時の日本では，模造銭や私鋳銭を除き，公の通貨を自ら製造するのを止めてしまい，北宋の銅銭をそのまま貨幣として利用していた。平安時代末期から，唐の銭が日本に流入していたこともあり，その流れがあってのことかもしれない。さらに中国で王朝が宋から元に変わった際，元は紙幣を通貨として制定し，銅銭の利用を停止した。これによって宋の銅銭は海外へと流出し，日本ではこれらの銅銭をそのまま一枚＝1文として利用したのである。

　元を滅ぼした明は，民間における金銀の流通を禁じ，銅銭を発行し始めた。高額取引のために紙幣である**宝鈔**（**大明通行宝鈔**）も発行している。しかし，銅銭も宝鈔も安定した供給ができず，銅銭が足りなくなったり，宝鈔を大量発行した際には，一挙に価値が低下した。宝鈔は，銀との兌換を保証しなかったために信用が落ち，発行量に従って価値は自動的に下がったようである。こう

した中で銀の需要が高まり，1433年には江南地方において，銀で支払う税制が導入された。1436年には，北京の武官が給与を銀で支払うよう直訴している。

　万暦帝（1572-1620）の時代には，田賦（土地税）と丁税（人頭税）を一本化し，銀で納入するという**一条鞭法**が定められた。明の銀の需要によって，明には日本や新大陸で産出される大量の銀が流入し，明は銀銭経済圏へと転じることとなった。一方，大陸からの銅銭輸入が減少した日本は，米という現物貨幣を中心とする経済へと変わってゆく。豊臣秀吉によって日本が統一に向かうと**天正大判**などの貨幣の鋳造が開始され，江戸時代には，幕府によって渡来銭の使用が禁じられて，鋳造貨幣や紙幣が利用されるようになった。ただし，江戸時代は，税の中心を米とした「**石高制**」の社会であった。

2.3　紙　幣

　最後にマルコ・ポーロも触れた紙幣についておさらいしておきたい。世界最初の紙幣とされているのは，宋の時代に四川で発行された**交子**であるとされる。これはもとは銭の預かり証であり，民間で発行されたものである。このような手形といえるものは，唐の時代にも存在したが，交子の場合，1023年に官の管轄となり，額面を印刷して発行した。有効期限はあったが，当初は兌換準備金をもうけたため，流通することになった。それ故に，最初の紙幣とされている。その後の紙幣は，南宋で**会子**が，金やモンゴル，元の時代には**交鈔**が発行された。紙幣は，紙そのものに価値が無いとすれば，額面に書かれた価値は，発行者の恣意によって決められる。この紙幣の額に信用がなくなれば，市場での交換比率も変わり，使用されなくなることもある。紙幣を発行した宋も金も紙幣の価値が下がり，インフレーションを起こした。モンゴル帝国は，当初から交鈔を発行し，これを基本通貨とした。有効期限がなく，銀との交換レートも設定した。マルコ・ポーロが仕えた元のクビライ（1215-1294）は，交鈔と銅貨は同じものとして流通させ，先に挙げたように銅銭の利用を止めた。ところが，交鈔は価値が下がり，クビライは銅貨を鋳造して兌換することを始めたり，新しい交鈔を発行したりして対応した。銅銭との交換レートを決める

ことで，紙幣価値の安定を図ることもおこなっている。元もまた，貨幣政策に翻弄されたのである。明の時代については，先に述べたとおりであるが，明の後の清は，このような紙幣の歴史を踏まえてか，アヘン戦争の時まで，公的に紙幣を発行することは無かった。

3. 貨幣とは何か

　すでに指摘したように，貨幣の役割を果たしたものとしては，穀物・布・塩・貝・鉄棒などがあり，いわばどんなものでも貨幣となり得た。ポランニーは，どんなものでも貨幣として機能し，貨幣とは言語や文字や度量衡と同様な，1つのシンボル体系だと述べている（吉沢秀成訳「貨幣使用の意味論」『経済の文明史』p. 81）。

　貨幣については，よく以下のような説明がなされる。貨幣は，①交換を媒介する役割を果たすべく登場し，②貨幣を基準にして他の物の価値を表すことができるようになった。③債務の支払いの際にも，価値換算された貨幣が用いられ，さらに，④価値の保存手段としても利用されるようになった。これは，貨幣の役割をわかりやすく語っており，説得力があるように思われる。しかし，ポランニーは，こうした交換から始まる貨幣の誕生と役割の説明は，現代風のアプローチであって，それゆえ原始的な貨幣の特徴が不明確なままになってしまっていると指摘する。ポランニーは，原始社会において商業的な交換は基本的な貨幣の用法ではなく，むしろ非商業的な支払いであるとし，「市場的観点からの接近方法は交易と貨幣制度についての解釈を狭めてしまう。不可避的に市場は交換の場として，交易は実際の交換として，貨幣は交換の手段として見られてしまうのである。」（石井溥訳「制度化された過程としての経済」『経済の文明史』pp. 384-385）と論じている。

　ヤップ島の貨幣として考えられている**フェイ**は，今日，使われているような硬貨や紙幣と異なり，安易に持ち運びなどができないほどの大きさと重さがあり，支払いなどの取引に用いる際には，そのまま動かさず，所有の権利が移動するだけである。20世紀初めにここを訪れた学者が，フェイを貨幣と見なし

ため，石貨と呼ぶようになったが，ヤップ島の人たちは，現代のヨーロッパ人と同じ概念でフェイを扱っていたわけではなかった。もとより貨幣は，単に経済的な役割を担う財として出現したわけではなく，人間生活の内実の深いところまで踏み込む意味を持った複合物であったと考えられるからである。

タカラ貝は，貨幣としての利用が一般的になされるまで，呪物として儀式に用いたり，護符として身につけたり，権力者が臣下に下賜するものとして，また，装飾品としても利用されていた。貨幣の役割を果たすタカラ貝は，経済的な取引や価値の保存のためだけに必要とされ，一つ一つの貝には，後からつけた印も重さの単位もなかった。他方，硬貨は，さまざまな図柄をもって発行され，発行者による権力や政治的な意図を，そこに見て取ることができる。ヨーロッパ中世の時代に製造された金属貨幣たる硬貨は，貴金属の含有量もカール大帝による度量衡の通りではなくなっていった。信頼される金貨の登場により，これらの硬貨は，その価値を定められることになったが，発行者の力，信用，地金の含有量などによって，一つ一つの硬貨の価値も変化したのである。加えて金・銀・銅の硬貨に至っては，これまでの代用貨幣とは異なる硬貨特有の性質を持っていた。過去に遡れば，ひとびとは，貨幣に経済的な交換や支払いの手段としての役割以上の何かをそこに込めており，はじめから何でも交換できる便利なアイテムとして登場させたわけではないことがわかる。逆にいえば，今，貨幣と呼ばれるものは，貨幣でなかったものが，後に貨幣として用いられるようになったともいえる。人は貨幣の役割を担わせるために，人工的な貨幣を生み出した。それが，貨幣と人の関わりの歴史ではないだろうか。

貨幣とは，本来，**本位貨幣**を表し，**正貨**とも呼ばれるものである。正貨とは，金本位制の場合，貨幣は一定の金と交換しうる価値を内包する形態を取っており，地金・金為替を含んだ意味を持つものである。兌換紙幣の場合には，紙幣上にその金との交換が約束されている。しかし，本位貨幣が金や銀との交換を保証する実質価値を持たない，すなわち，貨幣の兌換が失われている現在では，現に利用されている通貨とその代用物として新たに生まれた貨幣との実質的な区別が曖昧になっている。このような現在の貨幣の有り様を考察するとき，貨幣の歴史を振り返り，貨幣が果たしてきた役割を確認する作業は意味のあるこ

とだと思われる。

考えてみよう

1. 貨幣は，硬貨や紙幣のみを指しているか。
2. 支払い手段の方法は，歴史上，どのような形で現れてきたか。
3. 貨幣発行の利益とは，どのようなことか。

📖 **さらなる学習のために**

宮澤知之（2007）『中国銅銭の世界　銭貨から経済史へ』思文閣出版

ファーガソン，ニーアル著，仙名紀訳（2015）『マネーの進化史』早川書房

オレル，デイヴィッド著，角敦子訳（2021）『ヴィジュアル版貨幣の歴史』原書房

第8章　大航海の時代

1．中世中国の経済発展と海洋貿易

　宋（北宋 960-1127, 南宋 1127-1279）の時代，揚子江下流の地域は，洪水の常襲地帯ではあったが，水稲栽培の技術に進展が見られ，11世紀にはチャンパー米の導入や2期作，2毛作をおこなうことによって農業が発展した。「蘇湖（江浙）熟すれば天下たる」ということわざもあるように，この時代の江南地域は農業生産物の安定によって，農業生産と経済の中心地域となった。商業もまた，茶や絹，青磁や白磁（宋磁と呼ばれる），漆器などの商品が流通するようになり，活性化した。唐の時代に比べて，商業の自由度も高まり，交通の要衝や寺社の門前に開かれた草市を元に，鎮，市と呼ばれる小商業都市が各地に成立した。海外貿易も臨安（杭州），明州（寧波），泉州，広州などの海港都市を中心にして発展し，ムスリムの商人たちも訪れるようになった。海港地に設置した市舶司を通じた統制はあったが，宋は海外貿易を推奨した。アラブの商人たちが握っていた東アジアや東南アジア，インド洋の貿易にも宋の商船が入り込むようになった。元（1271-1368）の時代にも海上交易は積極的に進められた。

　明（1368-1644）の時代，特に永楽帝（1360-1424）は積極的に対外政策を行った。1405年から31年の間に雲南省のムスリムの家系に生まれた鄭和（1371-1434）を司令官にして，7回に渡り海外遠征をおこなわせたのは有名な出来事である。鄭和の率いる艦隊は60数隻からなり，乗員も2万人以上いたと推察されている。この遠征は，他国を征服することや大規模な交易をすることが目的ではなく，貿易の促進のために明との朝貢を各国に促すものであったと考えられている。しかし，永楽帝の死後は，海禁政策が復活したため，明による南海貿易の進展は閉ざされてしまった。

　製紙法がヨーロッパに伝わったのは，12世紀になってからであるが，古代中国における紙の発明は紀元前に遡れる。文献史料では，『後漢書』に105年に蔡倫が紙を作ったとの記述があることから，少なくともこの頃には紙は知られていたはずである。ただ，製紙法の伝播には時間がかかり，唐（618-907）とアッバース朝（750-1258）との間でおこなわれたタラス川の戦闘において，捕虜になった唐の製紙工がアラブに製紙法を伝えたとされている。その後，紙の製造は地中海地域のイスラーム圏で広まり，やがて西ヨーロッパの国々に伝わったのであろう。**活版技術**や**火薬**，**羅針盤**なども中国が発祥地である。方向を知ることができる羅針盤，特に磁石を用いる船舶用コンパスは，11世紀の初めに宋で製造され，12世紀中にヨーロッパに伝わったという。ヨーロッパでは**ジンバル**を利用したコンパスが発明され製造されるようになった。このコンパスは，それまでの羅針盤のように磁針を吊したり，水に浮かべたりすることなく，常に水平を保つことができたため，船上での使用に耐えうるものであった。こうした発明は，ヨーロッパ人による海を越えた航海を支えることになった。

2．ポルトガルの海外進出

　14世紀のヨーロッパでは，経済は停滞のみならず収縮し始めた。人口の増加に対応する農業生産物の量が頭打ちとなってきたことが原因である。12世紀以降発展してきた地中海交易は海外からの**伝染病**をもたらす機会となり，とりわけ1348年の**ペスト流行**は，ヨーロッパに経済的にも社会的にも大きなダメージを与えた。15世紀に入るとこの様相は変化し，人口も増加して経済的にも復興の兆しが見え始めた。そのような中，ポルトガルの王ジョアン1世（1357-1433）は，1411年にカスティーリャ王国との戦いに終止符を打つ和平条約を当国と結んだ。これによって，王権や領土を争う状況から政治的に安定した環境を手に入れることができた。しかし，安定した状況は，国土を広げることによる利益を得られないことも意味していた。ポルトガルが国の勢力を拡大するためには，十字軍的な活動の一環として，イベリア半島のムスリムのナスル朝（グラナダ王国）と戦って領地を奪うか，あるいは北アフリカにあるイス

ラームの都市へ侵攻するか，さらには大西洋上の島へと繰り出してゆくかの選択肢しかなくなったのである。結果的にジョアン1世は，1414年に北アフリカの都市セウタを攻略することを選んだ。セウタの占領後，ポルトガルは大西洋上にあるマディラ諸島，アソーレス諸島などの領有にも成功した。ただ，これら大西洋域への領域拡張は，入植して栽培食物を植えるか，皮革や油脂の原料となるアザラシの捕獲，場合によっては，奴隷を獲得することくらいしか成果をもたらさなかった。

　ジョアン1世の死後，ポルトガルではセウタ防衛の責任者でもあった**エンリケ**（1394-1460）が西アフリカ沿岸の探検事業を担うこととなり，アフリカで金を求める活動が本格化した。アズララの『ギネー発見征服誌』には，エンリケの家臣であるアンタン・ゴンサルヴェス（生年没年不詳）やヌノ・トリスタン（生年不詳〜1446頃没）が，1441年にアフリカ西海岸を航海して奴隷を確保し，トリスタンの一行はブランコ岬に到達したことが記されている。1442年には，再びゴンサルヴェスが航海に出て，奴隷の獲得だけでなく，砂金の取引に成功した。ヌノ・トリスタンは，1443年の航海でブランコ岬を越え，アルギン島を発見した。この島には，1445年に交易所が設けられることになり，ポルトガルは，アルギン島の商館を介して，アフリカ内陸部でおこなわれているラクダによる通商路の情報やアフリカ内部でおこなわれている金と塩の取引についても知ることができた。アフリカとの貿易活動は，エンリケの認可を受けて民間の事業としてもおこなわれるようになり，とりわけ奴隷貿易が活発となった。

　エンリケはさらにヴェルデ岬の先まで航海を続けさせ，航海者たちはガンビアの探検もおこなった。ガンビアという国では金をたくさん産出するという黒人たちの話をエンリケは知っていたからである。探検者たちにもその旨を話していた。1455年と1456年にガンビア川を探検したアルヴィーゼ・ダ・カダモスト（1432頃-1488）は，最初の航海において，「ここここそかねて夢にまで見たガンブラ地方に違いない，とわれわれは思った。この河岸にどこか適当な場所を見つけることが出来れば，金はおろかありとあらゆる財宝を手に入れて，文字通り，幸運をつかむことができよう。」（河島訳『航海の記録』第37章，p.568）

と述べている。

　当時のヨーロッパでは，ビラード・アッ・スーダン（黒人の住む土地の意味，地理的呼称で西スーダンと表記されたりする。現在のセネガルからスーダン西部あたりの地域）と呼ばれる地に金が産出されると考えられていた。ヨーロッパにおいて貴金属の需要が高まる中，アフリカで金を獲得するための探検事業は，ポルトガルにとって十分に魅力のある企画となっていたと考えられる。しかし，実際には，探検者たちもすぐには金を手に入れることができず，ポルトガルとしても早くに領有し植民したマディラ諸島で**サトウキビ**の**プランテーション**やブドウ栽培を始め，西アフリカ沿岸から奴隷を購入して労働につかせ，生産物をリスボンやラゴス等の市場で競売していた。大航海時代のポルトガルといえば，香料・香辛料を求めて海外へ探検航海をしたという印象が持たれやすいが，この探検航海事業がインドや東南アジアとの胡椒貿易に結びつくのは，それよりもずっと後のことであり，初めからインドとの香料・香辛料の直接貿易を狙って航海を始めたわけではない。

　ポルトガルは，15世紀半ばからガンビア川を遡航し，マンディン族の商人たちから金を買い付けるようになり，1471年にサマ（現在のブラー）で金の取引に成功，さらに**エル・ミナ**で原住民から**金**を入手できるようになった。1481年には，ギニア湾に船団を派遣し，1482年にはジョアン2世（1481-1495）によってエル・ミナに商館が設置されることとなった。こうして，ポルトガルによる奴隷と金の獲得が軌道にのるようになったのである。

　この頃，国王ジョアン2世は，ベニン王国の使節やイェルサレムからの情報を得て，プレステ・ジョアンという伝説の司祭が治めたキリスト教王国が**エチオピア**にあることを確信するようになった。そこで，ジョアン2世はプレステ・ジョアンの国との協力体制を求めて，陸路と海路の両ルートでエチオピア探索の使者を派遣することにした。陸路の使者は，ペロ・ダ・コヴィリャン（1450頃-1530頃）とアフォンソ・デ・パイヴァ（生年没年不詳）であり，海路の使者は，船隊長でもあるバルトロメ・ディアス（1450頃-1500）である。海路のルートでアフリカを南下するディアスの船団は，大陸を十分に南下した後に，東へと方向を変えた。そうこうするうちにディアスはアフリカの南端を越えて

しまう。結局，ディアスは，本来の目的であるエチオピアに到達することはできず，途中で引き返したのであったが，この引き返す途中で航海者たちは，**喜望峰**を確認することとなる。喜望峰の発見である。他方，陸路での使節のコヴィリャンは，エチオピアに到着した。彼らは，海を越えてインドのカリカットやゴアにも足を運んだ。これは，**ヴァスコ・ダ・ガマ**（1469?-1524）が率いる船隊がインドに到着する 10 年ほど前の出来事であった。

1493 年，**クリストファー・コロンブス**（クリストバル・コロン　1451 頃-1506）の船がリスボンに寄港した。インディアスに到達したという報告をコロンブスから聞いたジョアン 2 世（1455-1495）は，西回り航路を用いた東アジアへの船団派遣をすぐに検討したという。この動きにスペインはいち早く対応し，到達した地の利権を確保するため，教皇にポルトガルとスペインの海外領土の境界決定を依頼した。こうして定められたのが，教皇による**植民地分界線**（**教皇子午線**）である。この決定に不満があったジョアン 2 世は，1494 年にスペインと直接交渉して，この分界線を西方に 1350 km ほど移動させる新たな内容の**トルデシーリャス条約**をスペインと結んだのである。

2.1　香料・香辛料交易

ジョアン 2 世の死後，ポルトガルはマヌエル 1 世（1469-1520）が王位を継いだ。先王と同じく海外への探検・貿易事業に取り組んだマヌエル 1 世は，アフリカ南端経由でのアジアへの船隊の派遣を決定した。1497 年にリスボンを出港したヴァスコ・ダ・ガマの船隊は，喜望峰をまわってインドの**カリカット**（**カレクト**）に到達した。1498 年にガマが開拓した海路によって，直接，インドへ海路で到達できる方法を手に入れたポルトガルは，香料・香辛料交易で大きな利益を得ることになった。ポルトガルは，**コーチン**，**カナノール**，ゴア，**カリカット**に主たる商館を開設して，この4商館で主に香料・香辛料の貿易を始めた。金七紀男の研究によると，この4商館の買い付け推定量は，1502 年から 1521 年の 19 年間，記録に残る最低限の量として，胡椒 23 万 9654 キンタル（年平均 1 万 4097 キンタル），肉桂 4147 キンタル（年平均 162 キンタル），丁字 2755 キンタル（年平均 162 キンタル），生姜 2 万 829 キンタル（年平均 1225 キンタル），肉

豆蔲 2924 キンタル（年平均 172 キンタル），豆蔲花 1583 キンタル（年平均 93 キンタル），合計 27 万 1892 キンタル（年平均 1 万 5993 キンタル）であるとしている。ちなみに支払金額は合計 80 万 8955 クルザード（年平均 4 万 7586 クルザード）であった（金七紀男（1989）「マヌエル 1 世期（1495-1521 年）におけるポルトガルの香料交易」『東京外国語大学論集』第 39 号，p. 247）。

　1505 年，インド副王に任命されたフランシスコ・デ・アルメイダ（1450 頃-1510）はインド西海岸の各地を攻撃してコーチンなどに要塞を築いた。1510 年には，2 代目のインド総督のアフォンソ・デ・アルブケルケ（1453-1515）がゴアを攻略し，ゴアをポルトガル領インドの首都とした。翌年，アルブケルケは，マラッカも攻略してポルトガルの東南アジアへの海上交通と商業路を開拓することに成功した。ポルトガルは，1512 年にはテルナーテ島に至り，丁子などの香料貿易を独占する。そのような中，1521 年にフェルナン・デ・マガリャンイス（マゼラン 1480 頃-1521）がスペイン王カルロス 1 世（1500-1558）の支援の下，西回りでフィリッピンに到達。ポルトガル・スペインの香料諸島の領有を巡り対立することとなったのである。

　もとよりヨーロッパは，古代よりアジアの香料を中東経由で輸入していた。ペルシャ湾からアレッポを経由してベイルートへと至るルートと紅海からカイロを経てアレクサンドリアに至るルートがあった。このルートにおいては，マムルーク朝が支配権を握っており，通行税を取り立てていた。ベェネツィアは，このルートを経てヨーロッパへもたらされる香料貿易を独占していた。このルートを用いずに，船舶で直接アジアから香料や香辛料を獲得する道筋をつけたのがポルトガルである。

〇香料・香辛料の産地について
・胡椒＝二大生産地は，インド・マラバル地方とスマトラ島
・丁字（クローブ）＝モルッカ諸島の特産
・肉豆蔲（ナツメグ）・豆蔲花（メース）＝バンダ島の特産物
・生姜＝マラバル地方
・肉桂（シナモン）＝セイロン島の特産

図表 8 - 1 1 キンタル（50.8Kg）あたりの胡椒・香料の価格

1506 年リスボン　単位：クルザード		
種類	購入価格＋運賃	販売価格
胡椒（ペッパー）	6.08	22
肉桂（シナモン）	6.58	25
丁字（クローブ）	10.58	60-65
豆蔲花（メース）	10.58	100
肉豆蔲（ナツメグ）	7.08	300

出所：『朝日百科 世界の歴史』朝日新聞社，B-427

2.2　ポルトガルとブラジル

　ブラジルでは，ポルトガルの探検事業によって金や銀の鉱脈が探索されたが，成果は出ず，染料の原料になるブラジルボクを森林地帯から切り出し，ヨーロッパに輸出する産業をなんとか展開していたに過ぎなかった。ブラジルにおける植民地経営は，ポルトガルの貴族によって進められていたものの，ブラジルボクをヨーロッパに輸出するだけでは，スペインによるアメリカ大陸の植民地経営に比して，あまりにも利がなかった。そこで，ジョアン 3 世（1502-1557）は植民地経営を進展させるため，ブラジルをポルトガルが直接統治する総督領制度を導入し，経済的には**砂糖プランテーション**の展開を促すよう積極的に動き出した。先に示したように，ポルトガルはマディラ諸島やアゾーレス諸島においてサトウキビの栽培や砂糖生産を展開させていたから，それをブラジルに移植するだけで良かった。さらにポルトガルは，植民者を募り，沿岸地方に植民した者たちには，現地人を労働力として農園経営がおこなえるような仕組みを整えた。しかし，スペインの植民地と同様，16 世紀半ばには現地の人口が少なくなっており，ポルトガルは，ブラジルでの労働力の不足を補うために西アフリカの植民地から黒人奴隷を輸入し，農園に供給することにしたのである。その結果，ブラジルの北東部は，16 世紀後半から 17 世紀半ばまで，世界でも屈指の砂糖生産地域となった。この砂糖プランテーションは，エンジェーニョと呼ばれた。18 世紀に入り，ブラジルの奥地で金や銀・ダイヤモンドが発見されるまで，このエンジェーニョが主人と奴隷労働によって作り出さ

れた北東部ブラジルの生産体制の姿であった。

3．スペインの海外進出

　一方，スペインでは，ナスル朝（グラナダ王国）を滅ぼした後，**イサベル女王**（1451-1504）がクリストファー・コロンブスによるインディアスへの海路渡航の提案に乗り，アメリカ大陸との繋がりを得ることに成功した。コロンブスの提案は，直接アジアへと到達するべく大西洋から西周りに航海してアジアにたどり着くというものであった。1492年10月，コロンブスの船団は陸地を発見した。コロンブスは，インディアスに到達したと思ったようであるが，実際には現在のバハマ諸島の1つであり，その陸地は，インドでも中国でも日本でもなかった。

　ここで，15世紀終わりのスペインの状況を簡単に見ておきたい。カスティーリャ王国のイサベルが1474年に夫であるアラゴン連合王国のシチリア王フェルナンド（1452-1516）と共同統治する形でカスティーリャ王に即位した後，1479年にフェルナンドがアラゴン王として即位したため，カスティーリャ王国とアラゴン連合王国を夫婦で統治することとなった。こうして誕生した連合王国が，**スペイン王国**である。スペイン王国があるイベリア半島南部には，ブドウやイチジク，アーモンド，サトウキビや綿花の栽培が盛んなナスル朝（グラナダ王国）があり，海港都市たる**マラガ**を中心に**ジェノヴァ**の商人たちが商業活動をおこなっていた。ナスル朝は，イスラーム世界に通じる貿易拠点の1つである。このナスル朝は，15世紀の後半からの内紛やカスティーリャ，アラゴン両国との戦争によって滅びの道を辿ることになった。スペイン王国は，1491年にグラナダを包囲し，ナスル朝に降伏協定を結ばせ，翌年，グラナダはスペイン側に引き渡された。その後，旧ナスル朝領内にはキリスト教徒が入植し，スペインの支配下に入ったのである。スペインによってイベリア半島における国土回復運動（レコンキスタ）は完了し，同年，コロンブスがアジアに向け，西回りの航路で最初の航海に出帆したのである。

3.1　鉱脈の発見

　1492年，コロンブスはバハマ諸島のサン・サルバドル島（グワナハニ島）に到着した。そこには香料も香辛料もなく，現地の人から手に入れたわずかな金以外は見つからなかった。探検者たちは，先住民の割り当てを受け，金や銀の探索活動を続けた。**コンキスタドール（征服者）**と呼ばれるスペイン人による探検と征服は，一個人が王室と費用と利益の配分などを決める協定を結び，おこなわれたものであった。スペイン王は，征服者の一個人に一定の地域の先住民を委ね，彼らから貢納を得る権利や労働賦役を課す権利を与えた。その引き替えとして彼らを保護しキリスト教に改宗させることを求めたのである。これは**エンコミエンダ制**と呼ばれ，イスパニョーラ島の総督に任命されたニコラス・デ・オバンド（1460-1518）によって制度化された。征服地において，この権利を得た個人は，**エンコメンデーロ**と称され，この権利を用いて先住民をさらなる征服戦争に従事させたり，都市の建築作業，金などの採集作業などに従事させた。

　イスパニョーラ島には，スペイン入植者の町として，北岸にプエルト・プラタ（ラ・イザベラ），南岸にはサント・ドミンゴが早くに建設された。とりわけ，サント・ドミンゴは，およそ1520年頃までインディアスにおける政治と経済の中心地となった。このイスパニョーラ島を拠点として，プエルトリコやジャマイカ，キューバがコンキスタドールたちによって征服されることになる。これらの島々にはスペインから多くの者が入植した。探索の成果によりイスパニョーラ島やキューバ島で砂金や金鉱が発見されると，征服者たちは早速，先住民を用いて金を採集させた。この様子を**ラス・カサス**（1474/1484-1566）は，キューバ島には，「300人のインディオを分配されて所有した官吏［ロドリーゴ・デ・アルブルケルケ（生没年不詳）］がいたが，わずか3ヶ月のうちにその内の270人が鉱山労働で死んでしまい，生き残ったのは全体の10分の1に当る30人にすぎなかった。」（染田秀藤訳『インディアス破壊についての簡潔な報告』p. 44）と記している。ラス・カサスは，ディエゴ・ベラスケス（1465-1524）による1513年のキューバ遠征に従軍司祭として参加しており，キューバ島にエンコミエンダを得ていた人物である。後述するようにイスパニョーラ島での金の採

集が滞るようになると，スペイン人たちはサトウキビの栽培に力を入れ始め，精糖産業を展開させた。

　アメリカ大陸への探検・遠征活動も早くからおこなわれており，16 世紀初頭までにアロンソ・デ・オヘダ（1465 頃 -1515 頃）やアメリゴ・ヴェスプッチ（1454-1512）がベネズエラを探検し，ロドリゴ・デ・バスティーダス（1465 頃 -1527）やバスコ・ヌニェス・デ・バルボア（1475-1519）らは，パナマを探検している。バルボアは，1513 年にイスパニョーラ島を出発し，パナマ地峡を越えて新大陸から「南の海」（太平洋）を見ることになった。太平洋の発見である。1519 年にはキューバの入植活動に従事していたエルナン・コルテス（1485-1547）が，508 名の兵と 100 人の水夫をもってメキシコへと渡り，都市ベラクルスの建設を始めた。このベラクルスを拠点として，**アステカ王国**（15 世紀前半 − 1521）への遠征をおこない，首都たるテノチティトランを攻防の末に征服してアステカ王国を滅ぼしたのである。メキシコでも金や銀の採集や採掘が始められ，コルテス自身，金の採掘事業，タスカでの銀採掘事業を進め，エンコミエンダの住人たちを利用したサトウキビ栽培などの農園経営もおこなっている。メキシコでは，16 世紀の 30 年代から 50 年代の中頃にかけて，**サカテカス**，**グアナファト**，**サンルイスポトシ**，**パチュカ**の鉱脈が発見され，その後，鉱山業が大きく進展することとなった。これらのメキシコ銀は，**ポトシ銀山**で始められた**水銀アマルガム法**を 1557 年に導入し，生産高を増加させた。

　コルテスがベラクルスを建設し始めた 1519 年に，ペドロ・アリアス・ダビラ（1440-1531）によってパナマが建設されていた。このパナマから黄金の国の遠征に出発したのが**フランシスコ・ピサロ**（1470 頃 -1541）である。ピサロは，「南の海」の彼方に黄金があるとの情報を得てパナマ地峡を探検したバルボアのかつての部下であった。1520 年代に数度，インカ帝国北部を探検したピサロは，1531 年に三度目の遠征に出発した。ピサロたちは，トゥンベスやサンミゲルの町を経る中で，金山に関する情報やインカの情報を得た後，インカ皇帝のアタワルパ（1502 頃 -1533）をカハマルカで捕らえ，身代金として黄金を手に入れることに成功した。1533 年にピサロは皇帝アタワルパを処刑し，皇帝位を争っていたワスカル（1490 頃 -1532）がいた帝都のクスコへと遠征を行い当

地を占領した。しかし，ピサロによる**インカ帝国**（1438–1533）の征服は，それほど順調なものではなく，スペイン人征服者内での争いやインディオの反乱もあり，苦難の連続であった。ピサロは，対立するスペイン人たちによって，彼自身が新たに建設したリマで暗殺された。このような中，アンデスの山岳地帯にあるポトシで銀鉱脈が発見され，1545年には鉱山の開発が始まったのである。以後，ポトシでは，多くの銀が採掘されることとなる。

3.2　新大陸の産業

アメリカ大陸には，**トウモロコシ，ジャガイモ，サツマイモ，タバコ，ココア，トマト，パイナップル，キャッサバ**など，ヨーロッパには知られていない作物が存在しており，ヨーロッパで栽培可能な根菜は，ヨーロッパに移植された。他方，アメリカ大陸にはヨーロッパの動植物が持ち込まれた。牛や馬，山羊や豚，ロバ，小麦やブドウ，サトウキビなどがそれである。コロンブスの第二次航海について記された記録（林屋栄吉訳『全航海の報告』）から，早くもコロンブスの船隊がサトウキビなどを持ち込んでいたことがわかる。先に紹介したように，当初，征服者たちは，金銀の探索を目的としていたので，農業をおこなうつもりはなかった。彼らは，現地のひとびとから貢納を手に入れることができ，現地の労働力は主に金の探索や採掘などに利用していたからである。ただ，入植してくるスペイン人たちの中には，獲得した財の分配に与れないものがいたり，そもそも入植者たちの食料をヨーロッパからの輸入にのみ頼るわけにもいかなくなってきた。そのため，征服者たちは，現地の人たちを農園の農業労働者として利用し，農園の経営をおこなうようになったのである。特に砂糖生産は，輸出産業に成長し，後に大きな展開を見せるようになった。ラス・カサスは，インディアスで砂糖の生産が開始されたのは，1505あるいは1506年のコンセプシオン・デ・ラ・ベガにおいてであり，1516年頃にはサント・ドミンゴでも砂糖の生産が始まって，圧搾機すら導入されたことを述べている（長南実訳『インディアス史』第129章，p. 447）。

征服者たちは，エンコミエンダという制度によって，一応は自らの収入を確保できた。コルテスがメキシコを征服した際には，部下たちにもエンコミエン

ダを与えていた。しかし，エンコミエンダに与れない者たちは，征服戦争に従
事して，現地の人たちを奴隷として獲得する他はなかった。彼らは奴隷を売り，
利用することで生活を成り立たせることになったのである。

　インカ帝国への遠征をおこなったピサロも多くのエンコミエンダを手に入れ
ていた。増田義郎によると，ピサロが取得していたワイラス地域のエンコミエ
ンダでは，納税者たちは，毎年金600ペソ，銀800ペソ，衣料や家畜，ニワトリ，
魚，チューニョ（乾燥ジャガイモ），ジャガイモ，トウガラシを供出し，さらに，
家畜の番のために12人，畑を耕すために30人が常に動員されていたという。
また，ピサロのワイラスのエンコミエンダ納税者は3000名であり，その他を
含めて，およそ3万人の納税者を獲得していたらしい（増田義郎『物語ラテンア
メリカの歴史』pp. 65-67）なお，エンコミエンダ制は，植民者・征服者に現地の
人たちを使役する権利を保証するものであり，現地の土地の所有権を付与する
制度ではない。

　スペインの征服者たちとの戦いに敗れた，あるいは征服者たちに従属した先
住民たちは，採集作業や鉱山労働，農業労働への動員，さらには虐待によって
その多くが亡くなった。戦いや虐待以外にも，スペイン人たちによってもたら
された**伝染病**が現地の人たちの多くの命を奪った。ラス・カサスは，1518年
と1519年にイスパニョーラ島を襲った災厄によって，それまでに生存してい
た数少ないインディオたちがほとんど全部死んでしまったことを述べている。
カサスは，この災厄は，何者かがカスティーリャから持ち込んだ天然痘である
と指摘している。スペイン人たちが持ち込んだ病気は，彼らの行く先でアステ
カ人やインカのひとびとに瞬く間に広がり，メキシコ中央部やインカ帝国の人
口は，スペインによる征服後1世紀の間に，85％ほどが失われたとされている。
イスパニョーラ島の総督となるデ・オバンドは，早くも1501年に黒人奴隷の
導入の許可を得ている。現地でインディオの数が減ってゆくのを見て，労働者
不足を奴隷によって補おうとしていたのだろう。征服者たちは労働力を補うた
め，他の島からも現地の人を奴隷として連れてきたが，病気の感染によってそ
の多くもまた死亡したという。

　スペイン人による征服と彼らによる現地の人たちの扱いに対し，ドミニコ修

道会の修道士たちは糾弾を始めた。王室は現地人の保護を図る規定を入れ込んだブルゴス法を制定し，エンコミエンダ制の導入を禁止する令を発した。しかし，征服者たちはエンコミエンダ制の必要性を主張した。ラス・カサスは，征服者たちによる現地人の奴隷化や強制労働の非道さを認識するようになり，エンコミエンダ制の撤廃がこの惨状を救うとして行動を起こすようになった。自らのエンコミエンダの現地人を解放し，スペインに戻って征服の不当性や征服者たちの残虐行為を批判する報告書を国王に提出したのである。これら現地のひとびとの救済への動きは，1542年に**インディアス新法**として結実した。こうして現地人の奴隷化と強制労働の禁止が決定し，エンコミエンダ制も段階的に廃止されることとなったのであるが，現地の征服者たちからの反対も起こり，エンコミエンダ制は完全にこの地からなくなったわけではなかった。しかも，この時期には，すでに多くの現地のひとびとが死亡しており，農園の労働者は，その多くがアフリカから連れてこられた奴隷に変わっていた。現地の人たちに対しても，報酬を支払えば使役が認められたため，新法の設定はもはや遅い対応であったといえる。

　鉱物の採集はアンティール諸島の島々，また，メキシコや中央アメリカ，コロンビアやペルー，チリでおこなわれた。最初は金であったが，メキシコの銀山とボリビアのポトシ銀山の発見は，銀の時代を到来させることとなった。採鉱は，多くの労働を必要としたため，またしても現地人の労働力を頼った。入植者や鉱山における労働者などの増加により，これらの人口を養うための農園も発展した。エンコミエンダの住民による労働力の提供は禁止されるようになったものの，多くの労働力が必要な鉱山や農園では，新しいシステムによって労働力を確保するようになっていた。植民地の政府は，住民を集め，賃金と引き替えに労働力を必要とする植民者に彼らを提供する制度を作った。メキシコでは，**レパルミエント制**（最初にイスパニョーラ島に上陸したコロンブスは，現地人を配分することをレパルミエントと呼称し，ラス・カサスもそう記しているので注意），ペルーでは**ミタ**と呼ばれる制度がこれにあたる。ミタ制は，租税を負担する村に要請された労役負担の制度で，インカ時代にすでに輪番制で労働を提供する制度として存在していたものであった。鉱山労働者を集めるため，この制度を

図表8－2　ポトシ銀山

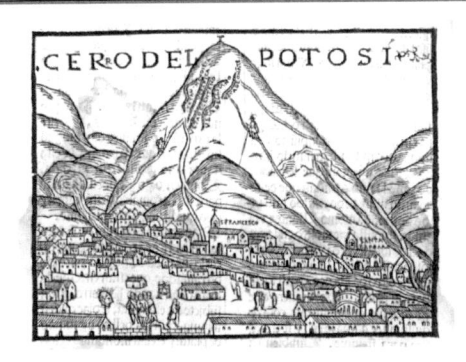

出所：Pedro Cieza de León, *Crónica del Perú., Primera Parte.* 1553. CXXII

採用し，賃金を支払って労働力を確保しようとしたのである。

　ポトシ銀山では，**ワンカベリカ**で**水銀**が発見された後，水銀アマルガム法の導入によって生産性を上げた。ポトシでの銀の精錬について，ホセ・デ・アコスタ（1540-1600）は，1590年に著した『新大陸自然文化史』において，「現在では，銀の精錬の大部分と，ポトシの豊かな銀のほとんど全ては，水銀のおかげによるものであり，またヌエバ・エスパニャのサカテカスその他の鉱山も同じである。」（増田義郎訳『新大陸自然文化史』第9章，p. 345）と述べ，その方法についても，「インディオが，銀を扱い，精錬する方法は溶解，すなわちその鉱石のかたまりを火に入れて溶かし，火によって鉱滓を除くと同時に，銀を，鉛，錫，銅その他の混合物から分離するのである。……（中略）……エスパニャ人到来後は，溶解法のほかに水銀による銀精錬も行われ，前者によるよりこの方法で抽出される銀の方が多い。この理由は，火を使っては精錬できず，水銀によらねばならぬ種類の銀があるからだ。」（増田義郎訳『新大陸自然文化史』第5章，pp. 328-329）と紹介している。

　こうして生産性を上げたポトシ銀山での精錬であったが，新技術の導入はあっても，現地人への過酷な労働条件は変わらなかった。サリナス・イ・コルドバ（生没年不詳）は，『新世界，ペルーの歴史に関する覚書き』において，ワンベリカの水銀鉱山でのミタに服した後，故郷に帰ってきた者を村の長が再び鉱

山に連れて行こうとして，以下のように述べたことを記している。「私は，自分がおまえを苦しめているのを重々承知している。……（中略）……しかし，どうしようもないのだ。ミタに服してくれるインディオがいないからだ。もし私がミタに割り当てられた数のインディオを集められないと，火あぶりにされ，鞭打たれ，虐待される。どうか私を憐れと思い，いっしょに鉱山に戻ってくれ。」（染田秀藤『アンデスの記録者ワマン・ポマ』p. 198）

ワマン・ポマ（1550頃-1616頃）は，彼の歴史叙述（『新しい記録と良き統治』）にまさに鉱山労働者を集められなかった村長の挿絵を描いており，このような史実を裏付ける内容となっている（図表8－3参照）。コレヒドールとは，植民地の地方行政官のことである。

ポトシは，銀鉱山発見後2年ほどで人口1万4千人を要する町となった。ミタ制度で集められた労働者たちは，遠く離れた村からポトシに集められたため，食料を現地で調達する必要があった。スペイン人植民者たちも，食料を輸入に頼るわけには行かず，食料を生産する農園の経営を本格的に始めなければならなくなった。人口が増えたポトシでは，鉱山労働者のための穀物や役畜が

図表8－3　ワマン・ポマの絵　鉱山のコレヒドール

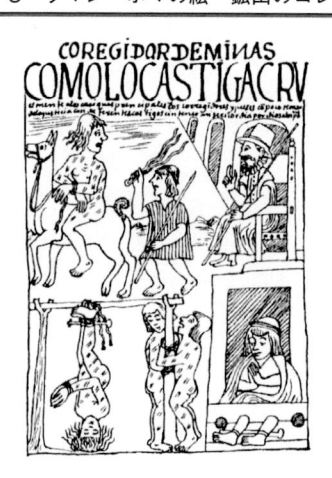

出所：大場四千男監修，女澤史恵訳（2011）「『インカ王族の子孫の記録者による挿絵』（二）」，『北海学園大学学園論集』第147号，p. 33

求められ，また，それらをポトシに運び込んだり，採掘された金属を港まで持ち帰る労働力も必要となった。多くの労働力が要請される状況となっていたのである。

　食料生産のための農園経営に関して，王室は入植者に土地の開拓を条件にして，土地の所有を認めるようにした。17世紀に**アシエンダ**と呼ばれるようになる制度である。これらの農園は，トウモロコシや小麦が栽培されたが，メキシコの北部などでは，牛や馬，羊などの家畜の飼育をする牧場も経営された。アメリカ大陸には，牛，馬，羊は存在していなかったため，コロンブスが持ち込んだ家畜たちがその端緒である。

　ポトシの銀は，驛馬でカリャオまで運ばれ，パナマへと送られていた。王室は貴金属の鉱脈発見者に採掘権を与え，その代償として鉱山経営者にキントと呼ばれる5分の1税を王室に納めさせていた。16世紀中葉のボリビアのポトシ，メキシコのサカテカス，グアナフアトなど銀山の開発と水銀アマルガム法による銀製錬，低廉な原住民の労働によって，銀生産は飛躍的に増大し，その銀は，スペインを経てヨーロッパにもたらされた。アメリカ大陸からの金と銀は，ヨーロッパのみならず，東アジアにもその影響を与え始めた。とりわけヨーロッパに持ち込まれた金銀は，人口の増加とインフレ傾向にあったヨーロッパに本格的な物価上昇をもたらした。**価格革命**と呼ばれる時代の到来である。「価格革命」とは，ゲオルグ・ヴィーベ（生没年不詳）が1895年の著作に使った名称であるが，スペインの価格騰貴については，1934年に発表したアール・ジェファーソン・ハミルトン（1899-1989）の研究が，ハミルトンテーゼと呼ばれ，後年，影響を与えた。ハミルトンの見解は，貨幣数量説といえるものであり，1535−1590年の貴金属の流入とスペインの物価騰貴が同じ傾向を示しているという分析から導き出されたものである。16世紀において，すでにジャン・ボダン（1530-1596）も，物価の騰貴はまず貴金属の過剰にあると考えていた。しかし，ヨーロッパ全体を見てゆくと，銀の流入と物価高騰の時期が厳密に一致する国は少なく，イギリスでは，地代や食料は急騰したが，他の物価はそうではなく，ドイツにおいても穀物の価格上昇は激しかったものの，食肉，賃金の上昇率は穀物に比して低かった。こうしたことから，物価上昇の原因は，単に銀

の流入によるものだけではなく，人口の増加にあるとする見解が出てきた。

　価格革命の時代は，農産物価格と地代の高騰によって，富裕化した地主に資本が蓄積された一方で，多数の農民や賃金労働者の貧困化をもたらしたといわれている。他方で，この蓄積によって工業が発達する基盤を作ったとも考えられている。貨幣供給量の増大によって，利子の実質的な軽減がもたらされ，ヨーロッパ経済に投資の可能性を引き起こした。このインフレをうまく利用して企業活動を展開したイングランドのジェントリー層は，経済力を高め，国力の伸張に寄与したと考えられている。ヨーロッパに流入した銀は，ポルトガルのインド省やイングランド，オランダの東インド会社などによって，アジア貿易にも利用された。ちなみに，金と銀は，日本でも産出していた。日本の銀は，銀の需要がある明との貿易に利用されている。ヨーロッパ諸国と明，日本においては，それぞれ金と銀の交換レートが異なっていたから，金と銀の交換すらおこなわれた。特に，ヨーロッパ諸国と明とでは，金銀レートの隔たりが大きく，それによってメキシコ銀の多くが，アジアにもたらされることになったことも，この時代の世界経済を知る上で重要なことである。

[考えてみよう]

1. ポルトガルがアジアにやってきた理由は何か。
2. スペインが発見した金や銀が世界に与えた影響は，どのようなものだったか。
3. 大航海時代は，どのような時代と考えられるか。

📖 さらなる学習のために

金七紀男（2022）『図説ポルトガルの歴史　増補改訂版』河出書房新社
立石博隆編（2022）『図説スペインの歴史』河出書房新社
立石博隆編（2022）『スペイン・ポルトガル史 上』山川出版社

第9章　イギリス産業革命

1．イギリス産業革命の始まり

　現在，先進国となった国の産業の構成をみると，第3次産業が主たる産業となっていることが多い。現在の日本も全体としては，第3次産業の従事者が多くなっている。これは，もちろん世界における第2次産業そのものが停滞していることを意味しているわけではない。現在の製造業は，情報機器を例にすれば常に新しい技術を導入するなどしてモデルチェンジを繰り返し，新しい製品を造りだしている。しかし，過去を振り返ると，産業の変化の転換点は，このもの造りを中心とした工業品製造体制の変化，つまり，第2次産業を中心とした生産活動が工場制という生産体制によって担われるようになった時期にあったといえる。よって経済史ではこの産業力を背景にして，身分制度や政治体制が経済を動かすだけでなく，経済力が人間社会を動かしその軸となる新しい社会を生み出した時代を**産業革命**の時代と定義し，評価してきたのである。資本主義社会発展の契機として産業革命の時代を捉えるのもこうした見方によっている。イギリスの18世紀は，その意味で経済史上，注目を浴びた時代である。**資本主義社会**の展開も諸産業の発展と無関係ではなく，18世紀のイギリスでは，第1次産業よりも第2次産業が経済の牽引力となり，生産品の販売，資本の動きとともにイギリスが資本主義社会を生み出すきっかけを作ったと考えられる。

　人類によるものづくりは当然にして古くからあり，衣服や家屋などを自ら作っていた。しかし，それらは，人の手作業によっていたり，場合によっては，人力や畜力，自然のエネルギーを用いた工具を動かすことによって，生産性を上げたに過ぎなかった。ところが，大量生産による規模の経済によって，販売単価が下がることで消費も増加し，多くのひとびとが関わる生産と多くのひと

びとによる消費がおこなわれることになったのである。この革命によって，身分制度ではなく，今まで存在しなかった労働者階級と資本家階級という階級が大きく歴史の前面に現れることになる。労働者の増大によって都市化が一層進展し，現代のわたしたちの社会の原型が形成されたといえるのである。

　では，なぜ，イギリスでこのような産業の展開が起こっただろうか。これについては，これまでもさまざまに研究がなされているのだが，従来からの研究では，産業の技術的革新がその要因の1つとして考えられてきた。しかし，技術が進めば，産業が変わるという単純な図式には注意が必要であり，その技術の需要面や供給面との関係も考えなければならない。また，その技術の知識に関する背景，啓蒙的な環境が技術と産業を結びつけたこともあるだろう。この点については16世紀後半に生まれ，17世紀初めに活躍したフランシス・ベーコン（1561-1626）の影響も見逃すことはできない。経験主義的学問の祖としてみなされるベーコンの実践を重視した科学の取り組みは，技術の展開を称賛していたからである。ピーター・マサイアス（1928-2016）は，「イギリスは，資源，原料，動力源，生産技術の面で中世世界の制約を突破した最初の国となり，しかもこれを生み出した母体のすべての背後に広い範囲にわたって相互の関係をつくり上げ，先頭を切った国としてこれらのもたらす利益を強固なものにしていった。」（北川克彦訳『経済史講義録』p. 158）と述べている。この章ではこうした点にも配慮しながら，イギリスが最初に果たした産業革命の内側を製造業の技術的な側面から見てゆくことにしたい。

2．産業の展開

2.1　繊維革命—綿工業の発展—

　18世紀イギリスにおける産業の変革を顧みるとき，**綿工業**の展開は最重要な出来事といっても過言ではないだろう。いわゆる産業革命の第1期（1760年代から1850年頃まで）は，綿工業の展開から始まり，その意義は，機械の発明や技術革新を伴って，**工場制度**の成立をもたらしたことにある。周知のように中世までのイギリスにおける代表的な産業としては毛織物工業が存在し，羊毛

や毛織物がイギリスの輸出製品のスター的な役割を果たしていた。その後，薄手で軽い生地の麻織物などの需要に伴い，薄手の毛織物（ベイ，セイ，サージ）の生産と輸出もおこなうようになっていった。しかし，16世紀に入ると西インド諸島などで薄手の**キャラコ**（カリカットが語源という説もある平織り綿布）の需要が増大し，アフリカにおいても綿製品の人気があることから，綿織物への注目度は高まっていった。

　イギリスへの綿工業導入のきっかけは，16世紀に現在のオランダやベルギーといった低地地方から移民をしてきたひとびとによるものだとされている。ヨーロッパでは，中世の末期にレヴァント地方から輸入された綿と麻を交織した織物（ファスチアン）がイタリアをはじめ各地でも作られるようになっていた。これらの織物業を営んでいた低地地方の手工業者が，イギリス・イーストアングリアにファスチアンを導入し，16世紀末には**ランカシャ地方**に普及したとされている。低地地方からは，「オランダ機動織機」と呼ばれる機械も輸入された。**ファスチアン**は，交織の織物であるから純粋な綿織物ではなかったが，綿織物を製造してゆく流れをつくったと推察される。

　他方，17世紀に入ってイギリス東インド会社がアジアから輸入するようになった綿織物の額は，17世紀の半ばには18万ポンドほどになり，18世紀に入るころには37万ポンドに達したと推計されている。ところが，この輸入はイギリスの毛織物業に携わる人たちに大きな打撃を与えたため，インドからもたらされるキャラコの輸入を禁止する運動が起こった。いわゆる「キャラコ論争」である。こうした経緯により，1700年には捺染キャラコ輸入禁止法が成立した。この法では，再輸出されるキャラコや未捺染キャラコが適応外となっていたため，1721年には捺染キャラコ使用禁止法すら施行された。他方で，この動きはロンドンにおけるキャラコ捺染業の展開やその後のランカシャにおけるファスチアン製造と捺染業の発展を促すことになった。このファスチアンは，もはや交織物ではなく，綿織物となっていたと推察されてもいる。そして，綿織物をイギリス国内で生産するにあたり，その出発点になった所は，このファスチアンの生産が盛んなランカシャ地方であった。中世には，低廉な毛織物を生産していた地域でこの新しい織物工業がうまれたのである。

　こうして，イギリスにおいては，その供給面を考えると原料を自給できる羊毛工業でなく，原料を海外から輸入しなければならない綿工業が展開したのであった。綿製品の需要が増える中で，海外からの木綿の調達が羊毛よりも容易となり，しかも綿製品を製造するにあたり，羊毛よりも木綿のほうが機械化に適していたことを考えると，綿工業を国内で展開させることは十分に採算がとれる事業になり得たのであろう。綿を製造するのに適する機械は，従前技術の応用が多く，単純・小型で制作・購入が容易，さらに小資本での参入が可能であったことが，綿織物業の発展を後押ししたのである。

○　ケイの飛杼（1733 年）の意義

　ランカシャ出身で毛織業に従事する織布工がいた。名をジョン・ケイ（1704-1780）という。糸から織物を作る際，織機という機械を使う。彼はこの織機の杼を織幅の広い布を織るときにでも 1 人で操作可能なものにし，織布速度を高めることに成功した。**ケイの飛杼**は，1750 ～ 60 年代になって普及し，繊維産業全体の変革をもたらすきっかけとなったのである。仮にこの杼によって織布行程が効率化したとしよう。同じ時間でより多くの織布の製造が可能になるから，次は生産に応じた糸の調達が必要になる。その需要に応じられるだけの生産性が糸づくりにないと織布生産も滞ってしまうため，これまで手回しの小さな機械で作っていた糸づくりの生産性向上が図られることになる。綿糸の製造は機械化しやすかったため，紡績の能力を上げる機械の発明が求められたのである。ここからは，織物業における紡績機械の展開について，少し詳しく見てゆくことにする。

○　ハーグリーヴズのジェニー紡績機，アークライトの水力紡績機，クロンプトンのミュール精紡機

　18 世紀のイギリスの紡績業は，綿布の需要増に伴い，国内における糸の増産が求められたと考えられる。先にも記したように職布部門における生産性の上昇が織糸の需要を加速させたので，ますます糸の増産とその供給が期待されるようになったのである。このような状況の中で，**ジェイムズ・ハーグリーヴ**

ズ（1720-1778）は，紡績方法について研究を重ね，1760年代に多くの紡錘を1人で操作できる機械を発明した。この紡績機は，手紡車を横倒しにして（後にもさらに改良がなされる），紡錘を立てることで複数の紡錘に糸が巻き取られる仕組みになっていた。ジェニーと名付けられたこの紡績機は，1770年に特許を得た。**ジェニー紡績機**は，手動式であるがゆえ家内工業に適した機械であり，従来の手紡ぎにとって換わるものとして綿工場従事者に広い範囲で普及した。1770年代からは「ジェニー工場」と呼ばれる小工場も登場し，1780年代には100錘を超える大型のジェニー紡績機も開発された。

　この時代，新しい紡績機械の開発は並行しておこなわれていた。ランカシャ生まれの**リチャード・アークライト**（1732-1792）もまた，1760年代に紡績機を開発し，水力を用いてこの紡績機を稼働させる機構を発明した（図表9 - 1）。これまでの紡績工場においては，動力源として馬を用いており，アークライトが携わったノッテンガムの工場であってもそうであった。その中で，アークライトが1771年にダービーシャのクロムフォードに建設した工場では，水力を用いた紡績機を設置したため，この（水力）紡績機は**ウォーター・フレーム**と

図表9 - 1　アークライトの紡績機（1769年特許取得）

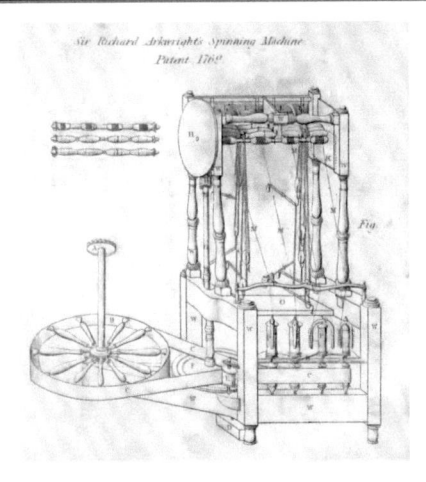

出所：E. Baines, *History of the Cotton Manufacture in Great Britain*. H. Fisher, R. Fisher, and P. Jackson., London. 1835. p. 152

呼ばれることになった。さらにアークライトは，梳綿機の開発もおこなってお
り，クロムフォードの工場では，精紡以前の工程も機械化して，水車駆動によ
る一貫生産をおこなうことを可能にした。このクロムフォードの工場は，ブリ
テン島内や世界に普及した綿紡績工場のひな型となる。ダービーシャ生まれの
サミュエル・スレーター（1768-1835）によってアメリカのポータケットに建設
された工場は（第11章 アメリカの発展を参照），スレーターの師匠であり，アー
クライトの協力者であったジェデディア・ストラット（1726-1797）がクロムフ
ォード工場を模倣して作った工場に基づいた設計であったといわれている。

　アークライトの水力紡績機（ウォーター・フレーム）は，強い綿糸を作ること
ができたため，これによって織機の経糸として利用できるようになった。それ
に対して，ジェニー紡績機で作られる糸は撚りが弱く，緯糸としての用途しか
向かなかったためである。したがって，アークライトの水力紡績機で作られた
糸を経糸にして，ジェニー紡績機で作られた糸は緯糸にして（薄手の）綿布を
製造することになった。しかしながら，薄手の綿布を製造する場合には，細く
強い糸が必要であったから，どちらか片方にしか適応しない糸しか生産できな
いのでは，明らかに不都合であったと考えられる。そこで，機械式の織機に用
いても切れたりすることのない，質の良い糸を作ることができる紡績機の完成
が待たれることになった。

　上記のように紡績機の発明は，生産性の向上をもたらしたものの，機械紡績
では細く強い糸を生産するのが難しかったことから，薄手の生地を生産する場
合には，機械を用いてはおこなわず紡織工の手作業によって織ることを余儀な
くされていた。その問題を解決したのが1779年にランカシャの紡織工であっ
た**サミュエル・クロンプトン**（1753-1827）の発明である。クロンプトンは，ジ
ェニー紡績機とアークライトの水力紡績機の長所（ジェニーのスピンドル・ドラ
フトとアークライトのローラドラフト）を結合した紡績機械を製造したのである。
クロンプトンの紡績機は，馬とロバの合いの子であるラバを意味する**ミュール**
と名付けられた。**ミュール紡績機**は，すぐに普及することはなかったが，1790
年頃から急速に普及していった。1811年には，ジェニーやアークライトの紡
錘数は，全体の10％ほどに減少したとされている。

　ミュール紡績機は，歴史的には手動ミュールと位置付けられるもので，後に
この紡績機を蒸気力で稼働させるミュール紡績機も開発されている。これら
は，ウィリアム・ライト（1786-1839）による「ダブル・ミュール」，ジョン・
ケネディ（1769-1855）によって改良を受けた「ダブル・スピード・ミュール」
である。この紡績機は，1825年にリチャード・ロバーツ（1789-1864）によって
自動化されたミュール紡績機との間にある形式であり，動力補助ミュールと呼
ばれるものである。マンチェスタの機械製造業者であったロバーツは，自動化
された本格的なミュール紡績機を開発し，コストの低下が見込めることを売り
にした。ただ，この自動ミュール紡績機はその普及に時間がかかったとされて
おり，発明後50年を経過しても動力補助ミュールを駆逐することはできなか
った。

　ここで注目すべきことは，これまで水力に頼っていた紡績工場に**蒸気機関**が
導入されたことであり，都市に機械式の工場が登場したことである。これは，
次に見る力織機にも当てはまる。補足であるが，次なる新型の紡績機は，アメ
リカで登場することになった。1770年代からはフィラデルフィアではジェニー
紡績機が作られ，紡績工場も誕生した。スレーターによるポータケットの工場
も1790年代には稼働していたが，1828年にアメリカ合衆国のロードアイラン

図表9－2　ロバーツの自動ミュール紡績機

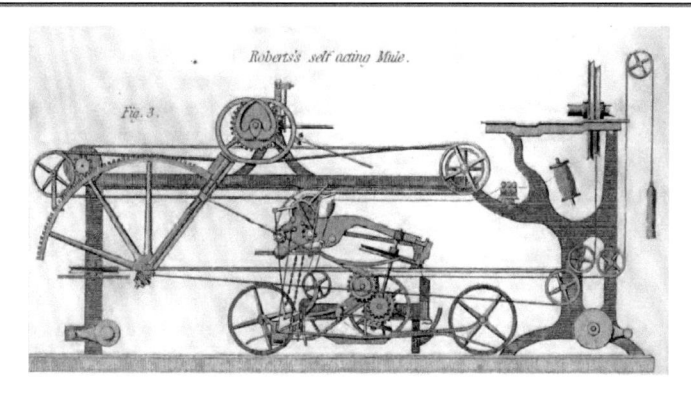

出所：E. Baines, *History of the Cotton Manufacture in Great Britain.* H. Fisher, R. Fisher, and P. Jackson., London. 1835. p. 207

ドで**リング紡績機**が発明されたのである。リング紡績機は，その後，改良され
つつ普及し，ミュール紡績機を駆逐してゆくことになる。リング紡績機は，太
い番手や中番手の糸の製造において，コストの面で優れていた。リング紡績機
で製造された糸は高い強度であったが，毛羽が少なく，ミュール紡績機で製造
された糸に比べて品質的には劣っていた。そこで，ヨーロッパ諸国やインドで
は，リング糸は経糸に用い，ミュール糸は緯糸に使うようになった。20世紀
に入るとリング紡績機は英国や一部のヨーロッパ諸国を除き，ほとんどの国で
多くのシェアを占めるようになるのである。

○　カートライトの力織機

　紡績機の発展によって量産された糸は，次の過程たる織布部門に送られた。
紡績機の導入により糸の供給は潤沢になったものの，今度は織機部門での生産
性向上が要請されるようになった。大量生産のためには，生産性の高い織機の
利用，またそのコストも注視されるようになったのである。このような環境の
中で**エドモンド・カートライト**（1743-1823）は織機の設計をおこない，1785年
に力織機（Power Loom）の特許を取った。力織機とは機械式の織機のことであ
るが，カートライトがそのように命名したため，このように表記される。実の
ところカートライトの力織機は，それほど完成されたものではなく，改良を加
えながら漸進的に実用化され，その普及には時間がかかった。普及が進むのは，
1820年代からであり，1833年には約10万台の利用であったが，1861年には
40万台まで増加したとされる。初期のものと19世紀中葉のものでは，その性
能において差もあり，都築正信による織機の考察においては，カートライトの
力織機の杼の打ち込み数（回転数）は，1819年から1842年の間に，分当たり
60回から120回へと増加したと述べている。また，1830年代からこれらの力
織機が**ジェームズ・ワット**（1736-1819）の蒸気機関と結合されたことで，新た
な能力を発揮することになった。

　力織機の導入にも関わらず，当時のイギリスには，家内工業制のもとで労
働する手織工が多く存在し，綿紡績業の成長に伴って手織工の数も増加した。
1820年代から1833年にかけての手織工の数は，24万人から36万人にも及ん

でいた。しかし，この頃から，次第に綿工業は紡績・織布の両部門において機械制工場生産体制が確立していったのである。

2.2　製鉄業の展開

中世初期のヨーロッパでは，戦闘用の武器の他，人口増加に伴う開拓や農作業に必要な鉄の需要が増加していたと推察される。農具としての犂に鉄刃を装着したり，馬に蹄鉄を付けたりすることは，農作業を進める上で役に立ったからである。スイスやラインラントでは，ローマ時代からある製鉄場で鉄が生産されていたことが遺跡からわかっている。ローマ時代から知られているノリクム（現オーストリアとスロベニアにまたがる地域）では，8世紀頃から鉄の生産が増加したという。ノリクムで採掘された鉄鉱石は，高い程度でマンガンが含有されていることから，質の良い鉄が生産できた。これは，現在でいうところの**鋼**である。また，スペイン北部などでも製鉄業の展開があった。

古代ローマや中世ヨーロッパでは，**製鉄炉**の高さは1メートル程度の炉（ドーム炉，レン炉，シャフト炉）で**ルッペ**（低炭素の鋼塊）が製造されるのが一般的であった。スウェーデンでは，農夫炉と呼ばれるルッペ製造炉が展開した。原料の鉄鉱石は，沼鉄鉱石や湖鉄鉱石である。これらの鉄鉱石はリン濃度が高いものの，農夫炉で製鉄をおこなうと質の良い鉄が製造できた。他方，ノルベリ鉱山のラピタンでは，これらの鉄鉱石から鉄を作っていたが，生産性が悪いことから岩鉄鉱石で銑鉄を造ったと考えられている。溶解しにくく質が劣る鉄鉱石からルッペを作ることは困難であったからである。この問題に対応するためにも高熱が出せる炉が必要となり，高さのある炉高炉が作られたのであろう。オーストリアのシュタイアーマルクでは**シュトゥック炉**（シュトゥックオーフェン炉）が作られ，ルッペと**銑鉄**を取り出すことができた。そして，さらに炉高のある製鉄炉がスウェーデンやラインラントに早くに登場したのである。スウェーデンの場合には，原料の違いによって農夫炉と**高炉**が使い分けられたともいえる。

銑鉄を製造するには，炉を高くして炭素を吸収する時間を長くし，鉄を溶解しやすくすることが必要である。鉄が炭素を吸収すると鉄の融点が下がるの

で，その点でも高炉には利点があった。しかも高炉は，従来の溶鉱炉より建設費は少なくすみ，質の良い鉄鉱石を利用すると歩留まりがよく，木炭の消費量でも有利であった。

　銑鉄の生産は，ヨーロッパではスウェーデンの遺跡から見て取れるように，早くは12世紀頃から高炉による製鉄がおこなわれていたと考えてよいだろう。銑鉄は，鋼にするために脱炭をおこなう必要が生じるものの，その後のヨーロッパにおいては，溶鉱炉で銑鉄を作るようになってゆくのである。

　製鉄が容易になると，青銅で造られていた製品が鉄製に変わった。大砲なども青銅から鋳鉄で造られるようになった。そうすると，鉄の需要を背景に多くの鉄をできるだけ安価に供給することも求められるようになる。従来，製鉄の際の炉の燃料には，**木炭**を利用していたが，特に**石炭**を産出する地域では，より安価な石炭を加熱に利用し始めた。鉄を作るにあたって木炭を燃料としていたのには訳があり，石炭は硫黄を含んでいることからこれを燃料にして製鉄をおこなうと，加熱の過程で鉄に不純物が入り込んでしまうのである。したがって，仮に利用するとしても溶鉱炉でしか利用できず，質の悪い鉄であることを受容した上で利用するしかなかった。ところが，この石炭を燃料とした鉄作りがやがて始まるのである。

　16世紀に入るとイギリスでは鉄の需要が増加して，燃料として利用されていた木炭の価格が上昇した。16世紀中頃からは，家庭用や工業用としても石炭が木炭や薪に変わって利用されるようになった。この背景をうけて，16世紀中葉から17世紀にかけて石炭業が発展し，石炭を燃料とする各種の工業が展開するようになった。この変化をジョン・アーリック・ネフ（1899-1988）は初期産業革命として高く評価した。ただ，石炭の主要な用途はロンドンを中心とする家庭用であり，1700年頃でも年産200万トン余にすぎなかった。

　これら石炭は，実はかつてから製鉄の際の燃料にすることが考えられていたが，先に記したように硫黄分があまりにも多く良質な銑鉄は作れなかったのである。それに対して1708年に**エイブラハム・ダービー1世**（1678-1717）が石炭を蒸し焼きにすることでコークスを造り，そのコークスを溶鉱炉の燃料にして銑鉄を作る**コークス製鉄法**を発明した。ダービーの製鉄法は，その後30年

ほどかけてコークスを利用する製鉄法を確立させることになる。1740年頃に息子のエイブラハム・ダービー2世 (1711-1763) が**コールブルックデール**において，溶鉱炉にコークスのみを用いた銑鉄の製造に成功した。コークスは木炭よりも高温になるため，製鉄用の燃料としては利にかなっていた。こうした発明の成果によってコークス製鉄は1760年代から普及していったのである。送風技術についても，これまでは水車動力を用いた蛇腹式の送付機が利用されるのが一般的であったが，これをピストン式のシリンダー型に変えることによりさらに強力な送風が可能となった。加えて，動力は水力に頼らず，ワットの蒸気機関を用いることにした。1828年には，加熱した空気を吹き込むことでコークスの使用量を削減できる方法がジェームズ・ボウモント・ニールソン (1792-1865) によって発明されている。

　銑鉄を精錬して鋼を作る工程においては，硫黄分がコークスの中に残るために，精錬炉でのコークス利用はできなかった。しかし，この問題も後に解決された。早くにはベンジャミン・ハンツマン (1704-1776) によるるつぼ法であり，続く反射炉やパドル炉の発明がこの問題を解決した。こうして溶融状の鋼を製造する道が開かれたのである。

　1784年，**ヘンリー・コート** (1740-1800) は，コークスを利用する攪拌式精錬法 (パドル法) を発明した。コートは，**反射炉**を用いて溶融した銑鉄を作るだけでなく，銑鉄を攪拌することで脱炭をおこない，半溶融状の可鍛鉄を作ることに成功した。この攪拌する機能が付いた反射炉は**パドル炉**と呼ばれる。パドル炉では，完全に溶融する鋼は製造できず，攪拌という手作業もあるため，鉄を大量生産するには向かなかったが，この方法は，良質の錬鉄の製造を可能にした。

　1856年には，パドル炉の欠点を克服する新たな製鉄方法が考えられた。ヘンリー・ベッセマー (1813-1898) の**転炉法**である。ベッセマーは，1856年8月13日に大英科学振興協会の総会で溶鋼の大量生産方法を報告した。それは，るつぼ内の溶銑に炉底の羽口から空気を吹き込み，炭素やケイ素を酸化させて，溶鋼を作り出す方法であった。最初の**ベッセマー炉**は固定式であったが，後に吊されて傾けることができるように改良された。日本では**転炉**と呼ばれ

図表9-3　ウエールズ地方のパドル炉

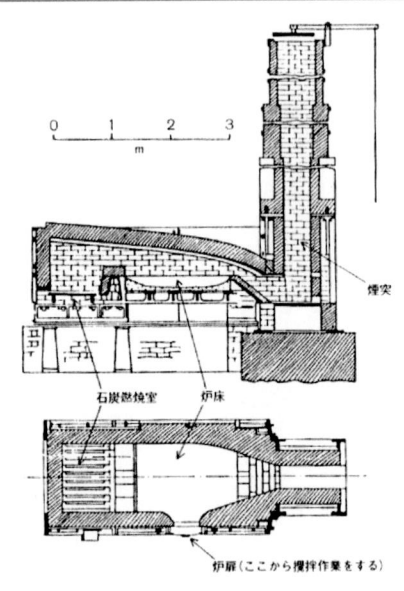

出所：原善四郎（1988）『鉄と人間』新日本新書，p. 129

　る。ところが，このベッセマー炉で製鉄を試みたところ，質の良い鉄が作れず，非難を浴びることとなった。このベッセマーの炉を実用化できるようにしたのは，その後の研究の成果である。ベッセマー炉で作られる鋼は，リン濃度が高い鉄鉱石を用いて製鋼するとリンが残り，脆い鋼となってしまっていた。これを1878年にシドニー・ギルクリスト・トマス（1850-1885）がベッセマー転炉に塩基性の耐火煉瓦を用いリンを除去することで対応した。この生産方法により，これまで溶けないとされてきた錬鉄も鋼と同様に溶融状となり，その結果，鉄の種類も軟鋼と硬鋼に区別されるだけになった。

　このような過程を経てイギリスでは，コークス溶鉱炉の数が増加し，銑鉄の生産量も増大した。燃料が木炭からコークスに変わり，また，動力が水車から蒸気機関に変わると，製鉄所は木炭や水流といった限定条件から脱し，石炭と鉄鉱石が採掘できる地域に集中するようになった。イギリスによる鉄の生産と輸出については，片山幸一が以下のように整理している。1830年の銑鉄生

図表9－4　溶鉱炉数と銑鉄生産量

年	溶鉱炉数		コークス銑鉄生産量 (1,000 トン)	銑鉄生産量 (1,000 トン)
	木炭炉数	コークス炉数		
1750 年頃	71	3	1.5 （ 5%）	28
1760 年頃	64	14	10 （28%）	35
1785 年頃	28	53	48 （77%）	62
1791 年	22	85	81 （90%）	90
1806 年	11	162	258 （97%）	266
1830 年				678

（註）（　）内はコークス銑鉄の全生産量に占める割合
出典）Hyde, C. K., *Technological Change and the British Iron Industry 1700-1870*, Princeton U.P., 1977, p. 67, 137, および Scrivenor, H., *History of the Iron Trade*, Augustus M. kelley, 1967, p. 99. より作成。
出所：経欧史学会編（1999）『世界史にみる工業化の展開―二重性―』学文社，p. 81

産量の地域別内訳は，南ウェールズが41％，南・北スタッフォードシャーが31％，スコットランドが6％を占め，上位2地域で72％の銑鉄が作られていた。銑鉄が安価に大量生産されるようになると，錬鉄の生産も大量化した。19世紀の最初の10年間にはスウェーデン産の棒鉄の販売価格（トン当たり30－40ポンド）よりもイギリス産の棒鉄（トン当たり20－28ポンド）の方が安価になり，イギリスの鉄は輸出へと向けられた。1832年から1834年にかけての鉄鋼輸出量は，15万6333トンに達し，輸入した量は，1万7800トンに過ぎなくなった。こうして，19世紀に入り，イギリスは鉄の輸入国から輸出国へと転換したのである（『世界史に見る工業化の展開―二重性―』第2版，pp. 86-97）。

2.3　輸送革命

　炭鉱業・製鉄業の発展は，**道路網**の整備や**運河**の建設と同じく，新しい運送方法の展開を準備した。それは，**鉄道**の登場である。

　コークス法の普及によって，石炭需要は急増し，1800年の石炭生産量は1100万トンを超えるほどになっていた。石炭採掘の際には，掘った坑道に水

図表9−5 ミッドランド西部およびウェールズ

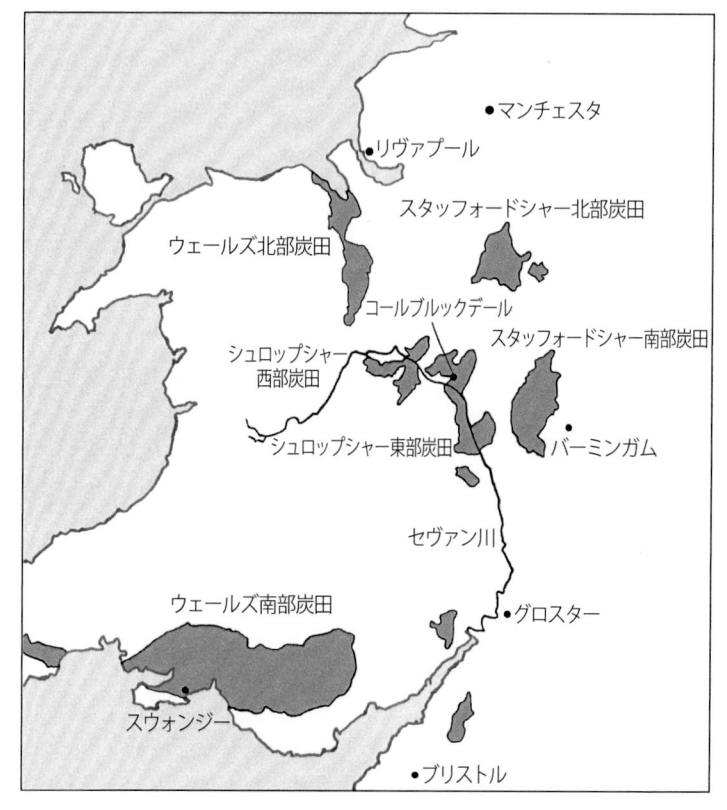

出所：バリー・トリンダー著，山本通訳（1986）『産業革命のアルケオロジー』新評論，p. 28 より作成

が出るため，その水を排出する必要があった。そこで，水の汲み出しにあたり，桶でくみ上げるのではなく，機械的に吸い上げる装置，つまり，**揚水機**を利用することにしたのである。揚水機は 17 世紀末に錫鉱山の排水に使うためにすでに使われており，その発明者は，トマス・セイヴァリ（1650?-1715）である。火力機関を用いたこの揚水装置は，幅広い特許が認められ，以後，蒸気を利用する機関は，セイヴァリの特許を利用することになった。同じ頃，鉱山の排水方法を模索していた人物に**トマス・ニューコメン**（1664-1729）がいる。彼は，1712 年に，セイヴァリと異なる方法の揚水機を開発して，実用化した。ニュー

図表9－6　ニューコメン式エンジンとワット式エンジン

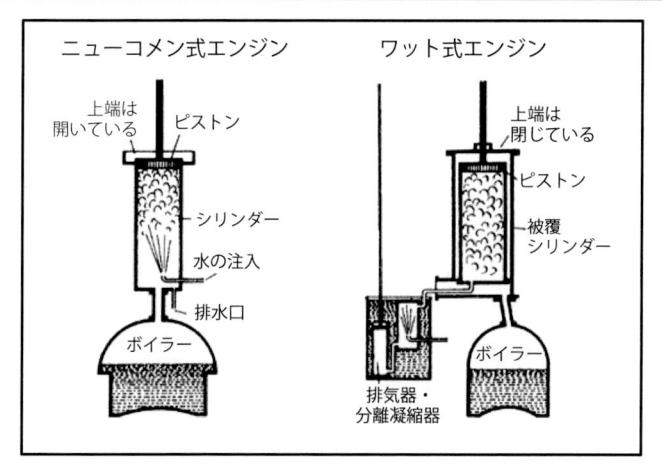

出所：前掲『産業革命のアルケオロジー』，p. 110

コメンの揚水装置は，蒸気圧をそのまま利用するのではなく，蒸気を冷やして真空を作り，大気圧でピストンを動かすようにしたところにある。

　セイヴァリの揚水装置は，銅と真鍮で作られていたが，ニューコメンの揚水装置のボイラー部は銅製であり，1725年頃から錬鉄を鍛造した鉄板にとって代わられた。この錬鉄は世界初の鉄橋であるアイアンブリッジ（通称）のあるコールブルックデール村の鉄であるとされる。金属の継ぎ目が高圧に耐えられず，爆発する危険があるセイヴァリ機関に変わって，そもそも高圧を必要としないニューコメンの機械は安全であったため，その後，ニューコメンの揚水装置は，山での排水装置として定着することとなる。そして，さらなる改良は，ワットによって成し遂げられた。ニューコメンの機械は，結論から述べると大量の燃料が必要なコスト高の構造を持っていた。その原因は，同じシリンダーを用いて蒸気を作り，他方で液体の状態にすることにあった。それに気がついたワットは，さまざまな試みの後，この2つの役割を分離させ，シリンダーと分離凝縮器を持つ構造に改良した。**蒸気機関**は，基本的には上下方向の往復運動を作り出す装置であり，それゆえ，1770年代末までの蒸気機関が鉱山の揚水用に使われていたのだが，ワットはこの機関をもちいて回転運動を作り出す

図表 9 - 7　ワットの複動式回転機関（1787-1800）

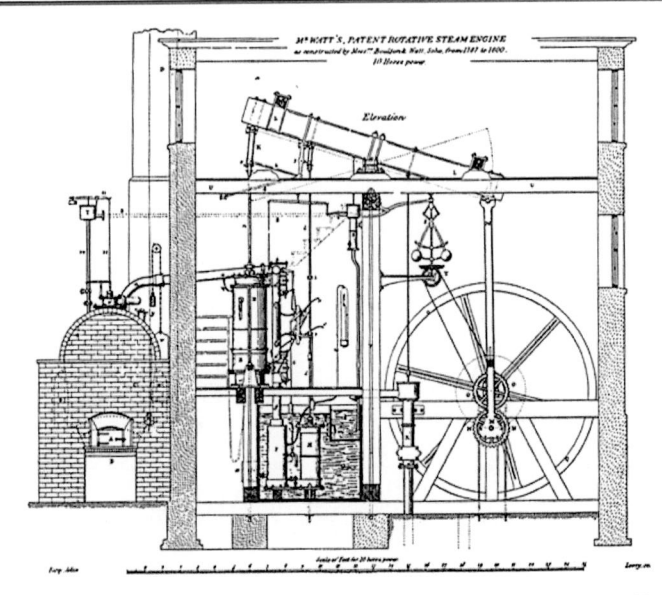

出所：H. W. ディキンソン著，磯田浩訳（1994）『蒸気動力の歴史』平凡社，p. 96

　方法も考案していた。従来からある回転運動を作り出す装置といえば，水車や風車である。往復運動を回転運動にするには，クランクを用いればよい。ところが，このクランク装置は，すでに特許が出されており，ニューコメンの機関に据え付けられている事例があったのである。そこで，ワットは，このクランクの特許に抵触しない新しい機構を作り出すことにした。それが「太陽と惑星運動」と呼ばれた機構である。ただ，回転力を生み出す装置としては，クランクに分があるので，特許が切れるまではこの新発明を利用するしかなかった。

　その後，性能は申し分なく，しかも，ニューコメンの機関よりも石炭消費量を抑えることができるワットの機関は，鉱山の揚水機関としてニューコメンの機関から置き換えられていった。それ以上に大きな需要をもたらしたのは，回転装置を必要とする織物業であった。特に綿糸は，機械で生産するのに適していたため，これまで人力や水力で動かされていた紡績機に利用されたのである。ボイラーからの蒸気を染色や漂白に使う桶の加熱に用いることもできた。

一般に蒸気機関の代名詞といえば，蒸気機関車と思われがちであるが，蒸気機関の発明を見る限り，機関車などのように車としての役割を担うために生み出されたものではないことがわかる。ちなみに，馬力という力の単位もワットの発案である。

　蒸気機関車が発明された経緯は何か。これもまた，鉱山と関係がある。たとえば，炭鉱で採掘された石炭は坑道から運び出され目的地まで輸送されることになるが，時代的にいえば，荷馬車に積んで馬で引いて運ぶといった方法がまず考えられるだろう。実際，多量の石炭を安全に運ぶにあたっては1820年代頃までは木で作られたレールに荷車を乗せ，その荷車に石炭を積載して馬で引くという方法であった。この馬の代わりとして自走する機関ができればという発想が出てきてもおかしくはない。このような蒸気機関搭載の装置は，早くはフランスで自動車（砲車）としての試作品が作られたりしていた（キューニョの三輪蒸気自動車 1769-1770）。しかし，レールの上を走らせる機関車で実際に貨物車と客車を引いたのは，1804年にコーンウォール地方のペニーダレン軌道において稼働した**リチャード・トレビシック**（1771-1833）による蒸気機関車である。この蒸気機関車は，銑鉄で作られた16キロのレール上を4時間ほどで走破したとされている。

　蒸気機関車は，鉱山で利用する場合に多くの問題が伴った。まず，従来の馬で牽引する場合のレールは木製であったから，重量のある蒸気機関車ではレールが耐えられなかった。先のペニーダレン軌道のような鉄製のレールの設置が必要となることもあった。そもそも蒸気機関車の製造や運用コストなどを考えると，鉱山経営者としては，蒸気機関車の採用にすぐに飛びつくわけにはいかなかったと考えられる。しかし，1810年代に入ると蒸気機関車の改良などもあり，イングランド北東部の炭鉱地帯では，蒸気機関車が採用されるようになっていった。

　ストックトン・ダーリントン鉄道の建設は，ダーラムの炭鉱地帯からティーズ川河口の都市ストックトンを結び，石炭などを輸送するための事業として企画され，1825年に開業した。この輸送計画は，当初は馬車軌道の設置，あるいは運河建設をもって達成させようとしていたものであったが，結果的に鉄道

図表9－8　ストックトン・ダーリントン鉄道とリヴァプール・マンチェスタ鉄道

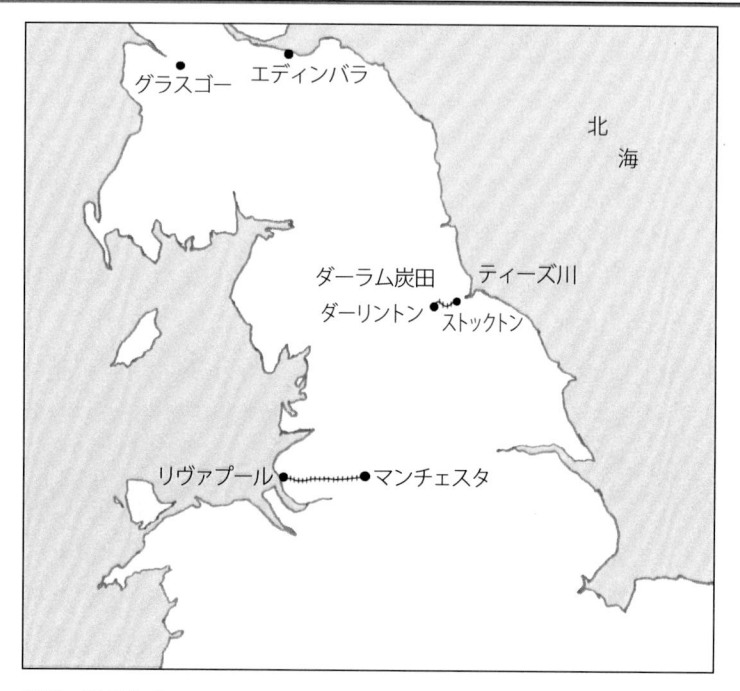

グラスゴー　エディンバラ

北
海

ダーラム炭田　ティーズ川
ダーリントン　ストックトン

リヴァプール　マンチェスタ

出所：筆者作成

敷設となった。この鉄道は，主に石炭輸送によって収益を得ていたが，最初から荷物だけではなく人も乗せて運行され，開業時の蒸気機関車「ロコモーション号」は，客車26両と12両の貨車を引いたのであった。

　イングランドにおける鉄道の発展を考える際，1830年に開通した**リヴァプール・マンチェスタ鉄道**にも触れないわけにはいかないだろう。すでに見てきたように18世紀後半からマンチェスタは，綿織物業の中心的役割を担うところとなっており，リヴァプールもまた，貿易港として著しい発展を成し遂げていた都市であった。ここに新交通たる鉄道を敷設して，物流の展開に寄与することは，鉄道事業主にとっても十分に採算のとれる事業として考えられていた。実際，計画自体は，1821年には提起されていたのだが，鉄道建設に反対する地主などによって，開通に至るまでには時間がかかったのである。1830年の

開通後，この鉄道は成功を収め，その後，全国各地で鉄道の設立計画が持ち上がることになった。

　ちなみに，リヴァプール・マンチェスタ鉄道の 1831 年のビラを見ると，平日は，1 日 7 本 (7 往復)，日曜日・祝日は，4 本 (4 往復)，運賃は，起終点の両駅間，リヴァプール・クラウンストリート駅からマンチェスタ・リヴァプールロード駅まで，1 等 4 人乗り客車は 1 人当たり 6 シリング，2 等で屋根なし客車で 3 シリング 6 ペンスである。鉄道好きとして知られた文学者の小池滋によると，この額は当時の物価に比べると相当高い運賃であったが，それでも客は結構乗車し，開通当初の 3 年間で 1 日平均 1,100 人の乗客を運んだという。ちなみに，マンチェスタの紡績工場で働いている女工の週給が 14 ないし 15 シリング，見習い少年工は 6 シリングだったことを見ると，見習い少年工の週給では，屋根なし客車でもリヴァプール・マンチェスタ間の 1 往復さえできなかったことになる (『英国鉄道物語』新版，pp. 26-28)。

　イギリスの交通の発展を顧みると，鉄道開通以前の貨物の輸送手段としては，馬車での輸送，河川上の運搬といった方法によっていた。特に重い物資を輸送するには，海や河川を利用して，海沿い，あるいは河川沿いの港をもってして搬出・搬入をおこなうしかなかった。しかし，運搬費がかさみ，採算が取れなくなるような物資の輸送は，これらの交通手段があったとしても利がある範囲でしか利用されなかったと推察される。イギリスでは，17 世紀半ばから交通手段の改善として有料道路の建設が議会によって承認され (1663)，舗装技術の向上から道路の利用が始まっており，航行用河川の拡張もまたおこなわれていた。舟運は，荷馬車に比べて輸送量の点に優位があるので，18 世紀半ばからは**運河の開削**も進められるようになった。ミッドランドやランカシャを中心にして運河開削の動きが高まり，1761 年にはブリッジウォーター公フランシス・エジャートン (1736-1803) が炭鉱のあるワースリーからマンチェスタまでの運河を開削，開通させている。この運河の開通によって，マンチェスタにおける石炭価格が半額になったともいわれる。したがって，これら運河開削の時代に続いて，鉄道の敷設の時代が始まったといえよう。

3. イギリス産業革命の概略

　以上のような工業の展開がイギリスの産業の変革をもたらした要因であるが，ここで，18世紀のイギリス経済の全体像を簡潔に振り返ってみたい。イギリスでは，農業の発展や人口増加の後に国内市場が拡大したとされ，この頃には，ヨーロッパの他国に比べ1人当たりの購買力や生活水準が高かったと考えられている。

　ダニエル・デフォー（1660-1731）は，1728年に出版した『イギリス通商案』において，イギリスの高い賃金や国内の消費事情について述べている。少し紹介しよう。

　「商いが賃金を上げるに伴って，賃金が食料の値段を高くするからである。道理で，イギリス人の貧困層は他のどんな国でも見られないほど一生懸命に働くとみな認めているが，わが国の貧困層はそれに比例して外国人よりもたくさん飲み食いし，しかもこれは賃金がはるかに高いせいなのである。」（泉谷治訳『イギリス通商案』p. 36）

　「高い収入で彼らは生計を立て，その人数がおおいから国全体が支えられる。賃金のおかげで彼らは豊かな生活ができ，その贅沢な，気前の良い，物惜しみしない生活様式のおかげで，外国の産物だけでなく自国の産物も含む国内消費がたいへん高められている。もしも彼らの賃金が低くて見下げ果てたものなら，暮らし向きもそうだろう。もしも収入が些細ならばほんのわずかしかお金を使えないだろうし，商いはじきにその影響を受けるだろう。彼らの収入が多い少ないに従って，王国全体の富と力は上下するだろう。」（泉谷治訳『イギリス通商案』p. 81）

　デフォーは，ブリテン島北部を旅した際，そこでは収穫の時期に刈り手に仕事を続けさせるために監督をつけ，労働の励みになるようにバクパイプが鳴らされている様子を見て，イングランドとの違いに驚いている。イギリス（イングランド）の場合には，農場主が上等の牛肉や羊肉，パイ，プディングなどをふるまい，賃金もたくさん支払うのに対して，この地の貧しい労働者の食事

は，オート麦の菓子パンと一口の水であり，1日に2回，農場主あるいは執事からグラスゴー・ブランデーを少々もらっていると記している。デフォーの記述は，イギリスの産業革命が始まる前，18世紀の20年代のブリテン島の状況であることに注意が必要であるが，興味深い内容となっている。

　デビッド・ソウル・ランデス（1924-2013）も18世紀のイギリスの国内市場は，大陸に比べて1人当たりの購買力や生活水準が高かったと考えてよいとしており，ロバート・カーソン・アレンもまた，賃金が高くエネルギーが安いイギリスの18世紀の特異な賃金・価格構造が，経済の商業的拡大をもたらしたと指摘し，ロンドンの賃金に至っては世界で最高の水準に達したとまで述べている。ただ，史料の制約もあり，名目賃金ではなく実質賃金の上昇については，当時の実際の所得などを示す指数などの確定が難しく，研究者の間でも異論がある。18世紀末に比べて19世紀半ばには40%〜50%ほど上昇したとする研究もあれば，実質賃金の上昇は19世紀の20年代以降からという研究もある。そもそも，分配の公平化がなされていないという指摘や，産業革命期には実質賃金はほとんど上昇していないとする見解もある。

　エリック・ジョン・アーネスト・ホブズボーム（1917-2012）は，1700〜1750年は国内向け産業の生産増は7%である一方で輸出産業は76%の増加を示し，1750〜1770年は，国内向け産業はさらに7%，輸出産業は80%も増加したとしている。そして，このような拡大が可能であったのは，産業が国内需要の緩やかな自然成長率には依存せず，他国の輸出市場を奪取することや，戦争や植民地化といった手段で特定の国の国内競争力をなくすことによっていたことによるものだとしている。イギリスの**海運業**の発達と**商業活動**が，18世紀において他国を追い抜き，イギリスの独占的な経済発展をもたらしたことは確かであろう。ところが，イギリスからの繊維製品，金属製品，石炭の輸出が大きな貿易黒字をもたらし続けたといえばそうではなく，輸出よりも輸入が多く18世紀末からは**貿易収支は赤字**となっていたことも注目すべき事実である。イギリスの総合収支が黒字であったのは，サーヴィス収入が増加し，その額が貿易収支の赤字を上回っていたためである（図表9-9参照）。

　これは，イギリスは産業革命を経験しつつ，その産業構造の重点をいち早く

図表９－９　イギリスの貿易収支とサービス収支（５年ごとの平均，単位百万ポンド）

年	純輸入額	輸出額	貿易収支 (A)	サービス 収支 (B)	利子配当 収益 (C)	差額 ((A)−(B)+(C))
1816-1820	49.3	40.3	-9	18.84	1.74	11.58
1821-1825	45.4	37.3	-8.1	16.36	4.24	12.5
1826-1830	48.7	35.9	-12.8	15.38	4.6	7.18
1831-1835	53.6	40.5	-13.1	17.02	5.38	9.3
1836-1840	73.8	49.8	-24	21.62	7.98	5.6
1841-1845	71	54	-17	24.38	7.5	14.88
1846-1850	87.7	60.9	-26.8	27.1	9.48	9.78

出所：Imlah, A. H. *Ecnonomic Elements in the Pax Britanica.Studies in British Foreign Trade in the Nineteeth Century.*, Cambridge. 1958, pp. 37-38, 70-71 より作成。

第３次産業へとシフトしていったことを示すものである。イギリスのこのような実態から，産業革命以降のイギリス経済に重要な役割を果たしたのは工業ではなく，**金融・サーヴィス業**であるとする見方もある。そこでは，イギリスの資本主義の中心人物は，産業資本家ではなく，伝統的な土地貴族層ということになるだろう。産業革命期の経済成長についても，**ニコラス・フランシス・ロバート・クラフツ**のように，1780年から世紀末までは，1.3％を超える程度，19世紀の最初の30年間にようやく1.97％になったとする産業革命期の低成長率を指摘する見解が早くから出ていた。

　イギリス産業革命への視角や研究成果はさまざまである。本章で見たような技術や発明の点だけで産業革命を語ることはできないし，そもそもイギリスのみが発明の資質をかねそなえていたわけでもなく，世界初ではなかった技術もある。それでも，その発明が工業化という点で以後の世界に与えた影響を考えるとき，イギリスの産業革命期の技術が与えた影響はやはり大きいと考えざるを得ない。アレンは，「発明の社会的利益の一つは，それが将来の技術改良に向けて開かれた扉であることにある。」（中野忠訳『世界史の中の産業革命』p. 314）として，イギリスにおける発明の意義を指摘している。その意味での継承性は，19世紀後半以降に成長するアメリカの工業力を見ても明らかである。

考えてみよう

1．イギリス産業革命は，いつどのような産業から始まったか。

2．イギリス産業革命では，どのようなエネルギーの変化があったか。

3．イギリス産業革命は，世界に何をもたらした出来事であったのか。

さらなる学習のために

アレン，R. C. 著，眞嶋史叙・中野忠・安元稔・湯沢威訳（2017）『世界史のなかの産業革命』名古屋大学出版会

キャメロン，ロンド・ニール，ラリー著，速水融監訳（2013）『概説世界経済史Ⅰ，Ⅱ』東洋経済

長谷川貴彦（2012）『産業革命』（世界史リブレット）山川出版社

第10章 日本近世社会の発展から近代社会へ

1．労働集約と物質循環の江戸時代

1.1 経済発展の背景

　本章では 17 世紀から 20 世紀初頭にかけての日本の経済発展を，平野 (2010)，中岡 (2006)，中西編 (2013)，深尾ほか編 (2017) 等の整理を参考にしつつ，特に諸産業の展開に着目して解説する。

　江戸時代は，徳川政権のもとで 250 年もの長きにわたって戦乱のなかった，世界史上でも稀な「平和」な時代であった。この戦乱のない状態を「徳川の平和」と呼ぶ学説もある（落合 2015：pp. 1-8）。この「平和」が江戸時代における社会・経済の発展の背景となった。

　また江戸時代の日本は，「四つの口」といわれる長崎，対馬，薩摩，松前を通じて対外関係を結んでいた（荒野 1988：pp. x-xv）。この体制のもとでは，貿易は幕府の管理下にあった（管理貿易）。主な輸出品は金銀銅，主な輸入品は生糸であった。こうした貿易のありようは，江戸時代における諸産業の展開を特徴づける重要な要素となった。

1.2 耕地・人口の増加と百姓の村・家

　17 世紀には，幕府や諸大名らが持つ資金や用水土木技術により，大河川の改修工事が実施された。この結果，氾濫を回避できた中下流の沖積層平野に，肥沃な水田が開発された。耕地面積は諸説あるが，1600（慶長 5）年頃に約 164 万町歩であったものが，1720（享保 5）年頃には 297 万町歩となり，120 年ほどの間に約 1.8 倍もの増加をみたといわれる（大石 1977：pp. 36-38）。1600 年頃の耕地

面積を約 207 万町歩とする推計（速水・宮本 1988：pp. 44-45）を採用した場合でも，1720 年頃までに約 1.4 倍もの増加をみたことになる。耕地面積の増加に伴い，人口も増加した。これも諸説あるが，1600 年頃に 1700 万人ほどであったものが，1720 年頃には 3129 万人となり，約 1.8 倍に増加したと推計されている（斎藤・高島 2017：pp. 62-63）。

　中世までは，支配者である土豪（どごう）が村に住んで広大な土地を所有し，被支配者である百姓を従属させて農業等を経営していた。ところが近世になると，城下町等に住んで統治を担う武士と，村に住んで農林漁業等を担う百姓という，生活空間の分離と役割分担が生じた（兵農分離）。近世の村は百姓の自治組織で，武士とのやりとりや生産活動だけでなく，教育，婚姻，葬儀，祖先祭祀，治安維持等にも関与した（渡辺 1998：pp. 36-44，平野 2010：pp. 152-153）。

　百姓の家にも目を向けよう。中世までは傍系家族を含む複合大家族が一般的であったが，近世には**直系家族**が主流になった。直系家族とは，1 世代に含まれる夫婦は 1 組という家族構成である。百姓の家は，土地等の家産を持ち，農業等の家業を経営し，先祖を祭祀し，家名・家格・家訓等を継承し世代を超えて直系的に存続・繁栄することを重視するようになった。この直系家族の百姓の家が，近世の生産活動のもっとも基本的な単位となった（鳥越 1985：pp. 10-17，佐藤・大石 1995：pp. 94-97，平野 2010：p. 150）。

1.3　集約農法による土地生産性の向上

　耕地面積の増加は 17 世紀のうちにおおむね限界を迎え，18 世紀以降には土地生産性の向上が追求された。江戸時代の日本は，一部を除いて，海外から物資の供給を受けることがなかった。このため百姓は，家の存続・繁栄を願い，限りある資源を有効活用し循環利用することで，生産力の増大を目指した。栽培技術を改良し，肥料と労働力を多投する**集約農法**が近世農業の特徴である（平野 2010：pp. 162-164）。速水は，西欧で機械設備への投資により労働節約を図りつつ生産性を向上させる産業革命（Industrial Revolution）が起こったのと対比させて，近世日本では労働集約により生産性を向上させる勤勉革命（Industrious Revolution）が起こったとした（速水 2003：pp. 226-227）。

　集約農法の典型として水田二毛作を挙げよう。二毛作とは，種類の異なる作物を1年に2回栽培する農法である。稲の収穫後，水田から水を抜いて麦や菜種を栽培し，翌年には再び水を入れて稲を作付けした。一方，畑では，野菜のほか，四木三草（茶・楮・漆・桑と麻・藍・紅花）や菜種・木綿といった商品作物が生産され，種類の異なる作物を1年に3回以上栽培する多毛作が展開した。連作障害を避けるため輪作も導入された。連作障害とは，同じ耕地で同じ作物を繰り返し栽培すると生産性が低下する現象を指す。この対策として，何年かに一度の周期で異なる作物を順番に繰り返し栽培するのが輪作である（佐藤・大石 1995：pp. 75-77, 徳永 1996：pp. 96-99, 平野 2010：pp. 166-168, 189-191）。

　百姓たちは，作物ごとに，より良い栽培方法を追求した。肥料の種類や分量・回数にもくふうがみられた。近世の自給肥料は，主に人糞尿と刈敷・厩肥であり，後者の2つは森林に由来する。刈敷は木の葉や下草をそのまますき込むものであり，厩肥は厩舎に敷いた草や藁に牛馬の糞尿が混ざり腐熟してできたものである。ちなみに近世日本では，西欧と異なり，犂を使った牛馬耕よりも鍬を使った人力耕が主流であった。労力はかかるが鍬の方が土を深く耕すことができ，土壌改良に効果的であったためである。牛馬に期待されたのは，物資の運搬や厩肥をつくる役割であった。また近世の生活用具は，鉄部分を除きほとんど植物でできていたので，不要となれば燃やして灰を肥料にできた。近世後期には，即効性の購入肥料である金肥の使用も進んだ。もっとも普及した金肥は，干鰯（乾燥させたイワシ），鰯〆粕（絞油後のイワシの残り粕）等の魚肥であった（平野 2010：pp. 173-183）。

1.4　特産物生産の進展

　17世紀には，交通路の整備により沿岸・河川水運と陸運が発達し，江戸・大坂が産物の集散拠点となって全国市場を形成した。両都市の問屋は仲間を組織して営業を独占し，地方の商人等も組み込んだ流通網を生み出した。こうした流通網を支えたのは，菱垣廻船・樽廻船と呼ばれる海運集団であった。ところが18世紀後半以降には，北前船・尾州廻船・奥筋廻船といった新興海運勢力により流通網が再編され，商品流通の密度と速度が向上した。こうした流通

網の整備・拡充と連動しつつ展開したのが**特産物**の生産である。百姓は地形や気象，市場条件等を活かしながら，地域ごとに特産物生産に力を入れた（佐藤1993：pp. 11-17，斎藤 2005：pp. 115-129，平野 2010：pp. 233-236）。

　たとえば大都市近郊では野菜の産地が形成された。城下町に住む武家や町人の人糞尿が肥料（下肥）として近郊農村に渡り，それを活用して生産された野菜が武家や町人の食卓に並んだ。このように都市と近郊農村の間には，有機的な物質循環が成立していた（渡辺 1983：pp. 341-347）。

　また庶民の間では，麻に代わって木綿を原料とする衣料が流行し，各地に木綿の産地が形成された。木綿が衣料になるまでの過程では，綿繰，綿打，紡績，織布，染色等の社会的分業がみられた。ちなみに綿作の展開は魚肥の生産を促進し，綿繰後に残った綿実は灯油原料となり，絞油後の綿実粕は肥料となった。綿織物業は染色原料となる藍の栽培や藍染め関連業を牽引し，船帆の材料を供給することで造船業にも寄与した。これらの輸送により海運業も活発化した。このように綿作の展開は，関連産業を連鎖的に発展させ，経済構造の転

図表 10 － 1　尾張国西部（尾西）の結城縞の織屋

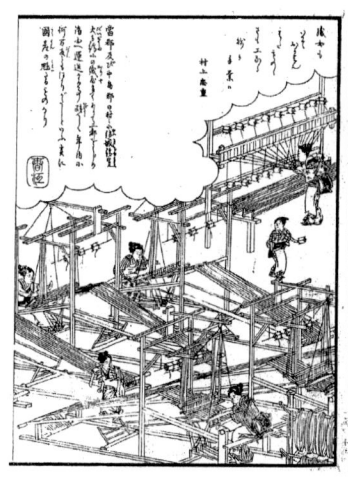

（註）尾西は織物業の先進地で，江戸時代後期には絹糸と綿糸を混ぜて織る結城縞の生産が活発であった。
出所：『尾張名所図会』後編巻 5，葉栗郡（国立国会図書館デジタルコレクション，https://dl.ndl.go.jp/pid/764891，閲覧日：2023 年 1 月 25 日）

換に寄与した（永原 2004：pp. 330-345，平野 2010：pp. 237-239）。

　養蚕業・製糸業の発展も見逃せない。当初，絹織物業は，原料となる生糸を中国からの輸入に頼っていた。しかし 18 世紀以降，幕府によって輸入が制限されると，生糸の国産化が進められた。この過程では，蚕種製造，養蚕，製糸，織布等の社会的分業が生じた（平野 2010：pp. 236-237）。

1.5　水産資源の活用と技術

　海洋や河川・湖沼からは多様な水産資源が得られた。魚介類に含まれる動物性タンパク質は重要な栄養素であり，海水からつくる塩はミネラルを摂取できる食品であるとともに食品加工や長期保存にも不可欠であった。イワシ等は肥料（魚肥）になった。

　近世には，食料と肥料の需要増大を受けて漁業生産が拡大した。それは他産業の展開にも支えられた。たとえば農業は網の材料となる藁や麻を提供し，製鉄業は釣針の原料となる鉄を供給した。また製塩業の発達は，魚介類を塩漬けにし商品として流通させることを可能とした（高橋 2013：p. 145）。

　ただし漁場の拡大には限界があった。漁船の動力が主に人力であったのが理由として大きい。とはいえひとびとは，魚介類が漁獲可能な水界に近づくのを，手をこまねいて待っていたわけではなかった。生息時期や場所，移動時間帯や経路，回遊・産卵といった行動リズム等，魚介類の生態や周辺の自然環境に関する知識を観察や経験によって獲得し，効率的な漁業を模索した。たとえば灯りに集まる習性を利用し，かがり火をたいてサバやイカを捕獲したり，沿岸の森林を保護することで，樹影がつくりだす水域の暗がりへ休息・産卵しようとする魚を誘引したりする方法がとられた。こうした知識は水産資源の保護にも活用された。たとえば，越後国村上藩領では，産卵場の設置に，サケの産卵・孵化と稚魚の保護とを組み合わせた「種川制度」が創出された（高橋 2013：pp. 146-161，高橋 2016：pp. 399-400）。

1.6　森林資源の活用と林業地帯の形成

　17 世紀の耕地開発は，森林由来の肥料の需要を高めた。十分な地力を維

持するためには，耕地面積の 10 〜 12 倍もの草山が必要であったという（所1980：pp. 236-237）。そこで百姓たちは，森林を伐採して新たに草山を創出したり，火入れによって草山の維持・増進に努めたりした（水本 2003：pp. 4-18）。

　近世には材木・薪炭の需要も高まった。材木は城郭や一般住居，橋梁等の建築・土木工事に不可欠で，薪炭は調理・採暖に使用された。こうした需要を背景に，一部地域では林業地帯が形成された。近世の林業地帯は，その担い手によって次の 2 つに分けられる（西川 1961：pp. 3-4，加藤 1995：pp. 8-11）。

　1 つは山間地域の百姓が生産・流通の担い手となった農民的林業地帯で，西川・青梅・吉野等，全国市場に近いところに成立した。たとえば武蔵国西川（現在の飯能市のあたり）は，自給的な焼畑農業地域であったが，17 世紀には造林が進み，江戸向けの材木・木炭産地へと変貌した（加藤 2007：pp. 66-107）。大和国吉野は，土地生産性を高めるために造林技術を洗練させ，良質なスギを大坂市場に販売した。伊丹や灘の酒造業で用いられた酒樽には，この吉野産のスギが使用された（赤羽・加藤編 1984a：pp. 273-281）。

　もう 1 つは領主的林業地帯で，秋田藩・尾張藩木曽・飛騨幕領・土佐藩等，全国市場から遠いところに成立した。幕府・諸大名やその庇護を受けた特権商人が生産・流通の担い手となった。たとえば尾張藩木曽では，奥山の森林資源を活用するため，高度な伐採・搬出技術が培われた（脇野 2006：pp. 84-128）。秋田藩では，伐採計画に基づく持続的利用や，1 本の立木からできるだけ多くの材木を生産する集約的利用が図られた（芳賀・加藤 2012：pp. 18-20）。

　また材木・薪炭は，諸産業の発展を支えた側面も持つ。材木は生産設備の建材や鉱山業の坑木（坑道を支える柱）に利用された。薪炭は醸造業，製塩業，窯業，養蚕業，鉱山業，製鉄業等，多様な需要があった。

1.7　鉱山業・製鉄業の展開

　16 世紀前半〜 17 世紀前半には，相川・大森・生野等，金銀山の開発が相次いだ。17 世紀後半には，金銀の産出こそ低調になったが，今度は別子・阿仁等，銅山が積極的に開発された。1715（正徳 5）年の国内銅生産量は約 600 万斤（3600t）であり，そのうち国内消費は 2 割ほどで，残りはアジア諸地域へ運

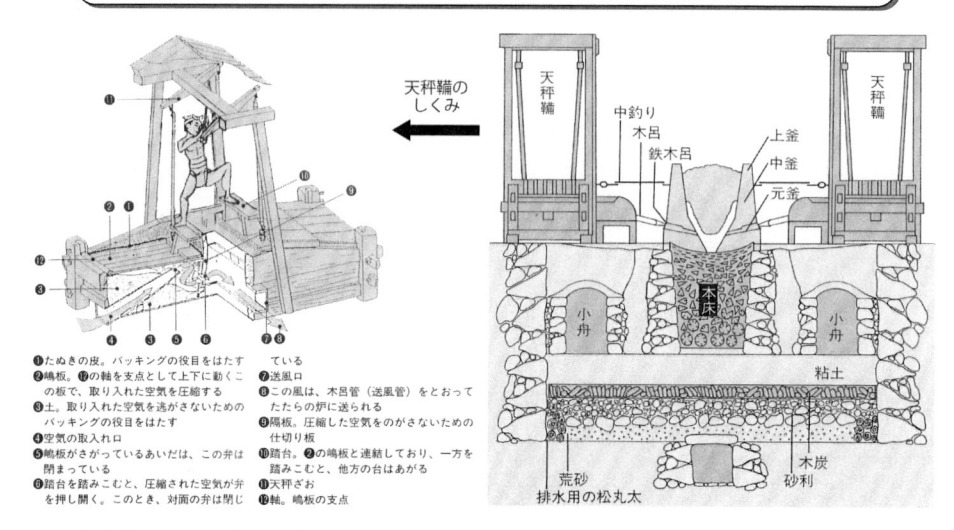

> 図表10－2　たたら製鉄の炉・天秤鞴・地下構造

（註）炉の温度を高温に保つための地下構造を持つ。
出所：和鋼博物館編（2001）図版37，44をもとに加筆して作成

ばれ貨幣の材料等に利用された（島田 2010：pp. 310-312，316-317）。

　近世には，**たたら製鉄**と呼ばれる製鉄法も発展をみた。このたたら製鉄は，炉に砂鉄と木炭を入れ，「たたら」（鞴）で風を送りながら加熱して優れた鉄を得るものであった。最大の産地である中国山地では，17世紀に，高殿炉と大鍛冶場による生産体制が整えられた。高殿炉は，炉を建物で覆うことで天候に左右されない操業を可能とした。生産された鉄は鋼・銑・歩鉧に分類され，鋼はそのまま流通したが，銑・歩鉧は大鍛冶場で錬鉄に加工されてから流通した。17世紀末〜18世紀初には，天秤鞴という新しい鞴が導入され，18〜19世紀にたたら製鉄は最盛期を迎えた（和鋼博物館編 2001：pp. 32-57，角田 2019：pp. 56-66）。

2．明治維新と鉱工業の発展

2.1　管理貿易から自由貿易へ

　1854（安政元）年，幕府はアメリカ合衆国東インド艦隊司令長官ペリーの要求を受けて日米和親条約を結び，下田・箱館の開港等を約束した。さらに1858 年には日米修好通商条約を締結し，両所のほか神奈川・長崎・新潟・兵庫の開港，外国人居留地での自由貿易，江戸・大坂の開市，協定関税（自主的に関税を定める権利の欠如）等を認めた。同年にはオランダ・ロシア・イギリス・フランスとも類似の条約が結ばれた（安政五箇国条約）。

　これにより幕府による管理貿易体制は後退し，日本は**自由貿易**の世界に包摂されていった。開港場の居留地では，輸出品を扱う売込商と輸入品を扱う引取商が，外国商人との間で商品を売買した（居留地貿易）。開港後の主な輸出品は生糸や茶で，主な輸入品は綿織物や綿糸であった（中西編 2013：pp. 129-131）。

2.2　幕末・維新期の変革

　幕末における政局の混乱の中で，薩摩・長州両藩を中心とする倒幕運動に圧倒され形勢不利となった幕府は，1867（慶応 3）年，政権を天皇に返上する大政奉還を朝廷に申し入れた。これに対し朝廷は，同年，王政復古の大号令を発し幕府廃止と新政府樹立を宣言した。

　新政府は，1868（明治元）年に旧幕府領を直轄化し，1869 年には諸大名が領地・領民を天皇に返還する版籍奉還を実現させた。1871 年には全国の藩を廃止して府県を置き（廃藩置県），中央集権的統一国家の樹立を図った。さらに1873 年以降には，地租改正により近代的土地所有権と税制の確立を進めた。これは 1 つ 1 つの土地について所有者と地価を確定し，定額の租税を貨幣で徴収する統一的なしくみを創出しようとするものであった。

2.3　新政府の殖産興業政策

　新政府にとって，欧米諸国と対峙（万国対峙）できる力量を身につけること

は喫緊の課題であった。このため政府は諸制度を整備し，富国と強兵を目指した（永井 1990：pp. 151-201）。ここでは富国のための**殖産興業政策**を概観する。

まず 1869 年設立の民部官（のちに民部省）が，西洋農法を取り入れた開墾事業や在来農法の調査等を実施した。1871 年の民部省廃止後は大蔵省勧農寮（のちに租税寮勧業課）が事業を継承した（國 2018：pp. 30-105）。両省は農産加工業の勧奨も担当し，1872 年には大蔵省管下の官営模範工場として群馬県に富岡製糸場が開設された。

他方，政府は 1870 年に工部省を創設し，鉄道・鉱山・電信・造船等の官営事業（官業）を推進させた。この工部省事業は，幕府・諸藩の事業を継承したものが過半であった。たとえば釜石鉄山は盛岡藩から官収したもので，長崎造船所は幕府長崎製鉄所を官収したものに由来した。また 1885 年の同省廃止までに，700 人以上の外国人を雇用した（お雇い外国人）（中岡 2006：pp. 54-59）。

財政に目を向けると，1871 年に大蔵大輔となった井上馨（1836-1915）は緊縮財政の方針をとった。それでも殖産興業の財源は借入等により捻出された。1873 年から大蔵卿に就任した大隈重信（1838-1922）は積極財政に転じ，通貨増発で殖産興業資金を確保した。大隈は民営事業（民業）育成による貿易収支改善を図り，民間への資金貸付を拡大した（神山 2014：pp. 99-102）。

同年創設の内務省は，大久保利通（1830-1878）内務卿のもとで民業を重視した。大久保は岩倉具視率いる使節団の一員として欧米を回覧した人物である。1874 年設置の同省勧業寮は大蔵省租税寮勧業課の業務を継承し，農工商業の総合的な勧奨機関に位置付けられた。1877 年には内務省の工業部門の一部が工部省に移管され，勧業寮は勧農局へ改組された（國 2018：pp. 108-213）。これにより内務省は製糸・織物等の農産加工品，工部省は鉱物を原料とする製品等を担当することになり，業務態勢の効率化が図られた（神山 2014：p. 107）。

2.4　直接的勧業から間接的勧業へ

1878 年の大久保暗殺後，伊藤博文（1841-1909）が内務卿に就任した。伊藤のもとで勧農局長を務めた松方正義は，1880 年に内務卿に就任した。松方は民業を奨励する共進会の開催や，農業技術の情報を交換する農事会（農談会）の

設立を推進した（國 2018：pp. 271-290）。

　この時期には通貨増発によりインフレーションが発生し，大隈は 1880 年から緊縮財政に転じた。同年には工部省・内務省等の所管工場を民間に払い下げる方針も示された。1881 年に大蔵卿に就任した松方も緊縮財政の方針をとり，デフレーションを発生させた（松方デフレ）。松方は民間への資金貸付が民業の独立自営を妨害すると考え，財政支出を交通・通信等に限定し官業の払い下げを推進した（神山 2014：pp. 108-122）。

　同年には農商工業担当の農商務省が新設され，内務省勧農局や大蔵省商務局等が移管された。農商務省は勧農のため農談会等を拡充するとともに，1884年に同業組合準則を制定し重要物産の改良・繁殖を目的とする農商工業者組織の設立を目指した（上山 1975：pp. 56-64）。明治政府による殖産興業政策は，当初，官業と民間への資金貸付という直接的勧業政策をとったが，大久保死後の内務省，農商務省時代には間接的勧業政策が定着したとみられる（神山 2014：pp. 122-123）。

　1884 年には工場に加え鉱山の払い下げも決定された。たとえば，1887 年には長崎造船所が三菱へ，1888 年には三池炭鉱が三井の代理人である佐々木八郎へ（1889 年三井取得）払い下げられた。この間，1885 年には工部省が廃止され，鉱山と鉱物を原料とする製造部門は農商務省へ，鉄道は同年発足の内閣へ移管された（小林 1977：pp. 129-158）。

2.5　産業構造の変化

　1874 年に内務省勧業寮がまとめた「府県物産表」には，3 府 60 県（北海道・琉球は除く）の生産価額が 78 の産業分野ごとに記載されている。これを整理した図表 10 - 3 によると，総計約 3 億 7079 万円のうち第 1 次産品は約 2 億5320 万円で 68％，第 2 次産品は約 1 億 1759 万円で 32％を占めた。第 1 次産品では穀物の比重が大きく，米だけで 38％であった。第 2 次産品では飲食物加工品（14％）と織物類や生糸類を含む農産物加工品（11％）の比重が大きかった（山口 1951：pp. 25-26，佐藤 1994：pp. 9-11）。

　推計 GDP（図表 10 - 4）から 1874 年 → 1890 年 → 1909 年の変化をみると，

| 図表 10 - 3　1874 年「府県物産表」にみる産業構造 | | | |

物産		生産価額	
		円	％
第 1 次産品	穀物	183,979,882	49.6
	蔬菜・果実	12,077,214	3.3
	工芸作物	24,903,275	6.7
	林産物	13,083,347	3.5
	水産物	6,994,130	1.9
	畜産物	8,052,023	2.2
	金属鉱石	4,109,064	1.1
	小計	253,198,935	68.3
第 2 次産品	農産物加工品	39,408,953	10.6
	飲食物加工品	51,431,009	13.9
	林産物加工品	7,025,693	1.9
	肥料・飼料	4,219,693	1.1
	雑貨手芸品	6,913,390	1.9
	陶漆器	3,012,284	0.8
	金属加工品	1,639,793	0.4
	器械・船舶	3,197,609	0.9
	その他	739,458	0.2
	小計	117,587,882	31.7
合計		370,786,817	100.0

(註) 縄類（農産物加工品）は生産価額の記載なし。1 円未満
は切り捨て。
出所：佐藤 (1994) 表 1 をもとに一部修正のうえ作成

農林水産業の割合が 60％ → 44％ → 33％（名目），43％ → 36％ → 32％（実質）
と低下する一方で，鉱工業（建設業を除く）の割合は 9％ → 15％ → 20％（名目），
6％ → 10％ → 14％（実質）と上昇したという（深尾・攝津 2017：p. 5，深尾・攝
津・中林 2017：pp. 274-279）。このように日本では，殖産興業政策の影響もあっ
て，19 世紀後半から 20 世紀初頭にかけて，第 1 次産業の比重低下，第 2 次産
業の比重上昇という産業構造の変化がみられた。

図表 10 − 4　産業別名目・実質 GDP の推計値

単位：100 万円

区分	年	第 1 次				第 2 次			
		農業	林業	水産業	小計	鉱業	製造業	建設	小計
名目	1874	359.33	52.15	15.67	427.15	4.16	61.09	22.85	88.10
	1890	462.32	63.14	19.15	544.61	13.71	169.31	36.41	219.43
	1909	1095.79	194.98	61.78	1352.55	103.33	711.38	160.59	975.30
実質	1874	1466.65	212.84	63.97	1743.46	13.24	246.82	62.95	323.01
	1890	1626.74	217.00	75.06	1918.80	34.24	491.65	127.30	653.19
	1909	2235.88	305.10	79.42	2620.40	149.55	1029.11	291.00	1469.66

区分	年	第 3 次			総計
		商業・サービス業	交通・通信・公益	小計	
名目	1874	201.51		201.51	716.76
	1890	451.79	28.18	479.97	1244.01
	1909	1472.30	272.64	1744.94	4072.79
実質	1874	1978.40		1978.40	4044.87
	1890	2694.28	72.70	2766.98	5338.97
	1909	3704.80	454.50	4159.30	8249.36

（註）推計方法等は出所の文献を参照。
出所：深尾・攝津・中林（2017）付表 1，付表 2 より作成

2.6 「産業革命」と企業勃興

　「資本主義を社会として確立させた技術的経済的変革」を産業革命という。日本の場合には，しばしば「1880 年代半ばから 1910 年頃まで」を「産業革命」期というが，その根拠となる指標は研究者によってさまざまである（中西編 2013：p. 203）。

　この指標の1つに，会社企業の設立や投資の増加を指す「企業勃興」がある。松方デフレによる下層農民の没落が都市労働力を準備し，日本銀行（1882 年設立）の低金利政策による金融緩和が資産家層の株式投資を促進したことが，株式会社の設立ブームを巻き起こした（高村 1995：p. 123）。

　この時期には，東京・大阪等の大都市だけではなく，全国的に会社企業の設立が相次いだ。第 1 次企業勃興期（1886 ～ 1889）には鉄道や紡績，鉱山の分野，

第2次企業勃興期（1895 ~ 1899）には鉄道・銀行・紡績の分野で地方分散的な企業勃興が進展した。ところが第3次企業勃興期（1906 ~ 1907）には地方企業の淘汰，中央有力企業を軸とした合併，国有化が進むとともに，重化学工業や電気関連事業が急伸し，会社企業が大都市へ集中した（中村 2010：pp. 37-67）。

19世紀後半から20世紀初頭にかけて起こった産業構造の変化の背景には，こうした企業勃興があった。以下では上記を念頭に置きつつ，同時期における諸産業の展開を概観する。

2.7　製糸業

繭から絹糸を製造する製糸業は，開港後の日本にとって最大の外貨獲得部門となった。生糸の主な輸出先は，1860年代初頭は中国，それ以降1870年代後半まではイギリス・フランスであった（石井 1972：pp. 40-41）。その後，アメリカの生糸市場拡大等を背景に，1884年には対アメリカ輸出が対フランス輸出を上回った（中林 2017：pp. 197-199）。

この過程では製糸技術の改良がみられた。フランスでは主に富裕層向けの絹織物を手織で生産していたため太さが不均一な日本産生糸を使用できたが，アメリカでは機械化による大衆向け絹織物生産が成長していたため太さの均一な生糸が求められたからである（石井 1972：pp. 40-44，中林 2017：pp. 197-199）。開港前には簡易な道具を使用する手挽が一般的であったが，一部では歯車等を組み込んだ座繰器を使用する座繰製糸がみられた。開港後には座繰製糸の普及，1870年代には座繰製糸の改良（改良座繰）や器械製糸の導入がみられた（鈴木 2009：pp. 171-178）。器械製糸については，1870年に前橋藩が設立した前橋製糸場（イタリア式），1872年に政府が開業した富岡製糸場（フランス式）等が技術普及の機会を提供した（中林 2017：p. 198）。

富岡製糸場の器械は，フランス式器械をそのまま移植したものではなく座繰製糸からの移行を考慮して調整を加えたもので，その普及過程で製作を担当したのは地元の大工であった。また同場はボイラーの蒸気で鍋を加熱し繭を煮沸・保温したため，女工は蒸気栓を操作することで，従来の焚火や炭火による加熱よりも容易に湯温を調整できた。このボイラーの普及過程でも地元の鋳物

図表 10 − 5　富岡製糸場の繰糸所

（註）1872 年の作。
出所：一曜斎国輝『上州富岡製糸場之図』（国立国会図書館デジタルコレクション，
　　　https://dl.ndl.go.jp/pid/1305876，閲覧日：2023 年 1 月 25 日）

師等が活躍した（鈴木 1996：pp. 141-170，鈴木 2009：pp. 176-178）。

　1884 年以降には長野県諏訪を中心に製糸家の共同出荷結社が結成され，結社が製品の仕上げと検査を担当し商標によって品質を保証し，検査結果に応じて売上金を配分するしくみがとられた。検査結果に応じて，女工へ技術指導ができる態勢もとられた（中林 2017：pp. 198-201，203）。

2.8　綿織物業

　綿織物業の代表的産地に尾西と入間がある。開港前の両地域は細めの綿糸を使い，高機を用いて細縞の綿織物を生産していた。しかし国産綿糸は，手紡で生産されていたため太さが不均一で切れやすく，織布には丁寧な準備と熟練技術を必要とした。そこで開港後の両地域は，イギリス産の機械紡績綿糸を導入した。機械紡績綿糸は太さが均一で丈夫であったため，生産性を向上させるだけでなく，より美しい細縞を表現できた（田村 2004：pp. 71-131，中岡 2006：pp. 120-157）。

　生産形態に着目すると，1880 年代には産地の問屋が自宅で織物業を営む農家を組織し，原料となる綿糸や織機を貸し出して綿布を織らせ，綿布と引き替

えに賃金を支払うかたち（問屋制家内工業）が拡大した（阿部 2022：p. 39）。これは農業と余業に家族労働力を配分する農民経営に適したものであった。こうした問屋制家内工業を支える論理を在来的経済発展の論理とし，工場や企業を基盤とする近代的な経済発展の論理に対置する学説もある（谷本 1998：pp. 465-469）。

2.9　綿糸紡績業

　綿織物業の発展は，イギリスから機械一式を移植し機械紡績綿糸の国産化を図る動きを誘発した。その嚆矢は，薩摩藩が 1867 年に開業した鹿児島紡績所と 1870 年に開業した堺紡績所である。これに木綿問屋鹿島万平が 1872 年に開業した鹿島紡績所を加えたものを始祖三紡績と呼ぶ（絹川 1937，玉川 2001：pp. 269-271）。

　政府は 1872 年に堺紡績所を買収・操業し，この経験をもとに愛知と広島に模範工場を新設する計画を立てた。前者は 1881 年に開業し，後者は途中で払い下げられ 1883 年に完成した。また政府は機械の払い下げと資金貸付により民間紡績工場の設立も奨励した。こうして 1880 年代前半に開業した 17 紡績所は，多くが 2000 錘規模の精紡機を導入したため二千錘紡績と総称される。しかしこれらは，①日本綿と輸入機械の不適合，②精紡機の規模，③水力重視による立地制約，④資金調達の困難等によりおおむね不振であった（高村 1971：pp. 39-59，玉川 2001：pp. 269-273，中岡 2006：pp. 188-207）。

　こうした中，渋沢栄一（1840-1931）主導で 1883 年に株式会社として設立された大阪紡績は，上記課題を克服した。まず①に対してはインド綿用精紡機を選択した。二千錘紡績は中繊維のアメリカ綿用精紡機を導入したが，短繊維の日本綿紡績には，アメリカ綿より短い繊維を持つインド綿用精紡機の方が適していた。大阪紡績は，イギリス・ランカシャー地方で修行した山辺丈夫（1851-1920）の提言により，インド綿用ミュール精紡機を導入できた。②に対しては 1 万錘規模の工場建設，③に対しては蒸気機関の採用による大阪での開業で対応した。④に対しては，華族・大阪商人等を株主として結集することに成功した。さらに昼夜 2 交替制を採用して生産設備の稼働率を 2 倍にした。1880 年代後半には安価な中国綿と日本綿を混合（混綿）させて経費を削減するとともに，

より効率的なリング精紡機を導入した。1890 年頃からは，リング精紡機の性能をさらに引き出すため，インド綿の使用にも踏み出した。利益は積極的に株主配当に回し，増資と設備投資を促進した（高村 1971：pp. 63-109，玉川 2001：pp. 273-280，中岡 2006：pp. 207-244）。

　こうした大阪紡績の経験に学び，企業勃興期には株式会社の紡績工場が各地で設立され，二千錘紡績も好成績をあげた（高村 1995：pp. 163-167）。1890 年代末における原料綿花の割合は，インド綿 6 割，アメリカ綿 3 割，中国綿 1 割以下で，日本綿はほとんど使用されなかった（中岡 2006：p. 258）。

2.10　海運と鉄道

　開港後，アメリカ太平洋郵船等の欧米汽船会社が日本に進出した。これに対し政府は外国船の排除を図った。政府の保護を受けた三菱は，1876 年までにアメリカ太平洋郵船・イギリス P&O 汽船との競争に勝って上海航路を確保し，1880 年にかけて沿岸航路を全国的に拡大した。1882 年に半官半民の共同運輸会社が設立されると，同社と三菱の競争により運賃は低下した。1885 年に三菱と共同運輸会社が合併して日本郵船会社が設立されると，1889 年までに長距離航路における和船・洋式風帆船に対する汽船の優位が決定的となった。ただし港湾の未整備により近距離沿岸航路では和船が有利で，汽船と和船は相互補完的に共存していた。その後，日本郵船は遠洋航路にも乗り出した。1893 年にはインド・ボンベイ航路を開設してインド綿の輸入に寄与し，1896 年には欧州航路，北米シアトル線を開設した。このように 1890 年代以降には，日本郵船によりアジアと欧州，北米を結ぶ世界的な定期航路網が形成された（小風 1995：pp. 87-222，286，295-308，中村・大島 2017：pp. 235-239）。

　日本初の鉄道は，1872 年，イギリスからの技術導入によって新橋―横浜間に開通した官営鉄道である。1874 年には神戸―大阪間，1877 年には大阪―京都間が開通したが，官営鉄道建設はしばらく停滞し，1889 年に東京―神戸間が開通した。官営鉄道の停滞期に鉄道の発達に寄与したのは民営鉄道であった。1881 年設立の日本鉄道会社が上野―前橋で開業し好成績をあげると，1886 ～ 1889 年には山陽鉄道，九州鉄道，北海道炭礦鉄道，関西鉄道等が設立

免許を受けた。これらの開業により民営鉄道の線路距離は急伸し，1889 年には官営鉄道を超えた。その後も開業は進み，1905 年の民営鉄道の線路距離は 5226km に達した（官営鉄道は 2465km）。しかし 40 を超える鉄道会社の存在が問題となり，1906 年には主要 17 社の買収による鉄道国有化が決定され，1908 年には帝国鉄道庁が成立した（中村 1998：pp. 19-170，中村・大島 2017：pp. 251-257）。

2.11 鉱山業

明治政府の鉱山業政策は，当初，主要鉱山の官営化と民間における鉱山開発の促進の 2 つを柱とした。まず政府は，1868 年から生野・佐渡（さど）・三池・釜石・阿仁（あに）等の大規模鉱山を順次官営化した（川崎 1964：pp. 101-103）。官営鉱山では，お雇い外国人の指導のもと，ダイナマイトや削岩機による排水・通気・運搬用大坑道の開削，排水用ポンプ，通気用扇風機，運搬用鉱車・捲揚機の採用，洋式溶鉱炉の導入による製錬技術の改良等が進められた（春日 1976：pp. 247-266，武田 1987：pp. 12-14，荻野 1993：pp. 17-18）。

他方，政府は 1869 年に民間の鉱山開発を認めた。1872 年には鉱山心得で鉱山の政府所有原則（鉱山王有制）を宣言し，民間の鉱山開発は政府からの請負というかたちをとった。1873 年には日本坑法により請負手続き等が明文化され，請負希望の日本人は坑区を 15 年限定で借用（借区）することになった。継続的な投資に耐えられない経営者は廃業に追い込まれ，借区の再編が進んだ（武田 1987：pp. 31-40）。

こうした状況下で官営鉱山の払い下げが実施された。先駆的な機械や優秀な技術者を獲得した経営者は，それをほかの鉱山開発にも転用した。こうして明治中期には借区の再編と官営鉱山の払い下げにより，特定の経営者による優良鉱山の独占状態が出現した。こうした状況は，住友・三菱・古河（ふるかわ）をはじめとする財閥の発展を促した。1892 年施行の鉱業条例は鉱山の政府所有原則を事実上撤回し，借区制度を廃止して採掘を永久の権利とした（武田 1987：pp. 45-55）。

1890 年代以降には採鉱方式の改良が進んだが，採鉱作業自体は鉱夫の熟練に依存し，機械化が進むのは銅山業では 1910 年代後半，石炭業では 1920 年代

後半以降のことであった（武田 1987：pp. 129-133，264-275，荻野 1993：pp. 262-273）。

　銅と石炭は日本の輸出品の中でも生糸や綿糸に次ぐ位置にあり，外貨獲得産業として重要な役割を果たした。銅は 1890 〜 1910 年代には生産量のおおむね 7 割以上が輸出された。石炭は 1890 〜 1900 年代には生産量の 4 割以上が輸出されたが，その後は工業化に伴い国内需要が増加する中で 3 割程度に低下した（武田 1987：pp. 64-65，荻野 1993：pp. 15-17）。

2.12　製鉄・製鋼業

　たたら製鉄は，洋鉄の輸入や国内における洋式製鉄の安定によって次第に衰退した。1857 年，盛岡藩士大島高任（1826-1901）は，釜石鉄山に新設した洋式高炉で鉄鉱石と木炭を用いた製鉄にはじめて成功した。このとき導入されたのは「イギリス産業革命」前の技術であった。政府は 1875 年に釜石鉄山を官営化し，イギリスから設備一式を輸入して 1880 年から工部省釜石製鉄所の操業を開始した。この設備は「イギリス産業革命」を通して形成された「鉄の時代」の技術で，コークスを用い大型高炉で製鉄するものであった。ところが工部省は木炭を用いたため不調が続き，1882 年には閉山となった。その後，田中長兵衛（1834-1901）が払い下げを受け，1887 年に釜石鉱山田中製鉄所を設立した。同所は小型高炉と木炭の使用による銑鉄生産を進め，1894 年には中国地方のたたら製鉄を生産量で上回った（たたら製鉄は約 1 万 2000t，田中製鉄所は約 1 万 3000t）。1895 年には工部省が放棄した大型高炉と北海道夕張石炭のコークスを使用した銑鉄生産を成功させた。この成功の裏には，帝国大学工科大学教授野呂景義（1854-1923）とその教え子の活躍があった。1901 年に操業を開始した官営八幡製鉄所は，野呂の尽力等もあって銑鉄の生産とその精錬による鋼の生産を担う日本初の銑鋼一貫工場へ成長し，日本は「鋼の時代」に参入した。西洋では高炉出現から製鋼法が確立するまでの製鉄技術近代化に 400 年を要したが，日本はそれを大島の成功から八幡製鉄所の操業までの 50 年に圧縮できた（大橋 1991：pp. 284，406-413，424-437，　飯田 1979：pp. 74-77，91-99，111-113，119-133，167-175，中岡 2006：pp. 266-318，渡辺 2006：pp. 107-141）。

　以上のように近代日本の産業発展は，江戸時代以来の**在来産業**とその技術，

図表 10 − 6　八幡製鉄所の溶鉱炉

出所：製鉄所購買会編（1914）『製鉄所写真帖』製鉄所購買会（国立国会図書館デジタルコレクション，https://dl.ndl.go.jp/pid/966058，閲覧日：2023 年 1 月 25 日）p. 26

近代産業（移植産業） とその技術が相互に影響・補完しつつ展開した点に特徴があった（中岡 2006：pp. 420-424）。この点で，19 世紀末期には列強間の競争激化により，原料や最新機械を安価かつ短納期で購入できたことは見逃せない。協定関税という不利がありながらも，こうした背景が後発国である日本が先発国へ追いつくまでの時間を短縮したのである（中村 2014：pp. 160-162）。

3．鉱工業の発展と農業・漁業・林業の関係

3.1　食料・加工原料の供給と明治農法

　1880 年代以降には，経済変動を背景に耕地の売買と一部への集中が進んだ。耕地を失った百姓は，土地を集積した地主から耕地を借り耕作する小作人となった。こうした**地主小作関係**は近代日本社会の特徴であった。全府県平均の小作地率は，1873 年に 27％であったものが 1907 年には 45％にまで上昇したといわれている（古島 1958：pp. 331-332）。

　耕地面積は，1880 年に 470 万町歩であったものが，1910 年には 553 万町

図表 10 − 7　明治期の耕地面積と米生産・人口

年	耕地面積（万町歩）			水陸稲		人口（万人）
	田	畑	合計	作付面積（万町歩）	収穫量（万石）	
1880	274	196	470	255	2,975	3,654
1910	294	259	553	295	5,053	4,960

（註）いずれも千の位を四捨五入。
出所：耕地面積は梅村ほか（1966）第 32 表，水陸稲作付面積・収穫量は農
　　　政調査委員会編（1977）表 F-a-1（各年を中央年とする 5 か年平均），
　　　人口は深尾・攝津・中林（2017）付表 2 に依拠して作成

歩となり，約 18 ％の伸長をみた。同時期の米の作付面積は 255 万町歩から 295 万町歩となり，約 16 ％の伸長をみた。一方，米の収穫量は 2975 万石から 5053 万石へと約 70 ％も増大した。同時期の人口は 3654 万人から 4960 万人へと約 36 ％増加したので，人口の 2 倍のペースで米の生産が拡大した計算となる（図表 10 − 7）。しかし，米食が普及したことで需要に供給が追い付かなくなり，1890 年代頃からは輸入や植民地からの移入に頼るようになった（大豆生田 1993：pp. 11-138，坂根・有本 2017：pp. 152-154）。

　当初，新政府は，在来農法の調査と並行させつつ，欧米からの大型農機具の輸入，外国人教師の招待等により西洋農業の導入を試みたが一部を除き定着しなかった（速水 1986：pp. 96-97，坂根 2010：p. 284，國 2018：pp. 370-373）。こうした中，2.4 で言及した間接的勧業政策の一環として，1881 年には全国の老農が東京浅草に集められ，全国農談会が開催された。これを契機として**林遠里**（はやしえんり）（1831-1906）をはじめとする老農たちが各地の農事改良を牽引した。その後，彼らが持つ伝統的な在来技術に近代農学を組み合わせた**明治農法**が普及した（西村・勝部 1991：pp. 217-222）。明治農法は，肥料の多投，「**神力**」（しんりき）「亀の尾」をはじめとする多収性品種水稲（すいとう）の導入等を特徴とする（坂根 2010：p. 284）。肥料の投入金額は，1885 年頃から 1910 年頃にかけて 3 割ほど増加した。肥料は自給肥料が主であったが，購入肥料の投入金額も同期間に 3 倍近く上昇した。明治期には輸送手段の革新により北海道から鰊搾粕（にしんしぼりかす）が大量かつ廉価に供給されるようになったが，1905 年の日露戦争終結後は中国東北部から輸入された大豆粕が魚肥

を圧倒した（速水 1967：pp. 111-113）。こうした明治農法による水稲生産力の向上が，先述した米収穫量の増大をもたらした。

　開港による生糸需要の急増は，製糸業と養蚕業を発展させた。これにより稲作と養蚕を中心とした農業構造が形成された。収繭量は，1878 年に 942 万貫であったものが，1907 年には 3457 万貫となった。養蚕技術の改良も民間で進み，飼育温度のくふうや，繭の量・質を吟味した蚕の品種改良，桑の品種や栽培法の改良がみられた。なお蚕は，通常，春に孵化するが，蚕種（卵）を低温保存すると夏秋まで孵化を遅らせることができる。前者を春蚕，後者を夏蚕・秋蚕（夏秋蚕）と呼ぶ。明治期には，この夏秋蚕を安定供給する技術も磨かれた（松村 1983：pp. 324-343）。春蚕は死滅が少なく繭の量・質も優れていたが，繁忙期が稲作と重複した。これに対し夏秋蚕は，稲作の農閑期を利用できる点で画期的であった。また製糸業においても，繭の供給期間が延長したことで，操業の季節性の克服に寄与した（藤野・藤野・小野 1979：p. 151，154，清川 2009：pp. 98-103，坂根・有本 2017：pp. 155-156）。

　一方，木綿の生産量は，2.9 で述べた綿糸紡績業の展開により，1887 年の 2290 万貫をピークとし，1912（大正元）年には 88 万貫まで激減した（岡 1984：pp. 388-389）。

　野菜類については，明治初年の時点では，東京・奈良・大坂・京都等，大都市近郊で栽培が盛んであったが，明治後期になると地方都市近郊でも生産が拡大した。1912 年の野菜の作付面積は約 77 万町歩で，1912 年〜1916 年の 5 か年平均品目別作付面積は，カンショが約 31 万町歩で第 1 位，ダイコンが約 11 万町歩で第 2 位，バレイショが約 9 万町歩で第 3 位であった。こうした野菜生産の展開は，優良な種子の選抜と生産・流通を担った種子屋の活動と不可分であった（阿部 2015：pp. 17-19，42-48）。

　都市と近郊農村の間にあった人糞尿（下肥）と野菜の循環構造が，明治期にもみられた。しかし工業化が進み都市人口が増加すると，人糞尿の過剰供給が生じるようになった。たとえば愛知県名古屋市では，食料増産による肥料需要の高まりを考慮しても，それを上回るペースで人糞尿が排出され，それまでの循環構造では対応できなくなった。特に 1900 年代以降には，人糞尿の大量残

余が社会問題化し，行政は屎尿処理に追われた（湯澤 2017：pp. 34-35）。

3.2　資源繁殖政策と漁場の拡大

　漁業の役割は，人口増加に伴う食料需要増大の中で高まった。購入肥料の主役も 1905 年頃までは魚肥であったので，それまでは間接的にも食料増産に貢献した。

　1880 年代以降，政府や道府県は，水産資源の繁殖を目指す法令を相次いで発した。こうした政策は，欧米をモデルとしつつも，近世の水産資源保全に関する慣行を取り込むことで創出された（高橋 2007：pp. 10-19，91-93）。

　明治中期以降には，沿岸漁業の衰退と沖合への漁場の拡大が進んだ。たとえば九十九里浜のイワシ地引網漁は，沿岸部に来遊するイワシの減少等により，1888 年頃から，より沖合で効率的な漁獲が可能な改良揚繰網漁に置換されていった。この麻製の改良揚繰網は，農商務省水産局の技師等を務めた関沢明清（1843-1897）が紹介したアメリカ式巾着網を参考に，地元で発明された（二野瓶 1981：pp. 86-89）。定置網漁業でも，1892 年に宮崎県の日高亀市（1845-1917）・栄三郎（1870-1943）父子が，より沖合で効率的な漁獲が可能な麻製の日高式ブリ大敷網を発明し，これが旧来の藁製台網等を圧倒していった（二野瓶 1981：pp. 242-243，伊藤 1992：pp. 147-149，片岡 2010：pp. 179-181）。漁業技術の普及という点では，1883 年と 1897 年開催の水産博覧会（図表 10 - 8）も重要であった（小岩 2016：p. 43）。

　明治後期以降には遠洋への漁場の拡大がみられた。各地の水産試験場で漁船の改良が模索され，漁船の動力化が進んだ。また綿糸紡績業の発展に対応するように編網機メーカーが誕生し，藁・麻の代わりに綿糸を用いた，より丈夫な魚網が製造された。1894 年〜 1911 年の漁獲量は，おおむね 130 〜 165 万トンの間で推移した（小岩 2016：pp. 39-47）。

3.3　鉱工業の発展を支えた材木・薪炭生産

　明治政府は，1869 年の官林録上や 1873 年以降の地租改正事業・土地官民有区分等を通して林野の所有を確定させ，1897 年制定の森林法で，森林を国有

図表 10 − 8　第 1 回水産博覧会の出入口

（註）1883 年に東京上野公園で開催された。出所の文献は水産博覧会事務局の認可を
　　　受けて出版されたもので，ガイドブックに当たる。
出所：村上奉一編（1883）『水産博覧会独案内』村上奉一（国立国会図書館デジタル
　　　コレクション，https://dl.ndl.go.jp/pid/842659，閲覧日：2023 年 1 月 25 日）

林・御料林（ごりょうりん）・部分林・公有林・社寺林・私有林の 6 つに区分した。

　このうち国有林では，1899 年制定の国有林野法に基づき，国有林野特別経
営事業が開始された。同事業は，木材供給力の増大を目的に，大規模な植林や
施業案（せぎょうあん）（森林経営の計画書）の編成等を実施した。国有林経営の理論的な基礎
は，ドイツで発展した林学に求められた（赤羽・加藤 1984a：pp. 265-267）。

　一方，民間では私有林の集積が進み，明治 30 年代には山林地主が確立した。
私有林経営の技術的な裏付けは，近世からの先進林業地に求められた。特に吉
野の山林地主土倉庄三郎（どくらしょうざぶろう）（1840-1917）が 1890 年の第 3 回内国勧業博覧会に材
木を出品すると，吉野林業の見学が相次いだ。明治以降に新しく成立した林業
地には，静岡県天竜，徳島県木頭（きとう）等がある（赤羽・加藤 1984a：pp. 266-269）。

　伐採過程では斧等を用いた在来技術が継承された。一方，搬出過程では，修（しゅ）
羅（ら）という先進的な在来技術が普及するとともに，国有林・御料林では，1909

年以降，森林鉄道が開通した（脇野 2006：pp. 209-320，加藤 2007：pp. 222-224）。

　用材生産量は，1879 年から 1894 年まではおおむね 2200 ～ 2700 万石程度を推移したが，1895 年から増加して 1913 年には 5300 万石に達したと推計されている。同年の純輸移出量は約 300 万石で，国内用材消費量は約 5000 万石とされる。このうち需要部門別の消費量の割合をみると，建築が 44%，家具・建具・その他日用雑貨が 15%，包装（木箱等）が 13%，鉱業（坑木等）が 10% で，この 4 部門で 82% を占めた。残りの 18% を，機械器具，運輸通信（鉄道枕木，電信柱，電話柱），公共事業（道路・橋梁・河川・港湾工事），紙パルプ，軍需，電力（電気柱），合・単板の 7 部門で分けた（熊崎 1967：p. 114，116，山口 2015：pp. 30-38）。

　燃材（薪・木炭）の国内消費量は，1879 年から 1889 年まではおおむね 9000 万石～ 1 億 3000 万石程度を推移したが，1890 年からは増加傾向をみせ 1898 年には 1 億 8000 万石を超えた。燃材は家庭用だけでなく産業用エネルギーとしての需要も大きく，1 次エネルギー供給量に占める割合は，1880 年に 80%，1898 年に 50% を超えていたが，1913 年には約 20% まで低下した。同年の燃材消費量は約 1 億 4000 万石であった（熊崎 1967：p. 112，山口 2015：pp. 28-30）。

　産業用エネルギーが薪炭から石炭へと転換したあとも，家庭用燃料としての木炭需要は一定の割合を維持した。木炭は白炭と黒炭に大別されるが，一般家庭で用いるには，火付きが良いうえに火保ちも比較的良い黒炭が適当である。しかし黒炭は白炭よりも緻密な製炭技術が要求されるうえに，崩れやすく人馬や舟による長距離輸送には不向きであった。しかし鉄道・海運が整備されると，従来大都市近郊に限られていた黒炭の産地は全国に拡人した。黒炭製炭法の改良・普及に重要な役割を果たしたのは田中長嶺（1849-1922）である。田中は 1898 年に『炭焼手引草』（図表 10 - 9）という技術書をまとめ，その内容を各地で伝習した。たたら製鉄の衰退に伴い縮小した中国山地の木炭産地も，大正年間（1912 ～ 1926）には大都市向けの黒炭産地として再生した（赤羽・加藤 1984b：pp. 351-367）。

　以上のように近代の農業・漁業・林業は，製糸業等と同様，在来の知識・技術に欧米由来の知識・技術を組み合わせるかたちで発展をみた。19 世紀後半

図表 10 − 9　炭窯から炭を取り出す様子

（註）主にクヌギを原木とした。焼き上がった炭は，断面が菊の花のような放
　　　射状のひび割れをみせることから菊炭と呼ばれた。
出所：田中長嶺（1898）『炭焼手引草』利民社（国立国会図書館デジタルコレ
　　　クション，https://dl.ndl.go.jp/pid/842340，閲覧日：2023 年 1 月 25 日）
　　　pp. 32-33 の図を合成

から 20 世紀初頭における第 2 次産業の興隆を食料や原料・資材の供給等を通
じて支えたのは，第 1 次産業とその担い手であった。

考えてみよう

　1．日本近世の産業の発展はどのようであったか，説明せよ。
　2．幕末開港によって日本経済にはどのような変化があったか，説明せよ。
　3．明治政府の経済政策はどのようであったか，説明せよ。

さらなる学習のために

木村茂光編（2010）『日本農業史』吉川弘文館
中岡哲郎（2006）『日本近代技術の形成—＜伝統＞と＜近代＞のダイナミクス—』朝
　　日新聞社
中西聡編（2013）『日本経済の歴史—列島経済史入門—』名古屋大学出版会

第11章　アメリカの発展

　ヨーロッパで中世が終わりを告げる頃，15世紀半ばから始まる**大航海時代**の中で現代のアメリカは誕生する。大航海時代の一翼を担ったスペインの支援を得て，**クリストファー・コロンブス**（クリストバル・コロン　1451頃-1506）はインド諸島行きの航路を発見すべく大西洋に航海にでたが，目的地のインドではなく，当人も気付かないまま期せずしてヨーロッパ人として初めて1492年にアメリカ大陸に上陸した。その場所は，現在のバハマにあるサン・サルバドル島だったという。

　これを契機としてヨーロッパ諸国は，新天地アメリカ大陸に進出する。スペインやフランス，オランダなどがアメリカ大陸に入植を開始したが，これに遅れて続いたイギリスが，現代のアメリカ合衆国へとつながる植民地を形成することとなる。

　本章では，現代の国際社会において主要な役割を担う国々の中で，とりわけ国家の形成が遅れていたアメリカが，いかにして今日のような姿を見せるまでに発展してきたのか，その経緯をみていく。

1．植民地時代

　アメリカにはイギリスからさまざまな背景を持った人たちが入植した。ここでは，後の**南北戦争**で対立することになる南部地域と北部地域における政治や経済や社会のあり方の違いがどのようにして生じたのかを，**アメリカ植民地**形成の歴史から確認する。

1.1　南部植民地の形成—農業の発展

　イギリス人による北米アメリカ大陸への入植は，1600年代に開始された（図

図表 11 − 1　独立前の 13 植民地設立年

1607 年　バージニア植民地
1630 年　マサチューセッツ植民地
1634 年　メリーランド植民地
1636 年　ロードアイランド植民地
1636 年　コネティカット植民地
1663 年　カロライナ植民地
（1729 年　ノースカロライナ植民地と
サウスカロライナ植民地に分離）
1664 年　ニューヨーク植民地
1664 年　ニュージャージー植民地
1679 年　ニューハンプシャー植民地
1681 年　ペンシルベニア植民地
1704 年　デラウェア植民地
1733 年　ジョージア植民地

出所：筆者作成

表 11 − 1)。当初，イギリスからアメリカへ入植した者たちの目的は，大きく 2
つに分けることができる。

　1 つは，アメリカ大陸で土地を得る目的である。早い時期に形成された植民
地である現在のバージニアにあたる土地に入植した者たちは，この地でタバコ
の栽培に成功した。この後，バージニア植民地の周辺でも入植が進み，タバコ
に続いて綿花などの換金作物（商品作物）を栽培することを生業として，南部
植民地が形成される。

　この広大な農地でタバコを栽培するための厳しい労働を担うことになったの
は，ヨーロッパ人ではなく，アフリカから連れてこられた奴隷たちであった。
農場主は，広い土地で働く奴隷を管理し，ここで生産される作物を市場で高く
売ることに努めるなど，あたかも一国の主のように振る舞った。このような農

場主を生み出した南部はそれ故に，**アメリカ植民地**がイギリス本国から独立して建国すると，初期の大統領たちを数多く輩出することになる。現代アメリカの人種問題の根幹をなす**奴隷制**という負の遺産を必然とした南部から大統領が多く生まれるとは何とも皮肉なことである。

1.2　北部植民地の形成—工業の発展

　南部に続くもう1つの入植者の一団は，バージニアより北に位置するマサチューセッツを拠点とした。彼らはイギリス国教会と対立するイギリス・プロテスタント（第5章参照）のピューリタン（清教徒）であり，新天地アメリカで信仰を全うすることを目指した。このことは，1620年にマサチューセッツのプリマスへ入植がおこなわれたのち，早くも1636年に，牧師養成のための宗教教育を目的として，現在のハーバード大学の前身となるカレッジが設立されていることに見て取れる。

　南部よりも冬の寒さの厳しい土地での生活は苦難の連続であったが，アメリカ先住民の知恵を借り，何とか生活を軌道に乗せることができた。彼らの暮らす北部は，南部と比べて寒く，広い平坦な土地が少なく，農業は中心的な産業とはなりえなかった。入植当初は信仰を中心に据えた生活を送っていたが，農業に不向きな土地で生活の糧を得るために，入り組んだ海岸線を利用して港を作り，交易をおこなった。ここから商業が発展し，やがてその周辺に工場が作られ，北部は製造業の中心地として発展することになる。

　このようにして植民に成功した南部と北部の周辺に，イギリスからの入植が続き，1700年代までに**13の植民地**が形成される（図表11‐1）。その後，これら植民地は経済的な成長を遂げ，イギリス本国から独立を果たすべく，1776年に独立宣言を発表した。そして**独立戦争**を経て，1783年にイギリスに独立を認めさせた。アメリカ合衆国の誕生である。これにより13の植民地は州と称する地方政府となり，国政は建国によって新しくできた**連邦政府**が司ることになったが，各州の持つ自治権は独立前と変わらず保持されていた。当初，連邦政府の各州に及ぼす権限の範囲は非常に制約されており，**連邦政府**のおもな仕事は，軍事と外交と通商に限られていた。

2．独立後の経済発展

　アメリカがイギリスから独立を果たした頃，イギリスでは**産業革命**が進行していた。アメリカは政治的にはイギリスから独立したとはいえ，経済の面ではイギリスへの依存度が高かった。貿易では，綿製品の原料となる綿花をイギリスに輸出し，工業製品については，当時は世界最先端であったイギリスからの輸入に頼っていた。

　こうした状況は，ヨーロッパにおけるイギリスとフランスとの争いに巻き込まれる形で 1812 年から 2 年間続いた，**米英戦争**によって変化する。この戦争によってイギリスとの貿易が途絶えたため，今までイギリスから輸入していた工業製品をアメリカで製造する必要に迫られたのである。こうして，イギリスが歩んだのと同じような産業化の道をアメリカもたどることになる。

2.1　イギリスからの技術輸入と産業革命の展開

　アメリカにおける工業発展の中心となったのは，北部アメリカであった。植民地時代から貿易を生活の基盤としていた北部には，南部と比べて工業化が進む素地があった。貿易を介して商人らは，イギリスから綿工業で用いられる機械をアメリカに持ち込んだりした。

　たとえば，イギリス産業革命期に水力紡績機を発明したリチャード・アークライト (1732-1792) の協力者の 1 人であるジェデディア・ストラット (1726-1797) のもとで徒弟生活をしていたサミュエル・スレーター (1768-1835) は，アメリカ政府の出す賞金を目当てに，当時，海外輸出を厳禁されていた紡績機械の詳細を記憶して 1789 年にひそかに渡米して，アメリカに技術を持ち込んでいる。渡米後スレーターは，1793 年にロード・アイランド州プロビデンスの商人たちと提携して，アメリカでは初となる綿紡績工場を同州ポータケットに建設し，1798 年には自身の名を冠したサミュエル・スレーター会社を設立した。その後，ロード・アイランド，コネティカット，マサチューセッツ州の各地に工場を建設して成功した。これらは**ロード・アイランド型**と呼ばれ，この時期

図表 11 － 2　チャールズ川岸に建てられたウォルサム時計会社

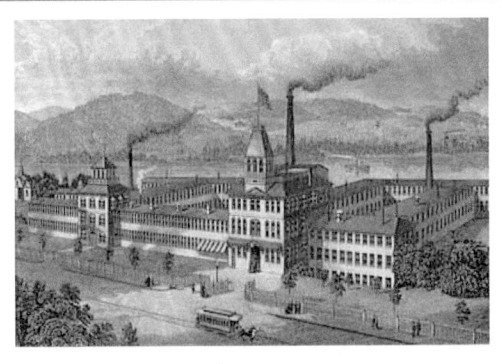

出所：http://www.pocketwatchrepair.com/histories/waltham.html

のアメリカにおける紡績を中心とした工場を意味するようになり，アメリカ**産業革命**の第一歩となった。

　同じく北部のマサチューセッツ州ボストンの都市ウォルサムでは，1813 年にアメリカで初めてとなる綿花から織物までを加工する紡織一貫工場となるボストン製造会社が設立された。このタイプの工場は，**ウォルサム型**と呼ばれた。これより前，1636 年に町の中央にあった滝を利用して製粉工場ができたのが，この地の工業都市としての始まりであり，1788 年には製紙工場ができている。ウォルサム型の紡織一貫工場が設立された後も工業都市として同地は発展し，1854 年には時計メーカーとして有名なウォルサム時計会社（図表 11 － 2）が創設された。その後，時計工業の地位は電子装置や精密器械工業に代わり，アメリカを代表する工業地帯となった。

　このように，当初はイギリスから機械技術の導入を図りつつ**産業革命**の流れに乗ったアメリカであったが，図表 11 － 3 に示されているように 1812 年の米英戦争による貿易の途絶により，工業製品の国内自給が必要との認識が高まり，アメリカにおける**産業革命**が本格的に開始されたといえる。

　綿工業の発展は，繊維機械の需要を生み出したため，鉄工業の発展を促した。その中心となったのは，北部より内陸の中西部ペンシルベニア州であった。この地域には，鉄の生産に必要な資源が豊富に存在し，五大湖に近く輸送におい

図表 11 − 3　北東部諸州※における木綿工場設立数

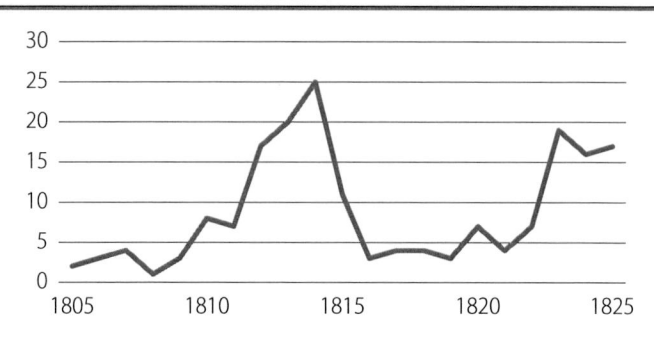

※メイン，ニューハンプシャー，ヴァーモント，マサチューセッツ，ロード・アイランド，コネティカットの諸州
出所：鈴木圭介編「第28表　ニュー・イングランドの木綿工場設立数」『アメリカ経済史』，p. 229 より引用し，一部改変し作成

図表 11 − 4　製鉄業の発展（単位：1,000 トン）

年次	銑鉄生産高	錬鉄生産高
1810	53.9	24.5
1820	20.0	—
1830	165.0	96.6
1840	286.9	197.2
1850	563.8	278.0
1859	750.6	—

出所：鈴木圭介編（1972）『アメリカ経済史』東京大学出版会，p. 237

　ても利点があった。また，北東部に向けた食糧供給地として農業が展開していた中西部では，すでに鉄製の農耕器具の需要があった。図表11 − 4 にもみられるように，その後，綿工業の発展に刺激され，さらに 1830 年代からの鉄道の利用により鉄の需要が増大すると，この地域は**南北戦争**後に進む工業発展の中心地となる。

2.2　鉄道建設と国内市場の統一

　アメリカにおいて換金作物の栽培を中心とした農業をおこなう南部，工業都市として発展途上にある北部と，開拓が進みつつある中西部や西部といったよ

図表 11 － 5　エリー運河（地図中の太字の箇所）

（註）エリー運河は，ハドソン川河畔のオールバニーからエリー湖畔のバッファローに
　　　至る運河である。

うに，それぞれに成長する各地域の市場を結ぶ必要性は早くから認識されてい
た。

　1825 年にはエリー運河（図表 11 － 5）の利用が開始された。これにより，ニ
ューヨーク州にあるハドソン川と，五大湖の１つであるエリー湖が結ばれ，大
西洋に面するアメリカ東部と内陸の中西部を水運でつなぐことが実現された。
しかし，水運だけでは内陸交通は十分とはいえなかった。

　こうした状況を変えたのは，イギリスで1830 年代から利用が始まった鉄道
であった。鉄道は，これまでの徒歩や水運といった移動手段よりも早く大量に
人や物を運ぶことができる便利さから，瞬く間にヨーロッパ中にその導入が図
られた。ヨーロッパよりも広大な国土を有するアメリカでは，鉄道の持つ利便
性はより際立った。各州は，イギリスから技術と建設に要する資本を導入しつ
つ，こぞって鉄道の導入を図った。

　アメリカにおける鉄道建設は進み，1869 年に，中西部のユニオン・パシフ
ィック鉄道と，西海岸から東部へむけて鉄道建設をおこなったセントラル・パ
シフィック鉄道の相互乗り入れがおこなわれたことにより，ネブラスカ州のオ

図表 11 － 6　アメリカにおける鉄道敷設状況

年数	建設距離（単位：マイル）	総距離に占める割合（%）
1830－1839	2,264.67	2.67
1840－1849	5,045.77	5.93
1850－1859	20,109.63	23.7
1860－1869	16,090.36	18.9
1870－1879	41,454.22	48.8
1830－1879	84,964.65	100

出所：水野里香（2009）「アメリカ合衆国における州際通商委員会の設立（1887 年）
　　　―独占規制政策における意義と役割」『国際交流研究』（11），p. 218

マハとカリフォルニア州のサクラメントを結ぶ，アメリカで最初の**大陸横断鉄道**が開通した。この後，各地の鉄道会社による相互乗り入れが進み，アメリカ大陸全土を張り巡らす鉄道網が作られていく（図表11－6）。

　鉄道網の拡大とともに広大な市場が用意されたことで，この後，アメリカの経済発展を特徴づけることになる大量生産と大量流通が，多くの企業家らの創意工夫を通じて実現されてゆく。

　ただし，その前にアメリカは1つの試練を経験しなければならなかった。それは，国家分断の危機となった**南北戦争**である。

3．南北戦争と工業化への道

　イギリス植民地からの脱却を目指した独立戦争のときは，**13 の植民地**はイギリスという共通の敵を前にして，お互いの利害関係の違いを超えて一致団結した。しかし，独立を果たして建国を実現し，**13 の植民地**が州と呼ばれるようになり，これとともに拡大する西部地域が加わることで，異なる背景を持って形成された各州間の対立が徐々に際立ってきた。この対立は，アメリカ南部諸州と北部諸州との間で生じ，**南北戦争**にまで発展し，1861 年から 1865 年まで続くことになる。結果は北部の勝利に終わり，このことは，その後のアメリカが工業化の道を歩むことを方向づけた。

3.1 南部と北部の対立

南部は換金作物を栽培する農業を基盤とし，広大な農場を運営するために**奴隷制**を利用した。一方，北部は工業を基盤とし，奴隷制に依存していなかった。西部地域が開拓され，やがてこの地からいくつかの州が形成されると，これらの州は，奴隷を用いる奴隷州か，奴隷を用いない自由州かを選択することとなった。西部諸州の拡大とともに，アメリカ国内における奴隷州と自由州の数のバランスが崩れ始め，これが連邦議会における議員数に反映されることから，連邦政府に求める経済政策が異なる南部の奴隷州と北部の自由州との対立が顕著になった。この対立は，奴隷制に反対する北部出身の**エイブラハム・リンカーン**（1809-1865）が1860年に大統領選に勝利したことで回避は不可能となった（図表11 − 7）。

　財産としての奴隷を失うことを意味する奴隷制の廃止に反対した南部13州は，**南部連合**を組織し，アメリカ合衆国（連邦）から脱退することを表明した。これに対し，リンカーンが率いる北部諸州は連邦の解体を阻止すべく，戦争に

図表 11 − 7　南北戦争／南部と北部の対立

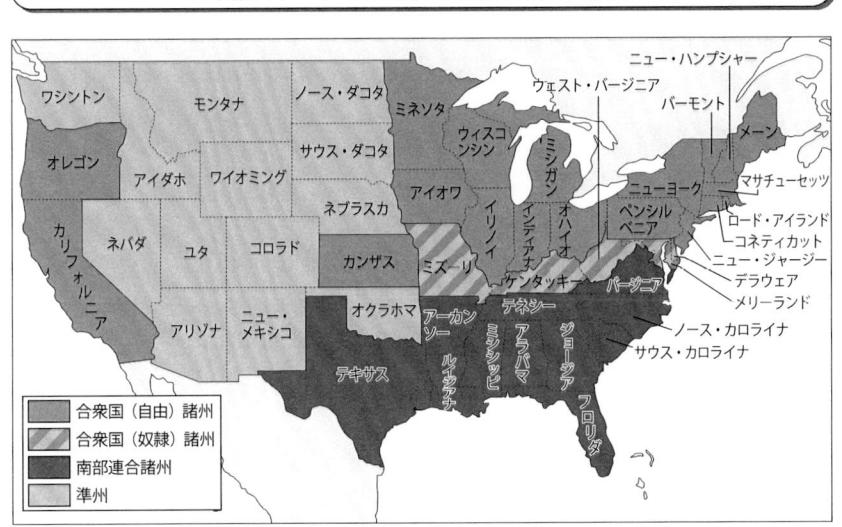

出所：筆者作成

突入することになった。

3.2　北部の勝利と工業化

　リンカーンは，南北戦争中の 1862 年 9 月に奴隷の解放を命じ，奴隷たちの逃亡を促すことで南部の弱体化を図った。これは翌年 1 月に**奴隷解放宣言**として公布される。1862 年には他にも，奴隷制農場の存在を脅かすとして南部が反対していた，西部開拓地を一定の条件のもとで格安に払い下げることを定めた**ホームステッド法**を成立させている。さらに，1863 年 11 月には「人民の，人民による，人民のための政治」という民主主義の基礎をうたう有名な**ゲティスバーグ演説**がおこなわれ，アメリカ建国の理念である自由主義が再確認された。

　このようにして北部主導で政策立案をおこないつつ戦争を進めるとともに，武器の製造や電信といった情報通信技術に長けていた工業地帯の北部は，これらの技術に乏しい南部よりも戦局を次第に有利に展開していった。

　結果，北部が勝利し，アメリカの分断は阻止された。何より，この後のアメリカにおける産業政策は北部が主導することになり，アメリカの工業化への道が決定づけられたのであった。

3.3　巨大企業の誕生

　南北戦争が終わり，中断していた鉄道建設が再開されると，1869 年の**大陸横断鉄道**の開通を皮切りにアメリカ全土を縦横に行きかう鉄道網が作られた。鉄道企業は，単に営業範囲が広いだけでなく，規模に見合うマネジメントをおこない，株式会社という事業形態をとることで大量の資金を証券市場から動員し，事業規模の拡大を実現させた。鉄道企業は，アメリカで最初の巨大企業となり，後に続く巨大企業の先例となった。19 世紀末にはアメリカは工業生産でイギリスを抜き，世界一位になっている。

　巨大企業は鉄道産業のみならず，19 世紀末からのあらゆる産業において数多く誕生した。石油事業のスタンダード・オイル社，鉄鋼業の U.S. スチール社，金融業のモルガン商会，自動車産業のフォード社，化学メーカーのデュポン社，

電力事業のゼネラル・エレクトリック社，この他にも食品や販売の分野で有数の企業が成長を遂げている。

　20 世紀に入り，第 1 次世界大戦が勃発しヨーロッパが主戦場になると，参戦しつつも戦場とならなかったアメリカは，物資や資金面でヨーロッパへの支援を通じて政治や経済の両面においてヨーロッパをしのぐ世界的な地位を獲得した。しかし，第 1 次世界大戦後に見られたヨーロッパの停滞と新興国アメリカの台頭という世界経済のアンバランスな状況が，アメリカへの資金の過剰流入を招き，また，アメリカ国内における景気の過熱や経済格差の拡大は，結果として 1929 年にアメリカのウォール街の株式市場大暴落を招き，**世界大恐慌**を引き起こすことになる。この危機は文字通りアメリカのみならずヨーロッパ各国におよぶ世界レベルでの経済の停滞と分断をもたらし，第 2 次世界大戦の誘因となった。

　第 2 次世界大戦はアメリカも加盟する連合国側が勝利したが，戦時中は協力関係にあったソヴィエト連邦とアメリカが，戦後に対立することとなる。大戦中は枢軸国を相手に共に戦った両国であったが，イデオロギーの異なる資本主義のアメリカと社会主義のソヴィエト連邦では，大戦が終わると相容れる余地は少なかった。両国は，世界市場を二分すべく対立した。この対立は武器を伴わなかったため，**冷戦**（Cold War）と呼ばれる。アメリカは大戦が終わるのを待たずにブレトンウッズ会議を開いて **IMF**（International Monetary Fund, 国際通貨基金）を構築し，戦後には **GATT**（General Agreement on Tariffs and Trade, 関税および貿易に関する一般協定）と呼ばれる貿易協定を通じて自由貿易体制をけん引するなど，資本主義諸国のリーダーシップをとった。そして冷戦は，1991 年にソヴィエト連邦が崩壊してロシアをはじめとする 15 の国家が成立することで終わった（第 14 章参照）。

　21 世紀になると，新興国の台頭などによって，アメリカの工業大国としての地位に揺らぎがみられたが，依然として多くの巨大企業を有する点に変わりはない。情報技術の分野において，IBM やマイクロソフト社をはじめとして，頭文字をとって GAFA と呼ばれるグーグル（アルファベット），アップル，フェイスブック（現在はメタ・プラットフォームズに社名変更），アマゾンが誕生し，

いずれもがグローバル企業となって世界市場を舞台に活動している。現在，この **GAFA** にマイクロソフトを加えた5社の時価総額は約6.6兆ドル（約982兆円，2022年10月末時点）にのぼり，日本の国内総生産（GDP）の約2倍に近い。

　このような企業群の誕生は，わたしたちの生活に便利さをもたらす一方で，巨大であるがゆえに独占を生じさせ，市場における自由な競争を阻害する，という問題を常に引き起こしている。かつて19世紀末には独占により同業他社の排除や価格操作がおこなわれたことが問題となり，1890年には連邦レベルで最初となる**反トラスト法**が成立している。しかし現在もなお，企業と規制当局の間で繰り広げられる攻防に終わりは見られていない。独占のもたらす問題は時代とともに姿を変えて現れ，近頃では，**GAFA** による情報の独占とその利用をめぐる問題が議論されている。

　21世紀のアメリカは，工業大国としての地位は失ったが，情報技術の分野において世界第一の地位を有している。19世紀末から今日に至るまで，巨大企業を中心に展開した資本主義の発展は，アメリカ以外の国のひとびとの生活をも変化させるなど，多くの影響を与えているといえる。

考えてみよう

1．イギリスからアメリカに入植した人たちの動機には，どのようなものがみられたか。
2．アメリカの産業革命は，どこでどのように進展したか。
3．アメリカで巨大企業が誕生することになった理由は何か。

📖 さらなる学習のために

紀平英作編（1999）『アメリカ史（新版）』山川出版社
谷口明丈・須藤功編（2017）『現代アメリカ経済史』有斐閣
坂出健・秋元英一・加藤一誠編著（2019）『入門アメリカ経済 Q&A100』中央経済社

第12章　戦争と技術発展

1．技術・武器の開発

　前章までにおいて，技術と戦争の問題はいろいろな箇所で登場した。たとえば，第11章ではアメリカ南北戦争について取り上げたが，北部の勝利はその工業力にあったともいえる。また，第8章では大航海の時代を扱ったが，インカ帝国がヨーロッパ勢力に滅ぼされた歴史も，ヨーロッパでは絶えず戦闘が繰り返され「鉄製」の武器が開発され続けてきたことにも拠っている。ヨーロッパ・アフリカ・アメリカで商品を取引するという三角貿易に目を転じても，ヨーロッパがアフリカにその技術により製造した「武器」を紛争状態にある一方の部族に供与して勝利に導き，敗者となった部族を"Black Cargo"，すなわち奴隷として売ったのである。人類史上三大発明の1つとされる「火薬」は，もちろん銃や爆弾などさまざまな箇所で兵器に用いられている。また，2014年に端を発し2022年に激化したウクライナとロシアの戦闘においても，支援をする他国が当事国に武器を用立てている。

　そもそも，人間が「ヒト」として他の動物と異なると認識されるのは，「道具」を使用するという点にある。狩猟・採集時代の道具には獣を狩るための斧などがあり，これも戦闘目的といえる。やがて定住して集落を作った人間は，周辺の集落と友好な関係を結ぶこともあれば，食糧をめぐって争うこともあったろう。勝利を収める上では，戦闘の相手よりも優れた武器・技術・経済力が必要とされる。民族・宗教・経済などの相違により戦闘が繰り返され，勝者によって国が治められ，歴史が形成されてきた。昨今の核兵器などの戦闘技術はわれわれの住む地球環境を破壊するまでに至っており，今後世界戦争が生ずれば，人類が途絶えてしまうこともありうる。

　戦争になり，「生きるか死ぬか」の選択を迫られたとき，民需よりも軍需が

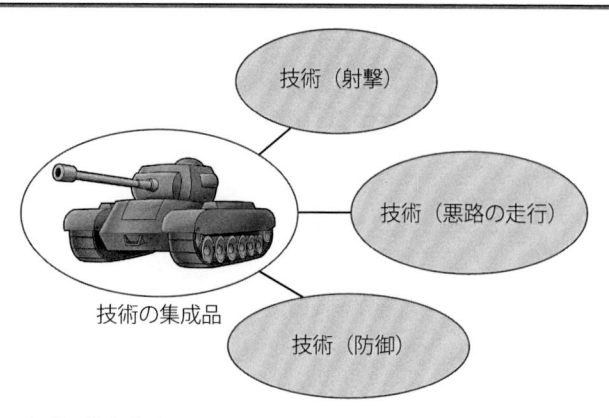

図表 12 － 1　技術とその集成品

技術（射撃）

技術（悪路の走行）

技術の集成品

技術（防御）

出所：筆者作成

　重要視され，軍事技術の開発に国家が大きな予算を割き，開発のための優秀な人材も集めることが，成果として良くも悪くも新たな技術の発展につながる。そして，軍事のために開発された技術がやがて民事的に利用されることも多い。

　個々の技術を組み合わせたものは，「技術の集成品（artifact）」となる（ローランド 2020）。たとえば，「射撃（攻撃）」「装甲（防御）」「無限軌道（一般に「キャタピラー」として知られている）」などの技術を組み合わせて集成品であるタンク（戦車）が作られる（図表 12 － 1）。

　国家による多額の費用の投入によって技術およびその集成品としての武器の開発がおこなわれてきた。それは，初期には鉄製武具などであったが，第 1 次世界大戦の頃には，戦車・飛行船・航空機・潜水艦・化学兵器などとなり，やがて，第 2 次世界大戦時にはレーダー・V2 ロケットなどのミサイル・コンピュータ，そして，核兵器にまでつながった。第 2 次世界大戦後，冷戦期に繰り広げられたアメリカとソヴィエト連邦とによる宇宙進出も戦争を優位に進めるために開発された技術が役立っている（⇒第 14 章）。

　また，戦争は今まで居住してきた地域から人を移動させる。戦場になると，それまで穏やかに暮らしてきた土地から移動しなければならないひとびとを生

み出す。そしてひとびとは移動とともに技術を伝播してきた。たとえば，八十年戦争（オランダ独立戦争，1568－1648）の際，ネーデルランド地方から職人がイギリスに移住して新毛織物の技術を伝えた。ナチス・ドイツによるユダヤ人の迫害が，ヨーロッパからアメリカへと**アルベルト・アインシュタイン**（1879-1955）などの科学者を 1930 年代に移住させ，同時にその知識も移動させた。

　最初に人類が手にした武器は，容易に手に入る動物の角や骨や，加工に労しない木材，入手は容易だが加工には若干の労量を要する石などであった。しだいに，叩いたり火を用いたりして金属を成型することが可能になると，まず青銅を用い，しばらくすると鉄を道具として用いるようになった。鉄から道具や武具を作る技術は，BC1400 年頃に小アジア（アナトリア）東部で発見され，BC1200 年を過ぎてから普及した。

　鉄は安価で硬く，武器として優れていた。近隣の部族との争いが生じるようになると，武器を進化させるインセンティブが働く。おそらく最初のうちは天候災害により食糧が得られなくなるなどしたことから争いが生じたと思われるが，やがて領土を拡張しようという勢力争いの動きがみられるようになる。紛争が絶えない地域では，男性人口のかなり多くが攻撃をする金属性の刀槍と防御のための甲冑とで戦いに加わるようになる。初期においては，農民や牧畜に従事する農牧民も兵士として活躍したと思われるが，余剰な農業生産が可能になると，専門的兵士も生み出されるようになる。また，**チャリオット**なども生み出されるようになる。チャリオットとは，古代の戦争に用いられた，戦闘用馬車（戦車）のことで，馬が曳くかごに戦士や御者が乗り込んで敵と戦うものである（図表 12 － 2）。日本で「戦車」というと第 1 次世界大戦のときから使用されるようになった無限軌道を履いた装甲車を想起するが，これは中国語では「坦克（タンク）」と呼ばれ，英語でも "tank" と記される。中国語における「戦車」とは，馬が曳くチャリオットのことである。なお，タンクはトラックから考案された。初期のチャリオットでは，手綱を持つ人と弓矢を射る人が別に存在した。馬は機動力があるので，戦いに用いられてきたが，インドなどにおいては象が戦闘時の乗り物として用いられることもあった。

　チャリオットによる戦争を優位に進めようとすれば，馬匹改良と装備品の発

図表 12 - 2　ヒッタイトの戦車を描いたレリーフ，紀元前 9 世紀

i. Aus Ipsambul. (Rosellini.) Ramses II. mit seinen Söhnen erobert eine Befestigung.

出所：iStock

達を促す。また，直接馬にまたがって戦うという騎乗戦のためには両手を使うことが必要であり，鐙・鞍などの開発・改良も進められた。現在，馬の脚には蹄鉄が打たれるが江戸時代の日本では藁の沓（くつ）が用いられていた（図表 12 - 3）。高級ブランドとして知られるフランスのエルメス社も馬の装備品生産から 19 世紀初頭に始まった企業である。馬匹改良については足が速く，体躯も大きい馬の生産がおこなわれた。

図表 12 - 3　馬沓

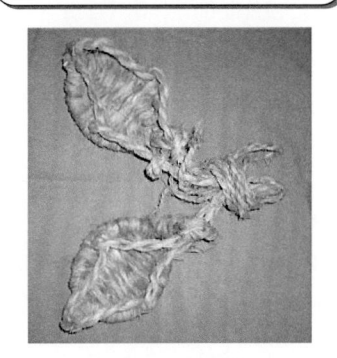

出所：相馬市観光情報サイト HP

　日本でも，中世における日本の馬と武士に関しては，東国の武士団は，軍事面における馬の役割を重要視しており，その騎馬勢力は卓越していたと考えられる。彼らは，鎌倉幕府以来，律令制や荘園制を基礎とする古代勢力の脅威となっており，源平の合戦においても，源氏は馬を利用して平家を圧倒したと伝えられる（図表 12 - 4）。ただし，明治になって馬匹（ばひつ）改良がおこなわれるまで，日本の在来馬の体躯は約 140cm 以下と小さく，上述の話は必ずしも信憑性を持つものではない。

図表 12 － 4 源平盛衰記

出所：国立国会図書館デジタルコレクション

　馬にまたがり矢を射るためには，安定した鞍などが必要とされる。現代の日本でも流鏑馬の文化は生きているが，日本における騎射の初見は 5 世紀に雄略天皇 (418-479) が，皇位継承のライバルであった従兄弟の市辺押磐 (生年不詳-456) を狩猟に誘い出して，狩猟の最中に皇子を欺いて騎射で殺害したことにさかのぼる[1]。

　明治期の日本にフランス式の騎兵導入を図った秋山好古 (1859-1930) は『騎兵戦術論』を 1900 (明治 33) 年に著している (図表 12 － 5)。その第一章は，「騎兵沿革略説」である。「欧州騎兵の沿革をその武器と動作の形跡について時代的に区分せば，大約これを四時期に開設するを得べし。すなわち，甲冑時代，火器時代，勢力時代，及び勢力兼知識 (カ) 時代これなり。しかして甲冑時代は中世に起こり，勢力兼知識時代の入門は現代にあり」と記している。

　20 世紀に入ると，地域的な紛争に留まらず，戦争は大国をはじめとして多くの国が参戦する世界大戦へと発展し，兵器の調達や後方支援体制をじゅうぶんに整えられる経済的な優位性が勝利に大きな役割を果たすこととなる。経済

図表12－5 「騎兵戦術論」

本書ハ本校騎兵戰術教育ノ方針ヲ一定セシムル爲メ戰術科長河村騎兵少佐ヲシテ假ニ編纂セシメタルモノナリ今之レヲ印刷シテ教官及ビ學生ノ參考ニ供スト云爾

明治三十三年一月

陸軍騎兵實施學校長　秋山好古

騎兵戰術論

第一章　騎兵沿革略説

歐洲騎兵ノ沿革ヲ其武器ト動作ノ形跡ニ就テ時代的ニ區分セハ大約之ヲ四時期ニ解説スルヲ得ヘシ即甲冑時代火器時代勢力時代及勢力兼智識時代是レナリ而シテ甲冑時代ハ中世ニ起リ勢力兼智識時代ノ入門ハ現代ニアリ

甲冑時代　騎兵ハ既ニ希臘非立王ノ時代ニ於テ軍中ニ盛名アリ非立王軍略ニ通シ歩兵戰法ヲ創意シ又精鋭ノ騎兵ヲ設置セリ其子歷山王ノ時代ニ在テハ百万ノ波斯軍ニ對シ僅々四万ノ兵ヲ以テセル「ファランジュ」ノ大勝ハ其騎兵ノ力最モ多シトセリ當時ノ騎兵戰術今之ヲ知悉スル能ハスト雖モ非立王ノ制定セル歩兵戰術ニ依レハ蓋シ又其一端ヲ推知シ得ヘシ

出所：国立国会図書館デジタルコレクション

大国はさまざまな武器を開発し，これに携わる企業も利益を上げることになる。第1次世界大戦（1914－1918）は，動員6504万人，死者854万人，負傷者2122万人の総力戦であった。トラックによる，鋼鉄製の大砲や機関銃などの武器の輸送がおこなわれ，戦車・航空機・潜水艦などが新戦力として用いられた。第2次世界大戦（1939－1945）は，死者2206万人，負傷者3440万人，レーダーによる防空システムやミサイル攻撃がおこなわれた。原子爆弾が戦争の道具として試みられ，日本は最初で唯一の原子爆弾による被爆国となった。

わたしたちの多くが現在手にしているスマートフォンは性能の良い小型コンピュータである。この原型ともいえるコンピュータの開発も第2次世界大戦によるところが大きい。映画「イミテーション・ゲーム」でも知られる，**アラン・チューリング**（1912-1954，図表12－6）が第2次世界大戦でドイツの暗号「エ

ニグマ」を破るために開発した「チューリング・マシーン」がコンピュータの基礎となっている。この機械は Bombe（ボンベ）と呼ばれ，現在イギリスのブレッチリー・パークに置かれている（図表12 - 7）。一部屋を要するようなこの初期の巨大なコンピュータはナチス・ドイツの暗号を解読し，多くのイギリス人の命を救った。

図表 12 - 6　アラン・チューリング

出所：https://www.britannica.com/biography/Alan-Turing

図表 12 - 7　復元された Bombes

出所：The National Museum of Computing（https://www.tnmoc.org/）

2. 第2次世界大戦：レーダーと原子力爆弾

レーダーは，スコットランド生まれの物理学者，**ロバート・ワトソン＝ワット** (1892-1973) により開発された。接近する敵機を検知できる新たな種類の防衛法であった。トマス・クローウェルは，その著書『戦争と科学者　世界史を変えた25人の発明と生涯』で以下のように説明している。

> イギリスでは，空軍がナチスの爆撃機の襲来をレーダーによって空襲の1時間前に把握することができた。ロンドンの大空襲では，およそ4万3000人の市民が死亡し，5万1000人が負傷したが，警報がなければ空襲での犠牲者はもっと多かっただろう。レーダーのおかげでロンドンは全滅を免れただけでなく，ヒトラーのイギリス侵攻計画を頓挫させることができたのだ（クローウェル2012：p. 359）。

アメリカも太平洋戦争においてレーダー技術の改良を進めた。日本の特攻隊はアメリカのレーダーに捕捉されて，多くの若者が戦い始める前に命を落とすこととなった。日本軍の敵を捕捉する技術はアメリカに劣っていたが，日本でも八木秀次 (1886-1976) と宇田新太郎 (1896-1976) によって1926 (大正15) 年に開発された**八木・宇田アンテナ**は，日本よりも世界でいち早く認められ，英米などの最新レーダー装置に使用された。指向性と増幅作用のある世界最初の超短波アンテナであり，テレビ受信アンテナとして普及したが，第2次世界大戦ではイギリス軍によってレーダー用のアンテナとしても用いられた。

原子力爆弾は，ウラン・プルトニウムなどの核分裂を利用したもので，巨大な被害を与える。アメリカの原子力爆弾開発として策定された「**マンハッタン計画**」は，レスリー・グローブス将軍 (1896-1970) の下で，当時38歳のロバート・オッペンハイマー (1904-1967) が責任者とされた。また，ナチスの迫害を逃れてアメリカに渡ったユダヤ人の科学者たちもその計画に携わったという。1941年にはイギリスに亡命していた核物理学者オットー・ロベルト・フリッ

シュ（1904-1979）とルドルフ・パイエルス（1907-1995）の報告書がアメリカに伝えられた（益川 2015）。原子力爆弾製造にかけられた費用は 4 年間で 20 億ドルであった。

　第 2 次世界大戦が勃発する 1 ヵ月前の 1939 年 8 月 2 日にアメリカの大統領フランクリン・D・ルーズベルト（1882-1945）に宛てた，「プルトニウムからの爆弾が近い将来に作られる可能性があること，そしてドイツがそれを手掛けている」という危惧を伝えた書簡（図表 12 - 8）にアインシュタインが署名をしたことが，アメリカに原子力爆弾の開発を進めさせた。この書簡の大部分を作成したのは，ハンガリーから亡命したユダヤ系の物理学者であるレオ・シラード（1898-1964）である。書簡には，プルトニウムによって新しいタイプの極めて強力な爆弾が作られる可能性があること，爆弾は港とその周辺地域すべてを破壊し得ること，そしてドイツはその開発に取り掛かっている可能性が高いことが書かれている。しかし，ドイツが実際に原子力爆弾を用いることはなく，爆弾は 1945 年 8 月にすでに戦う力もほとんど残っていなかった日本の広島と長崎にアメリカによって投下され，多くの民間の人命が奪われ，町も崩壊した。このアメリカの行為にアインシュタインは心を痛め，のちに核廃絶を目指す活動に携わるようになる。

3.　戦争において重要だったもの——食糧

　一見，戦争とは関係ないように思われるかもしれないが，戦争に勝利するために，食糧調達は重要である。大勢の軍隊を引き連れて戦場に赴く場合には，その食糧をどのように供給するかということも考えなければいけない。近隣の村落を兵士たちが襲い，食糧をはじめとする日用必需品の調達をおこなってきたという歴史もある。また，軍事力や運搬力として馬を用いるときにも大量の飼葉をどのように補給していくのかも主要な問題であった。行軍ばかりではなく，城を落とすときにも戦術として「兵糧攻め」が採られることもあった。兵隊を雇い戦力として保持する場合に「食糧をどのように調達するか」は大問題であり，ここに軍隊における保存食の開発がおこなわれることとなる。

図表 12 － 8　アインシュタインの署名のあるルーズベルトへの手紙

Albert Einstein
Old Grove Rd.
Nassau Point
Peconic, Long Island

August 2nd, 1939

F.D. Roosevelt,
President of the United States,
White House
Washington, D.C.

Sir:

Some recent work by E.Fermi and L. Szilard, which has been communicated to me in manuscript, leads me to expect that the element uranium may be turned into a new and important source of energy in the immediate future. Certain aspects of the situation which has arisen seem to call for watchfulness and, if necessary, quick action on the part of the Administration. I believe therefore that it is my duty to bring to your attention the following facts and recommendations:

In the course of the last four months it has been made probable - through the work of Joliot in France as well as Fermi and Szilard in America - that it may become possible to set up a nuclear chain reaction in a large mass of uranium,by which vast amounts of power and large quantities of new radium-like elements would be generated. Now it appears almost certain that this could be achieved in the immediate future.

This new phenomenon would also lead to the construction of bombs, and it is conceivable - though much less certain - that extremely powerful bombs of a new type may thus be constructed. A single bomb of this type, carried by boat and exploded in a port, might very well destroy the whole port together with some of the surrounding territory. However, such bombs might very well prove to be too heavy for transportation by air.

図表12 － 8　つづき

-2-

The United States has only very poor ores of uranium in moderate
quantities. There is some good ore in Canada and the former Czechoslovakia,
while the most important source of uranium is Belgian Congo.

In view of this situation you may think it desirable to have some
permanent contact maintained between the Administration and the group
of physicists working on chain reactions in America. One possible way
of achieving this might be for you to entrust with this task a person
who has your confidence and who could perhaps serve in an inofficial
capacity. His task might comprise the following:

a) to approach Government Departments, keep them informed of the
further development, and put forward recommendations for Government action,
giving particular attention to the problem of securing a supply of uran-
ium ore for the United States;

b) to speed up the experimental work,which is at present being car-
ried on within the limits of the budgets of University laboratories, by
providing funds, if such funds be required, through his contacts with
private persons who are willing to make contributions for this cause,
and perhaps also by obtaining the co-operation of industrial laboratories
which have the necessary equipment.

I understand that Germany has actually stopped the sale of uranium
from the Czechoslovakian mines which she has taken over. That she should
have taken such early action might perhaps be understood on the ground
that the son of the German Under-Secretary of State, von Weizsäcker, is
attached to the Kaiser-Wilhelm-Institut in Berlin where some of the
American work on uranium is now being repeated.

Yours very truly,

A. Einstein

(Albert Einstein)

出所：Atomic Heritage Foundation（https://www.atomicheritage.org/key-documents/
einstein-szilard-letter）

180

16世紀には、肉の保存に塩が用いられたが、イングランドの兵士が塩漬け肉を食べようとしたところ、腐敗臭がしていったという。ナポレオン・ボナパルト（1769-1821）は、各地への遠征にあたって食糧の長期保存が重要と考えた。そこで、1795年に政府は「食べ物を新鮮に保つための効率的な新技術を考え出した者に、1万2000フランの懸賞金を与える」という食糧の長期保存に関する公募をおこなった。そして、1810年にニコラ・アペール（1749?-1841）が考案したびんづめがこの賞金を獲得した（クローヴェル 2012）。アペールは、シェフとして働いたのちにパリで菓子店を開いた。当時はフランス革命により町は混乱状態にあった。その暗騒を逃れるように彼はパリ郊外に居を移す。そこで、瓶に詰めると食品の味が長期間保存されることを確認し、フランス海軍にもこれを提供したのである。懸賞金を元手に、アペールは食品加工事業を拡大していった。軍隊において食糧が長期保存可能となり、一般にも普及した。

また、ほぼ同じ時期に対岸のイギリスでは、ピーター・デュランド（1766-1822）によって缶詰なども作られ、イギリス海軍の食糧として用いられ、兵士の栄養状態を良好に保ったのである。野菜の缶詰はビタミンC不足による壊血病の罹患から彼らを護ったのである。もっとも、関連商品である「缶切り」は缶詰に遅れての開発となり、初期には缶詰はナイフでこじ開けられていた。缶詰作成の技術はロ1824年に2人の英国人によりアメリカに伝わる。ニューヨーク市の沿岸にはロブスター・カキ・サーモンなどの魚介類の、ボストンにはピクルスなどの缶詰工場がそれぞれ開かれた。南北戦争（1861-1865）でも多くの缶詰が消費された。

食に関し、最近でもなじみが深いが、日清戦争後に明治政府がドイツから圧搾機やられ、キャンプなどで用い旋盤を輸入して、当時目新しかった金属であるアルミニウムを用いて飯盒や水筒、火薬容器などを生産し始めたのが最初とされる（坂口 2013）。日露戦争では従来の柳行李の弁当箱に代わってアルミ製の飯盒や水筒が用いられた。このソラマメ型の飯盒は、ドイツ軍のM1893 mess kite（mess kiteは、携帯用食器セット（という意味）を参考として作られたという。飯盒を用いて野営地で温かい食を摂ることは行軍で疲れた気力の回復につながるが、それは想像に難くない。また、小学生時代に多くの人がお世話になったであろうランドセルも、その起

源を明治期の軍隊に持つといわれる。これは，オランダの背嚢（ランセル）が出発点とされる。軍隊では両手を使えることが重要であり，荷物を背中に背負う背嚢が発達した。

　このように，軍事目的で開発された商品が民事的にも利用されてわたしたちの生活を便利にしてくれている。歴史の学びは，いつどのような王朝が建てられたか，そのときに滅びた国はどこかなど戦争による覇権争いの読み解きを確認する作業でもある。戦争は人間の歴史とともにあるといえるが，戦争によって根絶された文化も存在するという傷ましい側面もある。現在の最新技術は地球の将来の存在を左右するほどであり，決して戦争を生じさせてはならない。しかし，生死をかけた緊迫感の中で，大量の予算をかけ，多くの科学者の頭脳を集積して作られた技術とその集成品は，良くも悪くもわたしたちの生活に豊かさももたらしてきたのである。

【注】
1）『日本書紀』，雄略天皇即位（安康3年）10月（近藤2021）。

　考えてみよう

1．戦争はなぜ技術発展をもたらすのか。また，そのことについて，あなたはどう考えるか。
2．第1次世界大戦もしくは第2次世界大戦において，戦闘のために開発された技術を1つ取り上げて説明せよ。どちらの大戦かも明記すること。
3．第1次世界大戦もしくは第2次世界大戦において，戦争を継続するために開発された，兵器などの直接戦闘に関わるもの以外の技術を1つ取り上げて説明せよ。どちらの大戦かも明記すること。

　📖　さらなる学習のために

ウィリアム・H・マクニール著，高橋均訳（2014）『戦争の世界史——技術と軍隊と社会』（上・下）中公文庫
益川敏英（2015）『科学者は戦争で何をしたか』集英社新書
アレックス・ローランド著，塚本勝也訳（2020）『戦争と技術』創元社

第13章　疾病と開発

1．疫病は歴史的にどのような影響をわれわれの社会と経済にもたらしてきたか

　2019 年 12 月に海外において**新型肺炎 COVID-19**（新型コロナ・ウィルス, SARS-CoV-2）の感染者が報告され，日本では 2020 年 1 月に横浜港を出港した大型客船ダイヤモンド・プリンセスにおいて感染が報告された（NIID　国立感染症研究所）。未知の感染症の日本国内への侵入を防ごうと多くの努力が試みられたが，この感染症はグローバル化の進展をわれわれに見せつけるかのように，日本を含め世界中に拡大した。日本でも 2020 年を皮切りに何度か東京など大都市を中心に緊急事態宣言が出され，夜間の飲食店の営業停止，学校のオンライン授業化，また，外出制限などさまざまな措置が講じられた。各種制限に伴う経済悪化に対しては，政府の多様な支援も採られはしたものの，飲食店をはじめとして廃業に追い込まれた企業も多い。その後，3 年が経過し，ワクチンの開発に支えられて経済を動かしていく方策が採られたが，ウィルスは変異して数回の流行を繰り返し，2023 年になっても感染が完全に収まる気配は見られない。

　新型コロナ・ウィルスは，わたしたちの生活を大きく変えた。これまで，9 時から 17 時まで出社して働くということは当たり前であると考えられてきたが，この常識を良くも悪くも覆し，「在宅勤務」という働き方や，働く場所にとらわれることのない，「ワーケーション」という勤務方法も生み出した。また，さまざまな分野でのオンライン化を推し進める役割も果たした。

　これ以前にも 2003 年には SARS が流行して，わたしたちの生活を脅かした。経済発展とともに医療技術も進歩してきたが，疫病は変異して存在し続けている。特効薬が開発されていない疫病の流行はひとびとを死に追いやり，また，

社会的不安は時に出生数を減らして人口減少につながった。**エンデミック（風土病）** に対して，**エピデミック（伝染病）** そして**パンデミック（疫病の大流行）** は，文明の消滅につながることもある。疫病は大きな被害を歴史的にもたらしてきたが，死亡数の増加や出生数の減少によって労働供給が減少するため，皮肉にも生き残った人には働く場所が確保されたり労働賃金が上昇したりするということもある。

　疫病がどのようにして拡大するかは，病原菌を何が媒介して，人がどのように感染するのかによる。感染は病原菌を保有する人や媒介する虫・動物との接触などにより生じ，特に経済開発などにより，従来は遭遇しなかった社会と接触すると感染が広がる。人口密度が高い地域では感染速度も速くなり，流行は勢いづく。

　図表13 - 1 は，これまでに社会に大きな影響を与えてきた感染症の流行を加藤がまとめた『人類と感染症の歴史』(2013) 掲載の表に MPH オンラインなどから若干の加筆を施したものである。以下，多くの部分でこの本を参考にしている。

2．国家や都市の壊滅と疾病

　世界史の教科書でも常に大きく取り上げられている疫病として，ヨーロッパを襲った**黒死病（ペスト，14 世紀）** がある。ペストは鼠などを宿主とし，そこに生息するノミが媒介する。ノミは毛皮などにも紛れ込み，人へとペストを媒介する。黒死病は，1346 年に黒海に臨むカーファで確認され，1347 年にはアナトリア地方と地中海沿岸に広まり，1348 年にはローマ，パリとしだいに内陸部で確認されていった。1348 年にはドーヴァー海峡を渡り，1350 年になるとスコットランドも圏内に収めている（図表13 - 2）。すなわち，貿易など人の移動のルートは黒死病がひろがっていったルートでもある，ということだ。このような貿易ルートにおけるペストの流行は，イスラーム社会ではマムルーク朝を衰退させることにつながったという（加藤 2013）。この黒死病の初発として，1334 年に中国杭州で流行した悪疫がペストではないかとも考えられている。

図表 13 - 1　世界に大きな影響を与えた感染症

時代	感染症名	流行の理由
2世紀	アントニン・ペスト	小アジア・エジプト・ギリシャ・イタリアにひろがる。天然痘もしくは麻疹であると考えられているが、真の病名は不明。メソポタミアから帰還した兵士によってローマに持ち込まれた
6世紀	腺ペスト	ビザンチン帝国と地中海の港湾都市にひろがる
13世紀	ハンセン病	熱帯の風土病が十字軍の移動でヨーロッパにひろがる
14世紀	ペスト（黒死病）	アジア、ヨーロッパ、アフリカにクマネズミの移動とノミによってひろがる
15世紀	梅毒	大航海時代にアメリカ大陸からヨーロッパにひろがる。ルネサンスの性の解放で拍車がかかる
17～18世紀	天然痘（ほうそう）	発生地はインドあたりと推定される。仏教伝播によりシルクロード経由で拡散した。インカ帝国を滅亡させた遠因のひとつでもある。WHO（世界保健機関）によって世界撲滅宣言（1980）が出された唯一の感染症
19世紀	結核	産業革命時の過酷な労働条件や都市への人口の転入が流行の背景に存在
19世紀	コレラ	ガンジス河流域が発生地と考えられ、アジア、ヨーロッパ、アフリカ、北アメリカへひろがる
19世紀	発疹チフス	ナポレオンのロシア遠征、クリミア戦争、第一次世界大戦、ロシア革命で流行
20世紀	コレラ	インドで発生、中東、北アフリカ、東ヨーロッパ、ロシアにひろがる
20世紀	インフルエンザ	密集した集団生活と迅速な輸送手段で急拡散。1918～1920年のスペイン・インフルエンザは世界を席巻
20世紀	インフルエンザ	アジアインフルエンザ 1956年に中国で発生し1958年まで続いた。シンガポール、香港、アメリカで流行
20世紀	HIV	アフリカの風土病が都市開発により世界的にひろがる。1980年代にアメリカで確認され急増
21世紀	SARS	コロナ・ウイルスが原因。中国南部の広東省からひろがる
21世紀	COVID-19（新型コロナ・ウイルス、SARS-CoV-2）	2019年に最初の感染者が見つかる。世界中にひろがる

出所：加藤（2013）表1, 2, MPHオンラインをもとに筆者作成

ペストは、14世紀末までに3回の大流行と多くの小流行を繰り返し、猛威を振るった。全世界で8500万人、当時のヨーロッパの人口の3分の1から3分の2（約2000～3000万人）が死亡したと推定される。2000の村と農地にお

図表13－2　ペストの広がり

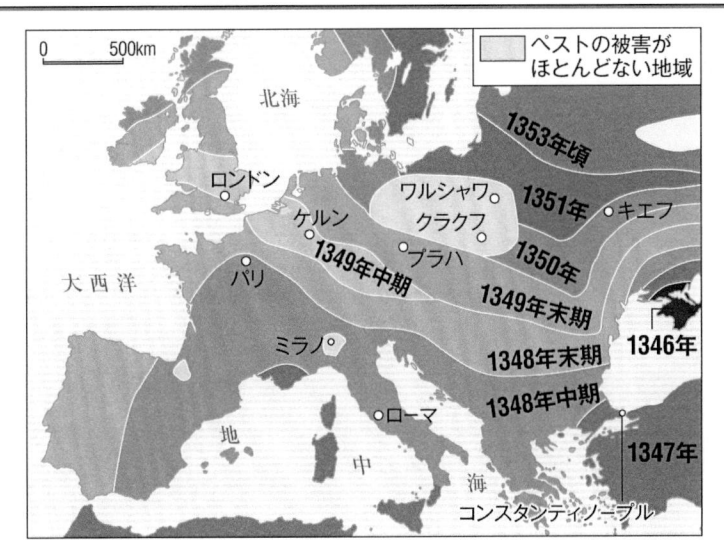

出所：山川＆二宮 ICT ライブラリ

　いて人口が激減し，農奴不足が続いていたヨーロッパの荘園制に大きな影響を及ぼした（図表13－3）。そのため，イギリスでは農業が労働集約的な穀物の栽培から，多くの人手を必要としない羊の放牧へとその中心が移ったともいわれる。疫病による人口減少は，農奴から小作農へと農民の地位を向上させることにもつながった。

　ジャレド・ダイアモンドは，16世紀に**フランシスコ・ピサロ**（1478?-1541）がインカ帝国（図表13－4）を滅ぼすことができた理由について以下のように説明する（ダイアモンド 2000, p. 114）。

　インカ皇帝であった**アタワルパ**（1502?-1533）とその軍隊は，1532年にインカ帝国の内部対立によって生じた内戦の行方を決する戦いに勝利した。その後，敵方の拠点であったクスコを占領していた仲間に合流しようとした。その際，現在ペルー北部の都市であるカハマルカで，ピサロに率いられたスペインの征服者たちと遭遇して捕らえられ，最終的には命を落とした。アタワルパが敗北した原因として，ヨーロッパ軍勢に比べて馬なども持たずに武器が劣って

図表13−3　死の勝利（ピーテル・ブリューゲル，1562年頃）

出所：プラド美術館所蔵

図表13−4　インカ帝国の遺跡（マチュ・ピチュ）

いたことも挙げられる。だが，実のところインカ帝国は，内戦で分裂し全土が混沌としていた。この内戦の原因は，パナマとコロンビアに移住してきたスペイン人が持ち込んだ**天然痘**にあるといわれる。**エルナン・コルテス**（1485-1547）

による 1521 年のアステカ帝国の征服時などに天然痘が持ち込まれ，南アメリカ先住民の間に大流行した。1526 年にインカ皇帝ワイナ・カパック（1468?-1524）や皇太子，廷臣たちの大部分も天然痘に罹患して病死したため，王位をめぐる争いがアタワルパと異母兄弟のワスカル（1490?-1532）の間で起き，内戦に発展した。インカ帝国では天然痘による死者が人口の 60 〜 94% にものぼったといわれる（加藤 2013）。未知の疫病に対して，ひとびとは脆弱である。

　歴史に「もし」はないといわれるが，それでも，「もし」ヨーロッパからアメリカ大陸に天然痘が持ち込まれていなければ流行も生ぜず，ワイナ・カパックも死なずに済み，すなわち内戦は起こらず，ピサロは一致団結したインカ軍を相手にすることになっており，征服者にはならなかったかもしれない。その後，南アメリカ原住民の人口は減少し，文明は衰退してしまった。この理由としてスペイン人による虐殺が挙げられることが多いが，天然痘などの病気の影響も見落としてはならない。また，アステカではクィトラワク王（1476?-1520）が感染死して帝国の崩壊を早めたという。その後もヨーロッパから持ち込まれた，チフス・インフルエンザ・ジフテリアなどの感染症により，原住民たちは命を奪われた。

3．日本の場合

　江戸時代の流行病として，**麻疹**（はしか）と**疱瘡**（天然痘）が怖れられていた。疱瘡は，子どもの頃にかかることが多く，治癒しても跡が残ったり失明したりすること，麻疹は致死率が高いことから「ほうそうは器量定め，麻疹は命定め」といわれた。疱瘡の罹患には上下の別なく，伊達政宗（1567-1636）も幼くして罹患し，そのために隻眼であった。

【麻疹（はしか）】
　日本における麻疹流行の初出は，998 年にさかのぼる。平安時代に，藤原道長などの権勢が描かれた『栄花物語』内に「あかもがさといふもの出て来て上中下分かたず病みののしる」とある。あかもがさ（赤疱瘡）というのは感染する

と赤い発疹ができることから麻疹のことを指す。しかし，皮肉なことに藤原道長の「栄花」は，それ以前に兄2人の関白が995年に相次いで天然痘で死亡したことに始まった。麻疹や天然痘は歴史に大きく影響してきたことがわかる。

　次の麻疹流行は，1025年であった。この時亡くなった人物として，東宮敦良親王（後朱雀天皇，1009-1045）に入内した藤原嬉子（きし／よしこ，1007-1025）が挙げられる。彼女は，皇子親仁（後冷泉天皇，1025-1068）を出産するが，その2日後に麻疹で死去した（加藤 2013，pp. 93-94）。

【疱瘡（天然痘）】

　疱瘡に関する研究に，須田圭三（1916-2002）の『飛騨 O 寺院過去帳の研究』がある。寺院過去帳という死亡記録を用いた，この天然痘の調査研究によれば，1804（文化元）年に人口2733名の村で痘瘡死亡者が93名であった。そのうち68名が小児であり，小児人口の20.2パーセントをしめていた。疱瘡は子ども時代に罹患することが多く，その対策として，疱瘡神を英雄や豪傑に退治してもらうように祈ることがおこなわれた。図表13 − 5 は，疱瘡に罹患して発疹が出た小児とその治癒を祈願して飾られた神棚の絵である。また，赤い色が魔除けとともに天然痘除けとしても用いられたため，疱瘡などの感染症に罹患しないための対策として子供の玩具に赤が使われていた。福島の郷土玩具として有名な赤べこなどの牛の玩具もその例である。疱瘡の実質的な予防としては，やがて，種痘（牛痘法）もおこなわれるようになった。疱瘡神を牛にまたがった菩薩が踏みつけて子どもを救っているという図表13 − 6 は，牛痘法が疱瘡罹患を避けるうえで効果があったことを象徴している。種痘は**エドワード・ジェンナー**（1749-1823）によって普及したが，日本では大坂で適塾を開いていた**緒方洪庵**（1810-1863）によっておこなわれた。ワクチンという言葉は牛痘に由来し，ジェンナーが命名者である。

　しかし，種痘も最初の頃は思うように普及しなかった。たとえば，牛から採取した痘を用いるために，「接種をすると牛になる」という噂もたったという。1849（嘉永2）年に洪庵は天然痘予防のため，種痘をおこなう除痘館を大坂の古手町（現大阪市中央区道修町）に開設した。それまでの予防法は，人の天然痘

図表 13 − 5　疱瘡の小児

出所：香月牛山『小児必用養育草』113/163，国文学研究資料館国書データベース，
https://kokusho.nijl.ac.jp/，閲覧日 2023 年 7 月 1 日

図表 13 − 6　桑田立斎（1849）『牛痘発蒙』

出所：桑田和著（1849）『牛痘発蒙』（国立国会図書館デジタルコレクション，https://
dl.ndl.go.jp/ja/pid/2539190/1/2，閲覧日：2023 年 4 月 11 日）より引用

のカサブタを粉にして鼻腔に吹き込むもので，たいへん危険であり，これに対して牛痘法の安全性は高かった。しかしながら，ひとびとは新しい治療法に対して不安をいだき，その普及には時間を要した。

【コレラ（虎列刺，虎狼痢，箇労痢）】

　富士川游（1865-1940）の『**日本疾病史**』では，コレラは 1822（文政 5）年に日本に上陸したとされる。『武江年表』には，文政 2 年に「コロリ」という疫病が流行したと書かれているが，富士川は「文政 2 年の疫病は多紀『時還読我書』では「痢疫」と記され「発熱」を伴うと書かれていることから「赤痢」としている」と推察される。また，富士川は，幕末のコレラの流行について以下のように書いている（著者加筆・部分変更）。

> 1858（安政 5）年 6 月，肥前崎陽（長崎）暴瀉（ほうしゃ。激しい下痢を伴う流行病でここではコレラのこと）流行し，西国を経て，浪華（大坂）京師（京都）に及び，7 月下浣（毎月，20 日以降。下旬）に迫（およ）びて江戸に流転す，其病に伝染するもの箭（や）を射るが如く，即時目陥り，鼻尖り，忽（たちま）ち鬼籍に上る者，男女併せて，武家 2 万 2554 人，町家 1 万 8680 人と云う，うんぬん，9 月上旬に至りて始めて病根絶す。

　現代であれば，大阪から東京まで新幹線で約 3 時間だが，当時の旅は基本的には徒歩であったため，途中で宿泊をして半月ほどを要した。もっとも，飛脚であれば数日といわれるが，6 月に長崎から入ったコレラが 7 月下旬には江戸に達しているというのは，当時からすると「矢を射たような早さ」であった。

　幕末の 1855（安政 2）年の大地震では，死者が町方で 4293 人，武家方で 1680 人という大被害があった。だが，その 3 年後の 1858 年 7 月に江戸で流行したコレラの死者数は，安政大地震よりもはるかに多かった（高橋 2005）。出島および長崎市中に下痢と嘔吐を伴う病人が多発し，この疫病は 8 月には江戸に到達し，翌年まで全国各地で流行した。前述の『日本疾病史』には，コレラはアラビア地方から来た病と記されている。

　7 月には, 赤坂, 霊岸島, 築地, 鉄砲州, 佃島に流行が見られ, 8 月には江戸市中一円を席巻した。そして, 罹患するとわずかの期間で死に至る確率が高いことから, コレラの猛威は「即死病」と表現された。このようなすさまじい勢いで流行する感染症に対し, ひとびとは実践的な対応策をほとんど持たず,「なすすべなし」の状態であった。すなわち, 神仏に頼ったり, 笑いと洒落などで対応したりするしかないという状態であった。もちろん,「笑い」もひとびとの精神的支柱として必要だったろう。

　厄除けとされたのは, 八ツ手の木の葉 (やくよけ) や, みもすそ川 (伊勢神宮の内宮神域内を流れる五十鈴川の別名) の歌 (まよけ), にんにくの黒やき (ゑきよけ), そして流行三幅対・番付・厄除狂歌, 道化, 厄除三十六歌仙といったものである。厄除狂歌集には「たのまれてなんと千里の藪医者やとらよりはやくにげるさんだん」などがある (図表 13 − 7)。「とら」とは, コレラを「虎列刺」と表わしたことから, コレラのことを指す。虎は一日千里を走ることができるとされ, そのために広大な藪の中に住む。むろん, この「藪」はコレラの治療を頼まれた「藪」医者の掛詞である。治療を頼まれた藪医者が, 急速なコレラの流行による罹患を怖れて逃げ出した様を滑稽に描いている。『安政箇労痢流行記』(国立公文書館) には, 8 月の毎日のコレラの死亡者が書き上げられているが, その数は 1 ヵ月で 1 万 2492 人となっている。

　明治期にもコレラの流行は見られ, 特に 1879 (明治 12) 年と 1886 年は感染者死者ともに 10 万人を超えたパンデミックとなった (王他 2023)。1879 年の罹患者は 16 万 2637 人, 死亡者は 10 万 5786 人で, 罹患者の 65 パーセントが死亡した。図表 13 − 8−③からは, 4 月に西から流行が徐々に始まり, 東北地方では日本海側から流行していった (「3 月 14 日に愛媛県下に発生しにはじまり, 12 月 27 日大阪府下に消滅せしに終わる」) こと, また終息 (図表 13 − 8−④) は開始時期とは関係がなく, 瀬戸内海地域や北九州地域では長い期間にわたって流行していたことがわかる。東北日本では, 太平洋側と日本海側での違いが顕著である。1885 (明治 18) 年にも, 長崎県や大阪府で散発的にコレラの流行があったが, 局地的なものであった。

　1886 年には, コレラは再び全国的に猛威を振るい, 1 月の大阪市から始まり,

図表 13 - 7　どうけ三十六かせん

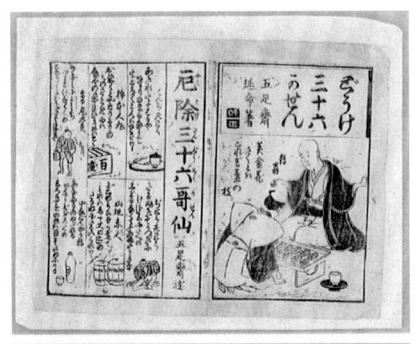

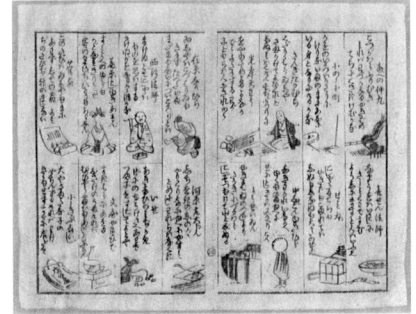

出所：東京大学大学院情報学環所蔵

7月，8月，9月，10月には全国を席捲し，12月になってようやく収束した。大阪（あるいは高知，図表13 - 9 - ⑤）を初発として，西へと拡がり，5月以降には東へも伝染した。7月に日本海側の諸県を北上したコレラは，8月には一層勢いを増し，北海道全域に到達，9月中を通じて多数の罹患者を出した。「罹患率」では，大阪府から日本海側を北上し北海道に達する諸県，および東京府と神奈川県で高い。コレラ患者のうち，どれだけが死亡したかという「コレラ致死率」では，罹患率の低い県でも，罹患した者が死に至る率の高い県が多数あり，逆に，罹患率は高くても死亡率の低かった県も少なくない。両者ともに高いのはやはり大阪府，東京府といった大都市を含む府であった。

図表 13 − 8　1879（明治 12）年のコレラ

・第①図：府県別死亡者に占めるコレラ死亡者の割合
・第②図：府県別コレラ致死率
・第③図：府県別コレラ発生の月
・第④図：府県別コレラ終息の月

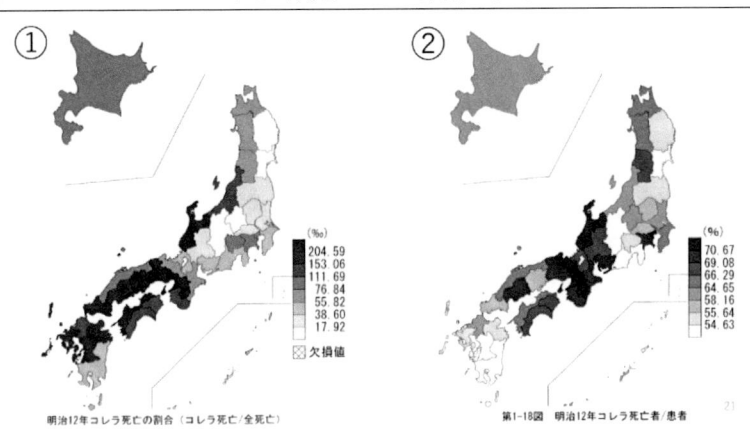

データ出所：太政官統計院編『統計年鑑』1882 年，内務省衛生局編『衛生局年報』
　　　　　　1880-1882 年

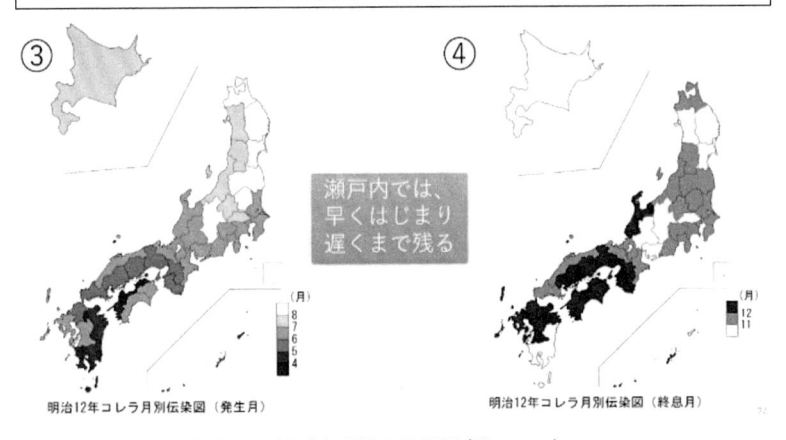

データ出所：内務省衛生局編『虎列刺病流行紀事』1879 年

図表 13 − 9　1886（明治 19）年のコレラ

- ・第①図　コレラ流行罹患率（患者／現住）
- ・第②図　コレラ流行死亡率 1（死亡者／患者）
- ・第③図　コレラ流行死亡率 2（コレラ死亡／伝染病死亡）
- ・第④図　コレラ流行死亡率 2（コレラ死亡／全死亡）
- ・第⑤図　コレラ流行月別状況（患者数）

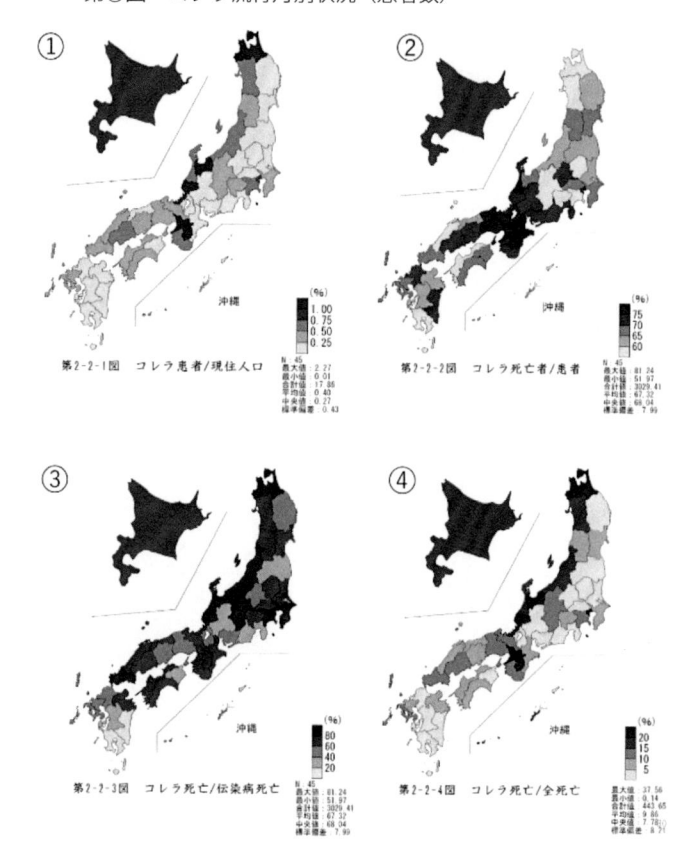

【スペイン・インフルエンザ】

　スペイン・インフルエンザ（1918 春〜 1920）については，速水が細かくその感染状況を説明しているが（速水 2006），第 1 次世界大戦（1914 〜 1918）期に流行し，多くの人が戦争の被害による死亡と同時に病気で亡くなった。速水による日本内地の推定死亡者数は 45 万 3452 人である。当時の内地人口は 5596

図表 13 － 9　つづき

⑤　コレラ流行月別状況　患者数

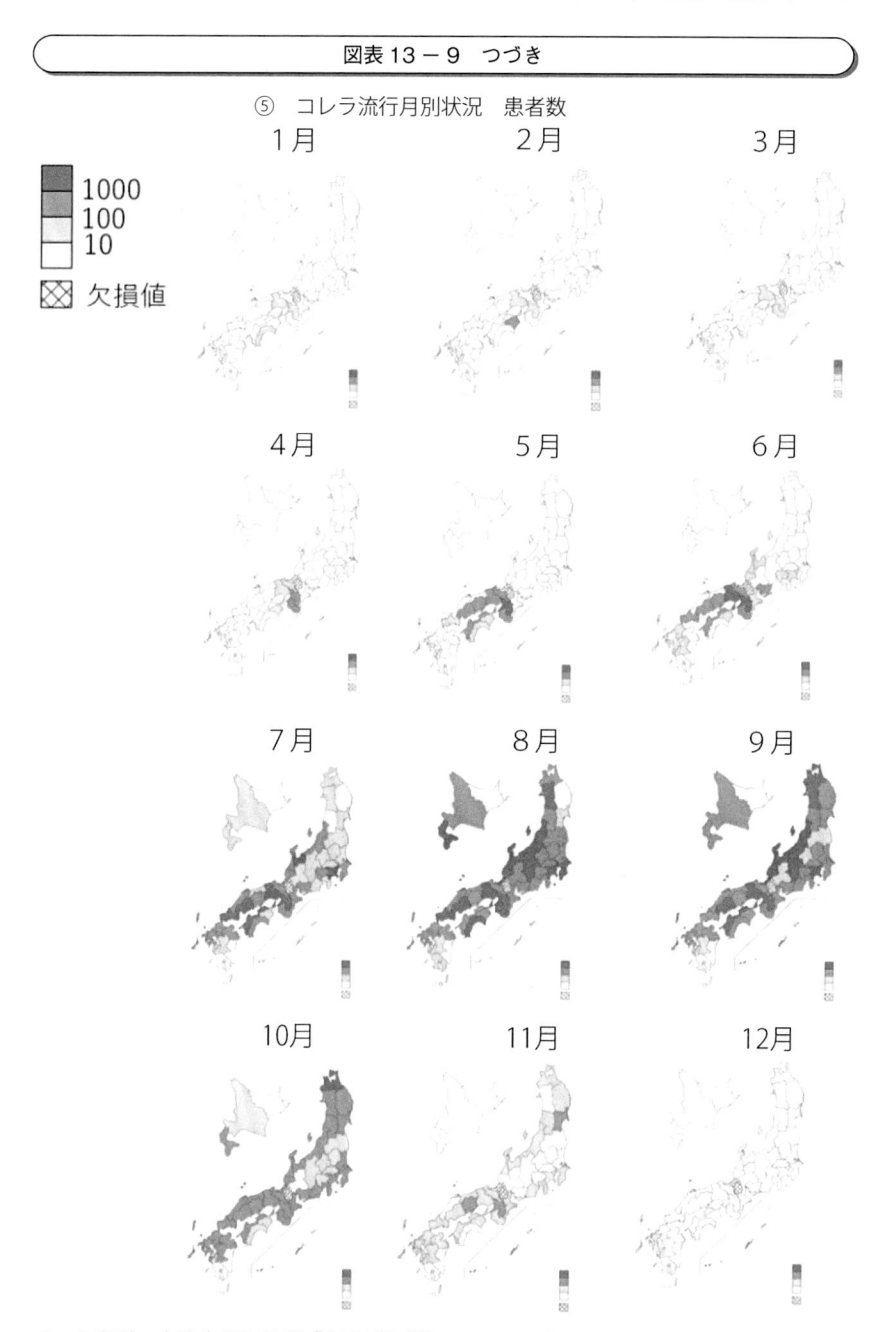

データ出所：内務省衛生局編『衛生局年報』1884-1887 年

万 3053 人であったので，粗死亡率は約 8.1 パーミルとなる。このインフルエンザは，「スペイン」インフルエンザと呼ばれることが多いが，これはスペインが第 1 次世界大戦において中立国であり，患者の発症を隠蔽しなかったための命名で，初発は 1918 年 3 月のアメリカの感染者である可能性が高い。なお，WHO（世界保健機関）が 2015 年に定めた規定により，現在は正式な感染症名に地名や動物名をつけることはない。ドイツとフランス・イギリスなどの連合軍間での塹壕戦は映画にもなり有名だが，このとき西部戦線の軍隊の中には，すでにインフルエンザに罹患してじゅうぶんな戦力となれなかった者もあった。すなわち，戦争において栄養状態・衛生状態が悪く人口密度も高い中でインフルエンザが戦闘能力をひとびとから奪う場面もあり，ドイツ軍に壊滅的な影響を与えていたということである。

　また，岡田もスペイン・インフルエンザについて次のように説明する（岡田 2006）。1918 年にスペイン・インフルエンザは日本に上陸後，約 3 週間で全国に広がり，国内だけで，約 45 万人の犠牲者を出した。感染症は人口密度が高いほど流行が早くなる。スペイン・インフルエンザが，まず勢力を振るったのが，軍隊，学校，役所，工場，炭鉱，鉄道など人の集まる場所であったことはもっともなことと思われる。そして，治療をおこなう医師や看護師などの医療従事者も対策が不十分なままで治療にあたって感染し，よって，多くの医療機関では診療機能が中断されることにもつながった。各地域の看護婦会には看護婦の派遣が依頼されたが，中には看護先で罹患してしまう者もおり，東京ばかりか地方でも看護婦不足は深刻であった（図表 13 - 10）。

　当時は発熱を冷やすときに氷を用いていたが，これも流通量が不足して，通常の数倍の値で取引されたという。2020 年の新型コロナ・ウィルス流行初発のマスクや消毒液の払底とそれらの価格上昇を想起させる。公共機関である郵便局の機能が十分でなくなったということも現代に通ずる。全国の鉄道でも列車の運行に大きな支障が出た（図表 13 - 11）。炭鉱労働者は，従来から粉塵などにより肺を傷めていることが多く，スペイン・インフルエンザに罹患した場合は重篤化して死亡するリスクが高かった。そのため，九州では，炭鉱からの石炭供給が激減した。炭鉱街では流行が長引き，大人が死亡して多くの孤児が

図表 13 － 10　1918 年 10 月 30 日　朝日新聞「看護師の払底状況」

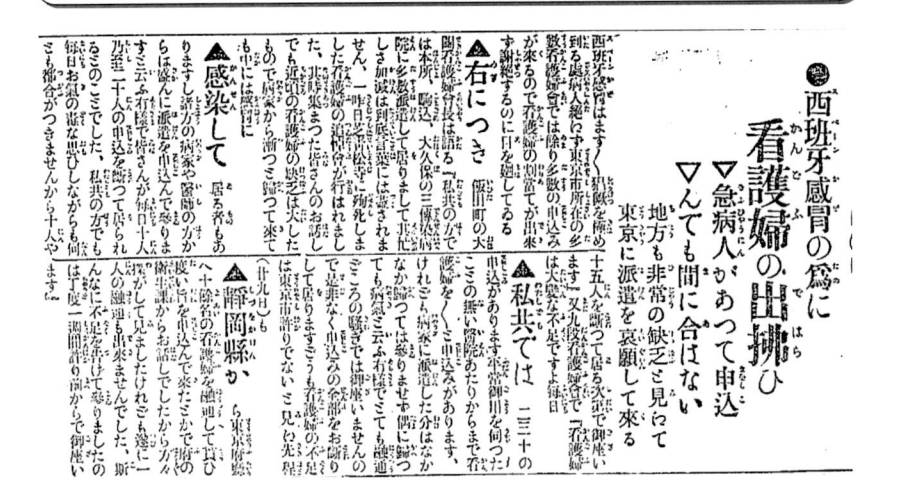

図表 13 － 11　1918年10月31日　朝日新聞「インフルエンザによる交通機関の麻痺」

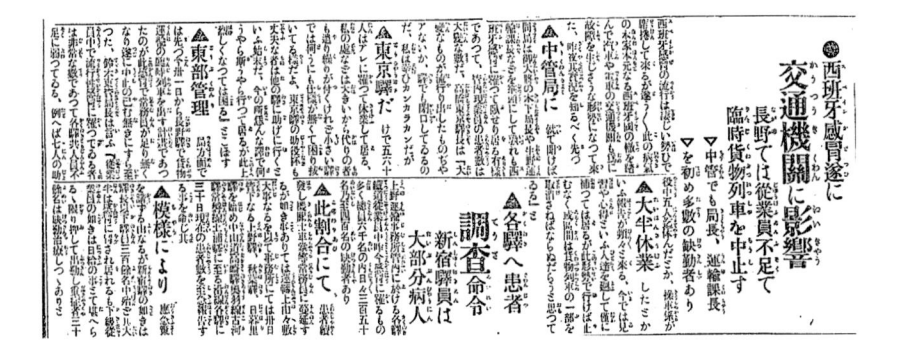

産み出されることとなった。1918 年 11 月 5 日の朝日新聞の記事には，三井物産大阪支店長代理（36 歳）の臨月の妻（29 歳）がインフルエンザに罹患したため 11 月 2 日に死亡し，後を追うように支店長代理も 3 日の午後 8 時に逝去したとある。彼らには 8 歳を頭に 4 人の子供がおり，いずれもインフルエンザに罹患し，赤十字病院に運ばれたが，うち 2 人は重篤であった。このように，昼夜を問わずに毎日患者は増え，死亡する者も続出した。火葬場も処理能力を上回る死者に対応しきれなかった。都市では死亡者が多くて対応できなかったた

め，遺族は仕方なく，地方の火葬場で荼毘に付そうとした。そのために，上野駅や大阪駅では棺桶が山積みになったが，ついには棺桶も不足し，最後には茶箱が使われたという。一家全員が死亡して，ただ1人残されて絶望のあまりに自殺をはかったという新聞報道もあり，また，山間部の雪に閉ざされた福島では一村が全滅したところもあった。

　このような中，疫病払いとして神仏にすがったひとびとは，神社仏閣に満員電車で詣でた。現在ならばこれがより被害をもたらすことは想像に難くない。結果，多くのひとびとがスペイン・インフルエンザに罹患し，流行に拍車を掛けた。当時の警視庁衛生班は，「人混みには出るな」と警告し，うがいやマスク着用の励行なども啓発した。しかし，外出や集会はほとんど制限されなかった。読売新聞の当日版と引き換えに無料で風邪薬の配布がおこなわれたことは興味深い。

　スペイン・インフルエンザの蔓延とそれへの政府の対応のまずさについて，与謝野晶子（1878-1942）は「横浜貿易新報」紙上で疑問を投げかけている。1918年11月10日の「感冒の床から」では，

　「米騒動の時には重立った都市で五人以上集まって歩くことを禁じました。伝染性の急劇な風邪の害は米騒動の一時的局部的の害とは異い，直ちに大多数の人間の健康と労働力とを奪うものです。政府はなぜ逸早くこの危険を防止する為に，大呉服店，学校，興行物，大工場，大展覧会等，多くの人間の密集する場所の一時的休業を命じなかったのでしょうか。そのくせ警視庁の衛生係は新聞を介して，成るべく此際多人数の集まる場所へ行かぬがよいと警告し，学校医もまた同様の事を子供達に注意して居るのです。社会的施設に統一と徹底との欠けて居る為に，国民はどんなに多くの避らるべき，禍を避けずに居るか知れません。」（与謝野 1918，1920）

　その前日，11月9日に「関東感冒予防規則」が出され，警察官署長が流行性感冒予防上必要な場合には，関東部署の認可を経て祭礼・供養・興行・集会などの群集を制限しもしくは禁止することができると定め，これに従わなかった場合には罰金刑となる旨を告知している。おそらく晶子の意見はこの規則に対するものであったと思われる。「5人以上」という数字も新型コロナ・ウィルスでの「密」の概念に通ずる。

　さらに，1920 年 1 月 25 日の「死の恐怖」では，

　「私は今，この生命の不安な流行病の時節に，何よりも人事を尽して天命を待とうと思います。『人事を尽す』ことが人生の目的でなければなりません。例えば，流行感冒に対するあらゆる予防と抵抗とを尽さないで，むざむざと病毒に感染して死の手に攫取（かくしゅ）されるような事は，魯鈍（ろどん）とも，怠惰とも，卑怯とも，云いようのない遺憾な事だと思います。予防と治療とに人為の可能を用いないで流行感冒に暗殺的の死を強制されてはなりません。今は死が私達を包囲して居ます。東京と横浜とだけでも日毎に四百人の死者を出して居ます。明日は私達がその不幸な番に当るかも知れませんが，私達は飽迄（あくまで）も『生』の旗を押立てながら，この不自然な死に対して自己を衛ることに聡明でありたいと思います。世間には予防注射をしないと云う人達を多数に見受けますが，私はその人達の生命の粗略な待遇に戦慄します。自己の生命を軽んじるほど野蛮な生活はありません。私は家族と共に幾回も予防注射を実行し，其外常に含嗽薬（うがい）を用い，また子供達の或者には学校を休ませる等，私達の境遇で出来るだけの方法を試みて居ます。こうした上で病気に罹って死ぬならば，幾分其れまでの運命と諦めることが出来るでしょう。幸いに私の宅では，まだ今日まで一人の患者も出して居ませんが，明日にも私自身を初め誰がどうなるかも解りません。死に対する人間の弱さが今更の如くに思われます。人間の威張り得るのは『生』の世界に於てだけの事です。」（下線筆者）

　21 世紀の今日であっても，完全な病魔の克服は敵わず，新しい病気が生じるたびにそれに対応する予防薬や治療薬の開発がおこなわれるという，いたちごっこが続いている。科学や技術の発達は人の移動速度を速め，それに伴い病気の広がりもグローバル化している。しかし，このような病気に対峙して，わたしたちはマスクをすることから手洗い・うがいといった基本的な衛生習慣を身に付けることが感染から自分を守る，すなわち，いかに病気に侵されないかという知恵を育んできた。それでも，時には神仏に病魔退散を祈願する。日本でも新型コロナ・ウィルスの蔓延下にあって，アマビエなどが登場した。スペイン・インフルエンザが猛威を振るっていた時にアメリカでは以下のような歌が流行していた。ひとびとは，科学を発達させることによって今日の経済社会

を築いてきたが，非科学的という理由によって神仏などへの祈願がなくなることはなく，また困難に直面した時には笑いや洒落といった文化的側面が私たちを助けてきた。

> I had a little bird
> And its name was Enza
> I opened the window
> And in-flew-Enza

これを訳すと以下のようになる。

> 私の小鳥
> その名はエンザ
> 私が窓を開けたら
> エンザが飛び込んできた

もちろん，最後の行で飛び（フル）込ん（イン）できた小鳥（エンザ）は「インフルエンザ」である。

考えてみよう

1. 世界の歴史を振り返って，国家や都市を崩壊させるほどの被害を与えた疾病について説明せよ。時代・地域とその被害について記すこと。
2. 日本社会に大きな被害を与えた疾病について，その時期も記して説明せよ。
3. 経済開発が疫病を加速させることがあるのはなぜか。また，そのような事柄に対してあなたはどうすべきだと考えるか。

📖 さらなる学習のために

加藤茂孝（2013）『人類と感染症の歴史――未知なる恐怖を超えて――』丸善出版
ジャレド・ダイアモンド（2000）『銃・病原菌・鉄　上』草思社
速水融（2006）『日本を襲ったスペイン・インフルエンザ』藤原書店

第14章 資本主義と社会主義

　現代の日本に生きる私たちは，**資本主義**と呼ばれる社会制度の下で暮らしている。資本主義においては，各人がそれぞれの所有物を売買して必要なものを手に入れており，物的な生産要素（＝土地や資本）を所有していないひとびとは，それを所有しているひとびとへ人的な生産要素（＝自分の労働力）を販売して生計を立てている。

　こうした資本主義は，**産業革命**を経て 18 世紀以降のイギリスで初めて確立された。本章では，イギリスで確立された資本主義が 19 世紀の中頃にどのような問題点を抱えていたのか（第 1 節），当時の経済学者はこの問題点に対してどのような解決策を示したのか（第 2 節），そしてこうした解決策は 20 世紀にどのような現実をもたらしたのか（第 3 節）を見ていこう。

1．資本主義の問題点
——産業革命がもたらした 19 世紀イギリスの闇

　イギリスは 18 世紀の後半から，世界で初めて産業革命を経験した（⇒第 9 章参照）。そして 19 世紀の中頃には，工業を中心とする圧倒的な経済力に基づき，「世界の工場」として君臨するようになった。この頃，イギリスの首都ロンドンでは，200 万を超えるひとびとが生活していた。イギリス全体を眺めても，1700 年には人口の 4 分の 3 が農村に住んでいたが，1851 年には国勢調査で，ロンドンを含む都市の人口が農村の人口を初めて上回った。同じく 1851 年には，世界初の万国博覧会がロンドンで開催され，延べ 600 万人以上が入場し，イギリスの高い技術力が世界へ示された。さらにこの頃のイギリスでは，全世界で生産される綿と鉄のおおよそ 2 分の 1，石炭の 3 分の 2，金属製品の 5 分の 2 がそれぞれ生産されていた（川北編 1998：p. 253，谷川・北原・鈴木・村

岡 2009：p. 440，堺 2009：pp. 124-125）。

　それでは，イギリスのこうした経済的な繁栄は，そこで暮らすすべてのひと
びとへ行き渡っていたのであろうか。この点をめぐっては，経済史の研究にお
いて「**生活水準論争**」という形で議論されている。すなわち，産業革命中の
1760 ～ 1820 年代と比べて，産業革命後の 1830 ～ 1840 年代には，労働者の生
活水準が上がったのか下がったのか，という論争である。上がったと主張する
研究者は，賃金などの当時の統計史料を用いて，労働者の全般的な生活水準が
相対的に上がったことを論証している。これに対して，下がったと主張する研
究者は，当時の労働者の貧困やイギリスにおける経済的な格差を伝える史料を
提示している（谷川・北原・鈴木・村岡 2009：pp. 444-445）。

　本節では，これらのうちで後者の史料に光を当てる。少なくとも当時のひと
びとが，19 世紀中頃のイギリスの経済的な繁栄は必ずしもすべてのひとびとへ
行き渡っていないと考えて，貧困などを問題視していたこと，そのうえで当時
のひとびとが社会をよりよいものにしようと思想的に尽力したこと，そしてこ
うした思想的な尽力が 20 世紀の世界を実際に動かしたこと——これらを理解
することは，生活水準論争の全体像を把握するためにも，さらには 21 世紀に生
きる私たちが来し方を振り返り行く末を考えるためにも，不可欠だからである。

　19 世紀中頃のイギリスにおける貧困や経済的な格差をめぐり，その深刻さ
を現在に伝える代表的な史料として，次
の 3 つが挙げられる。第 1 に，エドウィ
ン・チャドウィック（1800-1890）の『大
英帝国における労働人口集団の衛生状態
に関する報告書』（1842 年），第 2 に，ベ
ンジャミン・ディズレーリ（1804-1881）の
『シビル，あるいは 2 つの国民』（1845 年）
（cf. 谷川・北原・鈴木・村岡 2009：pp. 445-
446），そして第 3 に，**フリードリヒ・エン
ゲルス**（1820-1895）の『**イギリスにおけ
る労働者階級の状態**』（1845 年）である。

図表14 − 1　フリードリヒ・エンゲルス

出所：https://www.britannica.com/
biography/Friedrich-Engels

以下では，3つ目の史料を詳しく取り上げよう。この本は，おおよそ2年にわたる現地調査を含めて，エンゲルスが「見たり，聞いたり，読んだりしたこと」をまとめたものである（エンゲルス 2000（上）：pp. 17-18）。そしてそこでは，19 世紀中頃のイギリスで，労働者が衣食住のすべてにわたってどれほど悲惨な生活を営んでいたか，という点が鮮明に描き出されている。

　　労働者の住宅は，だいたいにおいて配置が悪く，建て方も悪く，修理もされず，換気も悪く，じめじめして不健康である。居住者はきわめて狭い空間にとじこめられ，たいていの場合，1つの部屋に少なくとも1家族が寝ている。住宅内の設備の貧弱さにはいろいろな程度の差があるが，もっともひどいのは必要不可欠の家具さえまったくない。労働者の衣服もやはり平均的に粗末であり，大部分はぼろぼろである。食事も一般に粗末で，しばしばほとんど食べられないようなものである。そして多くの場合，少なくともときどきは量的にも不足しており，極端な場合には餓死することになる。（同：pp. 120-121）

　衣食住のうちの食事について，詳しく見てみよう。エンゲルスによれば，「イギリスの大都市」で「労働者が買うジャガイモはたいてい品質が悪く，野菜はしなびており，チーズは古くて質が悪く，ベーコンは臭く，肉は脂肪が少なく，古く，固く，年をとった，しばしば病気か死んだ動物の肉で――すでに半分腐っていることもしばしばある」（同：pp. 112-113）。そして労働者は，失業すれば，これらのものさえ買うことができなくなるという（同：p. 119）。さらに労働者は，明日にでも失業するかもしれないという状況に置かれていた。「労働者は，今日はいくらか持っていても，明日もやはりいくらか持っているかどうかは自分では決められないということを知っている」（同：p. 54）。

　劣悪な住宅と食事，結果として避けられなくなる過度な飲酒，これらが引き起こす肺結核・チフス・頸部リンパ節結核・くる病などの病気，そして不十分な治療や，乳幼児へのアヘン製シロップの投与を含む有害な服薬――こうしたものの結果として，当時の労働者は不健康であり，その平均寿命も他の階級の

ひとびとより短くなっていた。

> 労働者…のなかでたくましく，体格がよく，健康な人はほとんどいない…。
> 彼らはほとんどすべて虚弱で，骨格はごつごつしているが頑丈ではなく，
> やせて青白く，作業中にとくに使われる筋肉を除いては，熱病のために身
> 体にしまりがない。…彼らの虚弱な身体は病気に抵抗できず，ちょっとし
> たことですぐ病気になってしまう。このため早くからふけこんで，若死に
> する。(同：p. 163)

　そしてここでエンゲルスは，上述の1つ目の史料――チャドウィックの報告
書――にも言及している。この報告書によれば，当時のイギリスの都市で暮ら
す労働者の平均寿命は，20歳以下であり，他の階級のひとびとの平均寿命の
半分にも満たなかったという。たとえば「リヴァプールでは，1840年に上流
階級（ジェントリ，専門職など）の平均寿命は35歳，商人および裕福な手工業
者は22歳，労働者・日雇い・召使い層は一般にわずか15歳である」。労働者
の平均寿命のこうした短さは，「労働者階級の幼児の死亡が多い」ことに起因
していた（同：pp. 165-166, cf. 同：pp. 66-68, チャドウィック 1990：pp. 268-269, 安
元 2019：pp. 233-343）。

　さらに19世紀中頃のイギリスでは，労働者に多くの失業をもたらす不況も，
繰り返し生じるようになっていた。たとえばエンゲルスの『空想から科学へ』
（1880年）によると，「ほぼ10年ごとに1度」の深刻な不況を，「1825年以来，
これまでに5回経験し，現在（1877年）6回目を経験している」という（エンゲ
ルス 1999：pp. 77-78）。この期間で恐慌が始まった年として現在広く知られてい
るのは，1825年，1836年，1847年，1857年，1866年，1873年の6つである（林
2000：pp. 53-57）。この6つ目の恐慌が，1877年にも続いていた。

　最後に，19世紀のイギリスでは不況が繰り返し生じていたという事実を踏
まえたうえで，再びエンゲルスの『イギリスにおける労働者階級の状態』を読
んでみよう。そこでは，周期的な不況に翻弄される労働者の悲惨な状況が，次
のように描かれている。

貧民は…性的享楽と飲酒以外のすべての享楽を奪われ，その代わりに，あらゆる精神力と体力をつかいはたすまで，毎日働かされる。そしてそのはてに彼らは，自分の思いどおりになるたった2つの享楽に，まるで気が狂ったようにいつまでもおぼれる。そしてこれらすべてに耐えても，どうにもならないときには，彼らは恐慌の犠牲となって失業し，それまでまだゆるされていたわずかなものさえ，奪われるのである。(エンゲルス 2000（上）：p. 153)

2. 社会主義の理想
—— 19世紀のヨーロッパにおける経済学者たちの闘い

　19世紀中頃のイギリスで問題視されていた貧困・経済的な格差・周期的な不況は，経済学者の思想にも影響を与えた。これよりも前の時代——産業革命が始まった18世紀後半のイギリス——を生きたアダム・スミス（1723-1790）は，社会の経済的な繁栄によって，ひとびとの生活水準が底上げされ貧困が撲滅される，と考えていた（スミス 2007：pp. 1-2）。しかし，スミスの時代の後のイギリス，すなわち産業革命を経た19世紀中頃のイギリスでは，スミスのこうした考えが当てはまらない時代状況が見られるようになったのである。

　具体的には，貧困や経済的な格差といった時代状況の中で，**社会主義**を支持するひとびとが広く見られるようになった。社会主義とは大まかにいえば，財産などの共有と経済的格差の解消とを目指す思想や，こうした思想に基づく社会制度のことである。この社会主義をめぐって，本節では，19世紀の中頃を代表する2人の経済学者に光を当てる。**ジョン・ステュアート・ミル**（1806-1873）と**カール・マルクス**（1818-1883）である。

　ミルは，物的な生産要素が共有される社会制度を「社会主義」と呼び，その中でも生産物が絶対量の点で平等に分配される社会制度を「**共産主義**」と呼んだ。物的な生産要素が共有されたうえで，社会主義の一種である共産主義では，生産物が各人へ同じ量ずつ分配されるが，それ以外の「共産主義ではない社会主義」では，生産物が各人へそれぞれの労働量や必要などに応じて異なった量

で分配されるのである。そしてミルは，
（共産主義を含む）社会主義が将来的には
実現されるかもしれないと考えたが，現
在の社会制度から社会主義へ必然的に移
行するとは考えなかった。ミルの考えで
は，現在の社会制度を改良したうえで維
持するか，別の社会制度へ移行するか
は，将来世代が選択できるものであった
（ミル 1960（2）：pp. 13-45）。

図表14－2　ジョン・ステュアート・ミル

出所：https://www.britannica.com/
biography/John-Stuart-Mill

　これに対してマルクスは，①資本主
義 → ②共産主義の第1段階（＝社会主
義）→ ③共産主義の第2段階という必
然的な発展段階を考えていた。つまりマ
ルクスの考えでは，現在の社会制度から
（社会主義を含む）共産主義への移行をめ
ぐって，ひとびとに選択の余地はなかっ
た。そしてマルクスによれば，共産主義
の特徴は「私的所有の廃止」である（マ
ルクス／エンゲルス 1998：p. 73）。すなわ
ち②でも③でも，物的な生産要素が共有
されており，各人は能力に応じて労働し
て生産物を生産する。そのうえで②で
は，各人が労働量に応じて生産物を分配
されるが，③では，各人が必要に応じて
生産物を分配されるという（マルクス／エンゲルス 2000：pp. 27-30）。

図表14－3　カール・マルクス

出所：https://www.britannica.com/
biography/Karl-Marx

　マルクスの考えについて，4点を補足しよう。第1に，共産主義への必然的
な移行というマルクスの考えは，唯物史観（あるいは史的唯物論）と呼ばれる彼
の見解に基づいていた。唯物史観とは，経済が歴史を動かすという考え方であ
り，生産力が上昇する——大まかにいえば技術が進歩する——につれて社会制

度も変化せざるを得ないという考え方である（マルクス 2001：pp. 11-19）。

　第 2 に，マルクスにとって共産主義は，「自由の王国」と呼ぶべき理想的な社会制度であった。そこでは，経済的に不自由しないような生活，さらには「肉体的・精神的素質の完全で自由な育成と活動を保障するような生活」が，すべてのひとびとへもたらされるという（エンゲルス 1999：pp. 91-92）。

　第 3 に，マルクスによれば，19 世紀中頃のイギリスや，それと同じくらいまで生産力が上昇した国においてのみ，共産主義は望ましいものになり，さらにはその実現を避けられないものになるという。生産力が低ければ，封建制や資本主義などが必要とされ，封建制を経て資本主義の下で生産力が十分に上昇すれば，資本主義は役割を果たして，共産主義（の第 1 段階）が必要とされるようになるのである。

　第 4 に，マルクスが共産主義の第 1 段階と呼んだものを「社会主義」と見なしたのは，**ウラジーミル・レーニン**（1870-1924）であった。レーニンの『国家と革命』（1917 年）によれば，「通常，社会主義と呼ばれているものをマルクスは，共産主義社会の『第 1』段階または低段階と呼んだ」という（レーニン 2011：p. 180）。なおレーニンは，次節で見るように，マルクスの思想を発展させて 20 世紀に社会主義を実現させていった人物の 1 人である。

図表14 − 4　ウラジーミル・レーニン

出所：https://www.britannica.com/biography/Vladimir-Lenin

　以上をまとめたものが，図表 14 – 5 である。ここまで見てきたように，社会主義（や共産主義）という言葉は，ミルとマルクスにとって異なる意味を持っていた。ミルは共産主義が社会主義の一種であると考えたが，マルクス（厳密にいえばレーニン）は社会主義が共産主義の一種であると考えた。そしてミルは，現在の社会制度から社会主義などへ移行せざるを得ないとは考えなかったが，マルクスは，移行せざるを得ないと考えたのであった。

図表 14 － 5　物的な生産要素が共有される社会制度の区分

経済学者 ＼ 生産物の分配	平等	労働量に比例	必要に比例
ミル	社会主義		
	共産主義	共産主義以外の社会主義	
マルクス（レーニン）		共産主義	
		第 1 段階（社会主義）	第 2 段階

出所：筆者作成

　ミルとマルクスという 19 世紀中頃を代表する 2 人の経済学者のうちで，資本主義の改良に当面の重点を置いたミルは，その後，ミクロ経済学やマクロ経済学の創始者たちに影響を与えていった。たとえば，19 世紀末から 20 世紀前半にかけてイギリスでは，アルフレッド・マーシャル（1842-1924）がミクロ経済学を体系化し，ジョン・メイナード・ケインズ（1883-1946）がマクロ経済学を打ち立てていった。そしてマーシャルもケインズも，ミルから影響を受けながら，あくまでも資本主義の下で貧困を撲滅しようと尽力した。「冷静な頭脳とあたたかい心」という言葉で有名なマーシャルは，ミルの本を読んだ後に当時の貧困を目の当たりにして経済学の研究を志し，「熱烈な社会主義者」とは一線を画しつつ，貧困を撲滅するための経済学者の役割を強調した（マーシャル 2014：pp. 34-35，ケインズ 1980：p. 229）。また，失業を減らすために金融・財政政策を支持したケインズによれば，「社会の経済活動の大半を呑み込んでしまう『国家社会主義』体制に移行する明確な理由はまったくない」といい，「国の重要な役割は生産手段を所有することではない」という（ケインズ 2021a：p. 581，cf. ケインズ 2021b：pp. 236-237）。

　他方で，社会主義などの実現に重点を置いたマルクスは，マルクス経済学の創始者として，現在に至るまで経済学に影響を与え続けている（マルクス経済学は，政治経済学や社会経済学と呼ばれることもある）。さらにマルクスの思想は，

社会主義の実現という点でも，20世紀の世界を実際に動かしていった。マルクスの思想のこうした実践的な影響を，次節で詳しく見ていこう。

3. 社会主義の現実
── 20 世紀におけるソ連の結成・発展・解体[1]

　本節では，20世紀に結成され解体されたソヴィエト社会主義共和国連邦（ソ連）に光を当てる（ソヴィエトはソビエトと表記されることもある）。ソ連は，「レーニンを媒介としたマルクスの正統の後継者」を自認していた（サムエルソン 1967（下）：p. 1143）。1936年に採択されたソ連の第2次憲法（いわゆるスターリン憲法）にも，ソ連は「労働者および農民の社会主義国家である」と明記されている（高木・末延・宮沢編 1957：p. 290）。

　ここでいう「社会主義」とは，レーニンが示した意味での社会主義，すなわち物的な生産要素が共有され労働量に応じて生産物が分配される社会制度であった。そしてそれゆえソ連では，スターリン憲法にも記されているように，「共産主義社会〔＝厳密にいえば共産主義の第2段階──引用者〕を建設するための闘争」が試みられていた（同：p. 295）。

3.1　ソ連型社会主義の背景・特徴・問題点

　ソ連型の社会主義は，マルクスの思想だけでなく，20世紀前半のロシアの時代状況にも基づきながら，1930年代に世界で初めて確立された。その時代状況とは，第1に，生産力が十分には上昇していなかったこと，第2に，ドイツへ対抗するために急速な工業化が必要とされたことなどである。

　第1の時代状況について，たとえば1913年の経済指標をロシアの通貨単位に換算して比べてみると，国民所得では，アメリカが960億3000万ルーブル，イギリスが208億6900万ルーブル，ドイツが242億8000万ルーブル，ロシアが202億6600万ルーブルであったのに対して，1人当たり国民所得では，アメリカが1033ルーブル，イギリスが580ルーブル，ドイツが374ルーブル，ロシアが119ルーブルであった。このような1人当たりの経済指標の大幅な低

さがロシアの経済的な特徴であり，1913年の時点でロシアは「ヨーロッパの最貧国の1つであった」とされている（吉井・溝端編著 2011：pp. 30-33）。

　こうして形成されたソ連型社会主義には，4つの特徴があった。第1に，物的な生産要素が，原則として共有化（主に国有化）されたこと（高木・末延・宮沢編 1957：pp. 290-291），第2に，生産物を各人の労働量に応じて分配しようと試みられたこと，第3に，生産物の需要量と供給量を一致させるため，政府などが命じた生産計画によって生産物の（価格ではなく）数量が調整されたこと，第4に，経済成長や軍備競争のため，消費財産業やサービス産業よりも重化学工業や軍事産業が優先されたことである。

　第2の特徴について，スターリン憲法によれば，「ソ連においては，『各人からはその能力に応じて――各人にはその労働に応じて』という社会主義の原則がおこなわれる」という（同：p. 292）。そしてソ連では実際に，「賃金は決して均等ではなく」，「熟練労働者のほうが不熟練労働者よりも，かなり余計にもら」っていたとされる（サムエルソン 1967（下）：p. 1141）。また第3の特徴について，生産物などの価格は，政府などによって生産物の費用に基づき設定――実際にはほとんど固定――されていた。

　以上の特徴を持つソ連型社会主義には，少なくとも5つの問題点があった。第1に，政府が正確で膨大な情報を収集・処理する時間と能力を欠いていたため，政府による生産計画の作成が実際には難しかったこと，第2に，政府とひとびととのつながりが実際にはほとんどなかったため，政府による生産計画がひとびとの需要に即したものとはならない可能性があったこと，第3に，政府からの補助金などのおかげで企業は倒産の危険に迫られていなかったため，企業による生産活動に無駄が生まれたり，技術の革新や新しい産業の創出が進まなかったりしたこと，第4に，労働者は失業の恐れがなくある程度の賃金を保障されるようになり，さらには生産量の割当てが増やされかねなかったため，勤勉や創意工夫への意欲を失っていったこと，第5に，言論の自由が実際にはほとんど認められていなかったため，情報が偏在したり精神的・文化的な活動も画一化されたりしたことである。

図表14－6　ソ連をめぐる歴代の指導者

年　代	氏　名
1917 〜 1924 年	ウラジーミル・レーニン（1870-1924）
1924 〜 1953 年	ヨシフ・スターリン（1878-1953）
1953 〜 1964 年	ニキータ・フルシチョフ（1894-1971）
1964 〜 1982 年	レオニード・ブレジネフ（1906-1982）
1982 〜 1984 年	ユーリ・アンドロポフ（1914-1984）
1984 〜 1985 年	コンスタンティン・チェルネンコ（1911-1985）
1985 〜 1991 年	ミハイル・ゴルバチョフ（1931-2022）

出所：筆者作成

　以上を踏まえたうえで，ソ連型社会主義の形成・発展・衰退を1917年から1991年まで振り返っていこう。この期間の指導者は，図表14－6の通りである。このうちで生前に指導者の地位を奪われたのは，フルシチョフとゴルバチョフのみであった。

3.2　ソ連型社会主義の形成――1930年代以前

　第1次世界大戦中（1914 〜 1918 年）の1917年に，まず2月革命によって，ロシアのロマノフ朝（1613 〜 1917 年）が崩壊した。さらに10月革命を経て，**ソヴィエト**を基盤とする社会主義が目指されていった。ソヴィエトとは，「会議」を意味するロシア語であり，労働者や兵士が結成した自治組織である。そして土地を地主から無償で取り上げることが宣言されたり，工業・貿易・銀行業などが政府によって管理されたりしていった。たとえば1918年1月に採択された「勤労し搾取されている人民の権利の宣言」には，「社会主義的な社会組織の確立」を目指し「土地の社会化の実現によって，土地の私有を廃止」することなどが記されている（高木・末延・宮沢編 1957：pp. 276-280）。

　ただし，社会主義を目指すこうした動きは，「すべての権力をソヴィエトへ」という「民主主義のスローガンの陰に潜む小規模な少数派」によって，一方的に引き起こされたという。それゆえ，この動きはその後も，独裁的な方向――共産党による一党支配の中央集権的な社会制度――へと進んでいかざるを得な

かった（パイプス 2007：pp. 61-63）。「小規模な少数派」とは，レーニンが率いた**ボリシェヴィキ**であり，マルクス主義を掲げるロシア社会民主労働党が 1903 年の結成直後に二分されたうちの 1 つであった。このボリシェヴィキは，1918 年にロシア共産党へと改称され，その後も 1925 年に全連邦共産党へ，1952 年にソヴィエト連邦共産党へと改称されていった。

　1918 年から 1921 年にかけては，内戦などに伴う戦時共産主義が実施され，内戦終結後の 1921 年からは，新経済政策（New Economic Policy）——ネップ（NEP）——が実施された。戦時共産主義では，たとえば，食料の供給を安定させるために，食料が農民から強制的に取り立てられて，都市の住民や兵士へ配給された。しかし経済の混乱や衰退がもたらされて多くの餓死者も生み出されたため，レーニンは，資本主義的な市場経済をある程度まで復活させて，経済活動を促進しようとした。この新経済政策によって，食料は徴発されなくなり余剰農産物の自由な販売が農民に認められ，経済活動もかつての水準を取り戻していった。

　具体的には，第 1 次世界大戦が始まる前の 1913 年と比べて，戦時共産主義が実施されていた 1920 年には，石炭の産出量が 27％，鉄の生産量が 2.4％の水準まで低下して，1921 年には工業生産が 20％以下にまで落ち込んだ。また 1920 年には，穀物の収穫高もおおよそ 60％の水準まで低下し，1921 〜 1922 年には，飢饉が発生しておおよそ 520 万人が亡くなったとされる。他方で，新経済政策の効果が上がってからは穀物の収穫高も増加し，「1928 年までには，ロシアの穀物生産高は 1913 年以来見られなかったレベルにまで回復した」という（パイプス 2007：pp. 67-77, 82-83）。

　戦時共産主義から新経済政策へという試行錯誤を経て，1922 年には，ロシアをはじめとする 4 のソヴィエト共和国が連合して，ソ連を結成した。ソ連は 1991 年の解体までの間に，15 のソヴィエト共和国などから構成されるまで拡大していった。その最終的な領土は 2240 万 2200km^2（＝地球の陸地面積の 6 分の 1）に及び，1991 年の人口は 2 億 9008 万人であった（小野・岡本・溝端編 1994：p. 52）。

　さらに 1928 年には，**スターリン**の下で第 1 次 5 ヵ年計画が開始された。そ

して 1928 年から 1930 年代にかけて，ソ連型の社会主義が形成されていった。たとえば 1929 年には 2600 万の農民世帯が存在していたが，1937 年までには 23 万 5000 の農場へと集団化が進められた（吉井・溝端編著 2011：p. 35）。集団化とは，分散した小規模な農業経営から，土地を共同で耕作する大規模な経営へと転換することである。しかしこの共有化の過程で，1932 〜 1933 年には，飢饉が発生して少なくとも 600 〜 700 万人が亡くなったと推定されている。また 1933 年には工業労働者の実質賃金が，第 1 次 5 ヵ年計画の開始前の 1926 〜 1927 年と比べて，おおよそ 10 分の 1 にまで低下した。これらの経済的な困窮の後には政治的な弾圧が続き，「1932 年から 1939 年の間，すなわち集団化を開始してから第 2 次世界大戦が始まるまでの間に，ソヴィエト連邦の人口は 900 万人から 1000 万人規模で減少」したという。けれどもこうした負の側面も，1929 年から資本主義国を襲っていた世界恐慌によって，当時は世界的に見れば霞んでいた（パイプス 2007：pp. 86-101, 140-142, 149）。

3.3　ソ連型社会主義の発展—— 1940 〜 60 年代

　ソ連型社会主義は，第 2 次世界大戦後（1940 年代後半）から 1960 年頃にかけて，黄金時代を築いていった。第 1 に，この時期のソ連では，10％を超える高い経済成長率が実現されたともいわれており，失業が解消されて，医療・教育・住宅などが無料化された（高木・末延・宮沢編 1957：pp. 293-294, 神戸大学経済経営学会編 2011：p. 328, 吉井・溝端編著 2011：p. 3）。このため，社会主義に対する支持が東ヨーロッパや中国などへ広がっていき，世界の人口のおおよそ 3 分の 1 が社会主義の下で生活するようになっていった。また 1950 年代には，将来のソ連が，資本主義を代表する最先進国のアメリカと経済面で肩を並べるであろう，と予想されるほどであった。そして 1960 年代になると，都市人口が農村人口を上回り，ソ連は農業国から工業国へと変化した。ただし，ソ連のこうした経済成長は主に，技術進歩に基づく生産性の上昇ではなく，生産要素の投入量の増加（＝資源の大量投入）によってもたらされていた（吉井・溝端編著 2011：pp. 36-39）。

　ソ連の経済成長は，当時の資本主義国における経済学の代表的な教科書，す

なわちアメリカのポール・アンソニー・サムエルソン（1915-2009）の『経済学』（第1版1948年）でも取り上げられていた。この教科書は，20世紀の後半を通じて版を重ね，第6版（1964年）からは日本語にも訳された。この第6版によれば，1960年代までのアメリカの経済成長率が3～4％であったのに対して，ソ連の（1年当たりの）経済成長率は「1950～1955年の間が7％，1955～1960年の間が6.5％，1960～1963年の間が5％または…それ以下である」と推計されていた。そして「ソ連の実質GNPは1960年代の中頃においては合衆国の実質GNPの約半分である」といい，当時の「アメリカは，…世界所得のほぼ38％を占めて」いたという。そのうえでサムエルソンは，「ソ連がアメリカの実質GNPを追い抜くことは相当長期にわたって起こりそうもない」と述べながらも，ソ連が予測される最大の経済成長率を実現すれば1980～1990年代に実質GNPでアメリカを上回るであろうと図示していた（サムエルソン1967（下）：pp. 1145-1149）。

第2に，ソ連では経済だけでなく科学技術も発展した。たとえばソ連は，1957年に世界初の人工衛星を打ち上げ，1961年に世界初の有人宇宙飛行を成功させた。そしてこれらは，ミサイル攻撃への応用といった形でアメリカなどに脅威を与える技術でもあった。それゆえ，たとえば上述の『経済学』（第6版）でも，アメリカが軍事費を増加させてもソ連に対して「決定的な軍事的優位をもちうるとはかぎらない」と警鐘が鳴らされていた（同：p. 1148）。

3.4　ソ連型社会主義の衰退—— 1960年代以降

しかし黄金時代を築いたソ連も，1960年代以降には経済成長率を低下させていった。とりわけ1970年代以降には，安価な資源を開発し続けることが難しくなり，資源の大量投入に基づく経済成長が限界に近付いていった。さらに情報化やハイテク化，資源の節約や省エネルギー，環境の保護といった新しい分野で，ソ連は資本主義国よりも大きく遅れていった。

こうしたソ連の停滞に対して，1965年には，**ブレジネフ**と組んだアレクセイ・コスイギン（1904-1980）が経済改革をおこなって，経済の全面的な管理を断念した。また1980年代後半には**ゴルバチョフ**が，情報公開（＝グラスノスチ）

による言論の自由化と，国内の建て直し（＝ペレストロイカ）を試みた[2]。さらに，1970 年代の石油危機によって石油の輸出価格が上昇し，ソ連の経済には追い風となった。

　けれども 1960 年代以降のソ連の経済成長率は，低い水準のままであった。1980 年代後半には，経済成長率が 3% を下回るようになったとされる（吉井・溝端編著 2011：p. 3）。そして共産党による一党支配への反発や，1989 年の東ヨーロッパ諸国での社会主義体制の崩壊も加わって，1991 年にソ連は解体された。74 年間に及ぶ社会主義の最初の大規模な実験は，19 世紀に示された社会主義の理想を完全には実現することなく，こうして幕を閉じたのである。

　1960 年代以降のソ連において世界的に顕著となったものは，多額の軍事費と，世界最高の水準にあったアルコール消費量——さらには飲酒による死亡率——であった（パイプス 2007：pp. 120-121, 123, 129-130）。ソ連の軍事費については，アメリカと比べて金額は同じであり，国民所得に占める割合（10%台）は 2 倍であるという点が，1960 年代に経済学の教科書でも注目されていた（サムエルソン 1967（下）：p. 1148）。さらには，ソ連の軍事費が国民所得の少なくとも 25 〜 30% を占めていた，と推計されることもある（パイプス 2007：pp. 120-121）。また，アルコールに頼らなければ精神的に耐えられないような労働者を生み出したという点では，20 世紀のソ連型社会主義が，19 世紀中頃のイギリス資本主義の問題点を乗り越えられなかったといえるであろう。

【注】

1）　本節では全体を通して，小野・岡本・溝端編（1994），神戸大学経済経営学会編（2011：pp. 325-336），パイプス（2007），吉井・溝端編著（2011）を参照した。
2）　ペレストロイカなどをめぐるゴルバチョフへのインタビュー記事は，近年でも，たとえば 2021 年 8 月中旬の東京新聞に掲載されている（https://www.tokyo-np.co.jp/article/125425〔最終閲覧日 2022 年 9 月 29 日〕）。

考えてみよう

1. 19世紀のイギリスで資本主義と呼ばれる社会制度が生み出した問題点とは、どのようなものであったか。
2. 社会主義をめぐる19世紀の思想とは、どのようなものであったか。
3. 20世紀に誕生したソ連の経済とは、どのようなものであったか。

さらなる学習のために

エンゲルス、フリードリヒ著、浜林正夫訳（2000）『イギリスにおける労働者階級の状態』（上）・（下）、新日本出版社

パイプス、リチャード著、飯嶋貴子訳（2007）『共産主義が見た夢』ランダムハウス講談社

吉井昌彦・溝端佐登史編著（2011）『現代ロシア経済論』ミネルヴァ書房

第15章　情報の発達と産業の変化
—現代に生きるわたしたちの暮らし—

1．これからのぞまれる経済社会とは

　経済史を学んできて最後に考えて欲しいのは，これから望まれる経済社会はどのようなものか，ということである。経済を発展させるものは何か，また，今後の望ましい産業構造の変化はどういったものだろうか。望むと望まざるとにかかわらず，AI（artificial intelligence，人工知能）化の波はわたしたちの生活に入り込み，便利さを提供するとともに仕事が奪われるのではないかという不安をも与える。しかし，2020年に新型コロナ・ウィルスの蔓延で外出制限がおこなわれたときにAIはわたしたちの生活に大きく貢献してくれた。オンライン授業やオンライン会議，オンライン診療などはその代表例である。会議もメタバース空間を利用してアバターでおこなうことまで企画されている。これらのことは，これまでの9時−17時はオフィスの机に向かっていなければいけないという労働の既成概念を変化させ，就労形態に柔軟性を持たせた。過疎地域に移住しても仕事が可能というメッセージはワーケーションという概念を生み出すとともに新しいビジネスを創出し，過疎問題の解決にも光を与えた。もちろん，テレワークがひろがるいっぽうで，やはり話している人の顔が見える，対面が良いという声も聞かれる。おそらく，それぞれにメリットとデメリットがあるのだろう。これについても，今後の社会として望ましいあり方を考えていく必要がある。

　情報が氾濫しているからこそ，現代社会でしっかりと考えなければいけない問題は多い。同じ1つの問題をとっても，グローバル化が進んだからこそ，先進国が抱える問題と途上国が抱える問題とが異なることも多く，それぞれに応

じた多面的な解決策が必要である。例えば，人口については，先進国の多くでは少子高齢化・人口減少が問題となっている。東アジア地域でも少子化が進行しているが，その中でも韓国は 2022 年に合計出生率が 0.78 を記録した。出生率のみを考えた場合に人口水準を保つためには合計出生率は 2.07（**人口置換水準**）ほどが必要であるから，それ未満の値では急速に人口が減少していくと予想される。先進国の状況に対し，やがては人口停滞・減少が生じるとしても，現時点では発展途上国，特にアフリカ地域では人口が増加し，感染症への対策も先進国ほどには達せずにその死者も著しい。じゅうぶんな教育を受けられる女性の割合も低く，それがために出生率が高いままであり，出産を契機とした女性の健康被害といった問題もある。

　2020 年代に入って世界はめまぐるしく変わっている。感染症の拡大もあるが，それ以外にも猛暑や豪雨などによる被害など環境変化は著しい。ロシアによるウクライナへの侵攻は，大国アメリカを巻き込み，冷戦が終結してテロ活動を除いては世界の一体化が進んできた「グローバル化」という構図を変化させるという地球規模での危機をはらんでいる。それはまた，エネルギー資源の輸出制限という観点から経済問題にも発展している。繰り返しになるが，これらの問題を考えたとき，その淵源が歴史に存することも多い。

　結局のところ，経済史は何を伝えられるか，という問いは歴史を通してわたしたちがこれまでに培ってきたさまざまな問題の解決策をさぐり，現時点のみではなく将来においても**持続可能**（sustainable）な社会を創りあげていくことの必要性をサポートする，ということに求められよう。

2．情報化と産業化の歴史

　昨今のロボットの発達には目を見張るものがある。1952 年に手塚治虫（1928-1989）が人型ロボットとして 2003 年生まれとされる鉄腕アトムを描いたとき，それは未来の産物であった。その後，SF 小説にもさまざまなロボットが描かれ，人間とロボットの対立といったテーマも多くの小説などで題材として取り上げられている。人型ロボットとしては，石黒浩のアンドロイドが人間と見

間違う存在であるが，昨今では多くの人型ロボットが開発されている。みなさんも，SoftBank の開発した Pepper（図表 15 - 1 ①）が活躍している場面に遭遇したことがあるかもしれない。Pepper は，タブレットを持って旅館で客の案内をしたり，新型コロナ・ウィルス感染症対策担当大臣から「コロナ対策サポーター」として任命されて活躍したりしている。ホテルの受付で案内をおこなうロボットも登場している。また，オリィ研究所の OriHime は，自分の思う

図表 15 - 1 ①　ロボット　ホテルで案内をする pepper

出所：筆者撮影

ように身体的行動ができないひとびとが社会参加をする分身として役立っている。たとえば，本人は自宅にいるが OriHime を通じて授業に参加する，カフェでの接客にあたるなどである。このように自宅にいながら社会参加を可能にするなど，何らかの役に立つロボットは多いが，昨今は人の感情によりそうペット型のロボットも多くなってきている。SONY が犬型ロボットである aibo を最初に開発したのは 1999 年であり，日米あわせて 5000 体が発売後すぐに売り切れた。値段の高さからもその後一般への普及は停滞していたが，新型コロナ・ウィルス禍において再び人気を博し，2020 年代にはさまざまなモデルが登場している。購入費用は決して安いとはいえないが，本当の犬を飼うより価格を抑えられる可能性もある。このようなロボットはペットを飼えないマンション住まいの人やアレルギーのある人にとって心を癒やしてくれる家族的な存在ともなっている。これらはまた，高齢化社会において高齢者の心のケアにも有用であるといわれている。GROOVE X の LOVOT（ラボット）は実務的機能を有するのではなく愛玩対象として存在する典型的なロボットとして登場した。また，人型ではない産業用ロボットは工場の作業で多くもちいられているが（図表 15 -

図表15 － 1 ② ロボットアームの作業

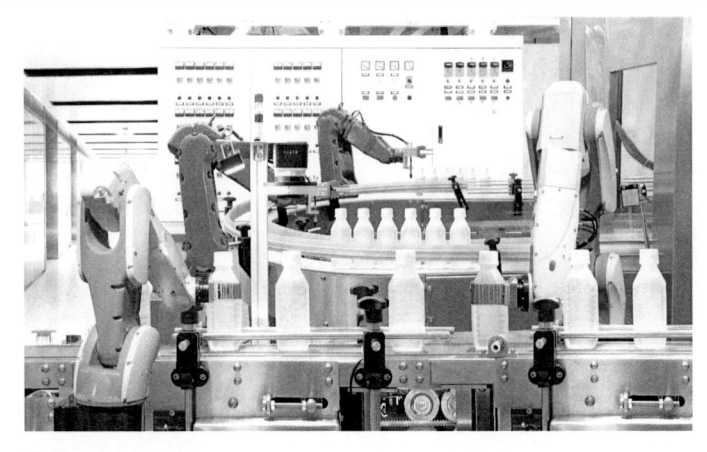

出所：iStock

1②），最近では家庭内にも自動掃除機などが普及してきている。このようなロ
ボットに関しては，株式会社ロボットスタートによるロボットデータベースの
検索サイトも作成されている。ロボットと呼ばれるほどの精密な IC を備えて
いなくても話す機能などを持った玩具は多く発売されているし，Wi-Fi によっ
て多くの電気製品が管理され，音声による操作や外出先からの操作を可能とす
るなど家庭のスマート化が実現されている。

　ロボットのルーツの1つに，日本では江戸時代から受け継がれてきた「から
くり人形」がある。からくり人形は，茶運人形や弓曳童子など歯車によって動
く人形である。1796（寛政8）年に細川半蔵頼直により『機巧図彙』が著され，
からくり時計や茶運び人形などの技術が紹介されている（図表15 － 2）。東芝の
創業者である田中久重（1799-1881）は，からくり人形を作成していたことから
「からくり儀右衛門」とも呼ばれた。そして，若い頃には弓曳童子などをもち
いたからくり興業をおこなっていたが，やがて懐中燭台や菜種油を用いた無尽
灯など実用的なものの創造に携わった。和時計須弥山儀や万年時計（万年自鳴
鐘，現在，国立科学博物館蔵），太鼓時計，蒸気船雛形など数々の品を製造した後，
佐賀藩の精煉方に着任した。幕末から明治にかけては，蒸気機関車の模型を製

図表 15 － 2 ①　柱時計

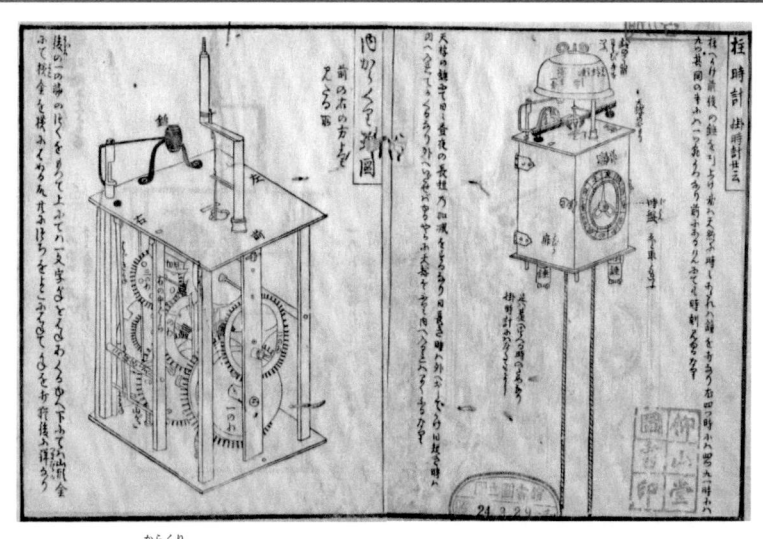

出所：細川頼直『機巧図彙』寛政 8（1796）東都書林　国立国会図書館デジタルコレク
　　　ション　https://dl.ndl.go.jp/info:ndljp/pid/2568591

図表 15 － 2 ②　茶運人形

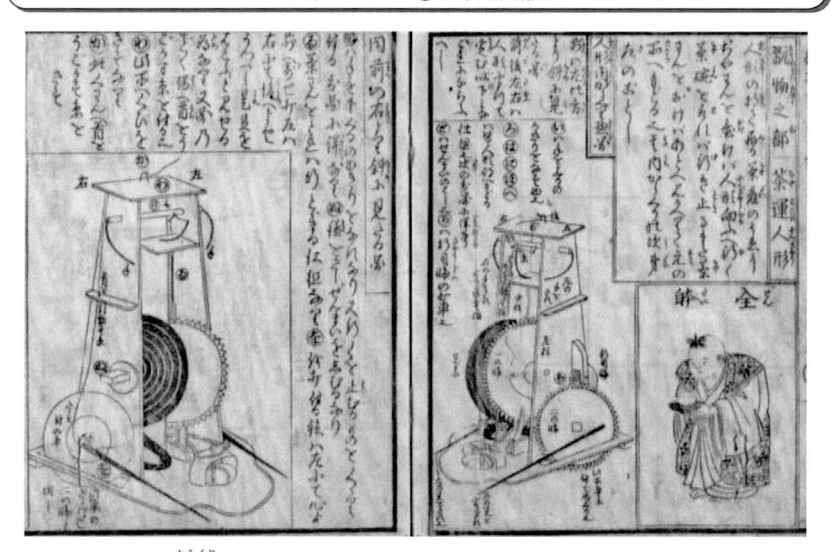

出所：細川頼直『機巧図彙』寛政 8（1796）東都書林　国立国会図書館デジタルコレク
　　　ション　https://dl.ndl.go.jp/info:ndljp/pid/2568592

222 |

作したり，アームストロング砲，製氷機・自転車・人力車，電信機などの製作をおこなうなど，その技術によって明治期の産業化に貢献している。明治期に日本が海外からの技術輸入に成功したのは，お雇い外国人による技術伝達もあったが，明治維新よりも前に精密な製品を製作する技術を体得した幾多の人材によるところも大きい。

　このような歴史をみてくると，ロボットはわたしたちの生活をより豊かに，より便利にしてくれる存在であると考えられ，先人たちの創意工夫によって技術が発展してきたといえる。ただ，昨今の AI の発達には確かに目を見張るものがあり，場合によっては職業を奪われてしまうという懸念も生じよう。コンピュータと人間によるチェスや将棋の対戦もおこなわれた。1997 年に IBM の DeepBlue が，チェスの勝負で人間の世界王者であったガルリ・カスパロフに勝利した。Google の AlphaZero は，チェス・囲碁・将棋などで活躍する。産業革命を経験し，機械が浸透していった 19 世紀初頭にも「機械によって仕事を奪われてしまう」という懸念から**機械打ち壊し運動**（ラッダイト運動）が起こった。しかし，その後，産業の中心は鉱工業の第 2 次産業からサービス業の第 3 次産業へと変化し，新たな雇用も生み出されてきた。すなわち，機械によって代替可能な仕事は人がおこなう必要はなくなるが，それに代わる仕事が創出される可能性はある。スーパーのレジなどは自動化が進んでおり，無人レジも存在しているが，いわゆる人に関わる，医療・介護・保育・教育などの**エッセンシャル・ワーク**の必要性はなくならないと考えられている。また，今は思いもかけない新しいビジネスが生まれる可能性も未来には存在している。

3．わたしたちの暮らしの変化

　わたしたちは歴史から何を学ぶことができるだろうか。「歴史」というと「現在」と遠く離れた出来事のように思うかもしれない。だが，現在の社会は地球や人類の誕生から現在まで脈々と続く「歴史」の流れにおける最先端であるとも考えられる。すなわち，現代社会に現れている諸問題はそのルーツを歴史に持っていることが多い。それゆえ，現代の諸問題には，歴史上に類似の現象が

見られることがあり，歴史から何らかの「解」をうることができるかもしれない。それは，即座にはわたしたちが対峙している問題の解決には至らなくとも，当時ひとびとがどのように直面した問題に対処して解決に至ったのか，あるいは残念にも至らなかったかを知ることは，現象を多面的に捉えることにつながる。ゆえに，歴史を知ることは，より深く現代の諸問題を考えることを可能とするといえる。

　現代社会を第2次世界大戦後以降と考えた場合でも，紛争など，さまざまな問題が生じており，変化があった。第2次世界大戦後には，大航海時代を端緒とする宗主国による植民地支配が表面的にはほぼ終わった。フィリピンがアメリカから，インドがイギリスからなどアジアの国々が独立し，1960年代にはアフリカの多くの国がフランスやイギリスなどから独立した。だが，それまでに形成されてきた経済的な「支配－被支配」の構造は容易には解消されることがなく，経済格差をはじめとする南北問題につながった。ナチス・ドイツによるユダヤ人の迫害は，その反省からユダヤ人国家建設という**シオニズム運動**を後押しし，1948年にイスラエルがパレスチナの地に建国された。これによりそれまでパレスチナに居住していたアラブ人は土地を追われ，ユダヤ人とアラブ人の対立はより鮮明になった。ユダヤ人とアラブ人の間の紛争は何度か繰り返されたが，1973年の**第四次中東戦争**は，**OAPEC**（アラブ石油輸出国機構）による親イスラエル諸国への原油禁輸措置につながり，世界的にオイルショックを引き起こした。日本においても景気低迷につながり，トイレットペーパーが無くなるという噂からの買い占めという社会現象などが生じたり，多くの失業者が出たりした。しかし，そのような経済悪化の中でも，すべてが停滞していたわけではない。じゅうぶんなエネルギーの確保ができないという逆境から省エネルギーの機械開発が促進されるというイノベーションにもつながった。

　1970年代の状況は，経済学の取り扱う問題に，従来のデフレーションやインフレーションという景気の状況に**スタグフレーション**（不況下における物価上昇）を付け加えた。経済学の考え方でも，Demand side（需要側）からSupply side（供給側）を重要視する動きが生じた。ジョン・メイナード・ケインズ（1883-1946）は，1930年代に景気回復のためには，有効需要の創出が重要であ

る，すなわち雇用創出を財政出動によっておこなうという**大きな政府**を考えたが，1980年代には，アメリカのドナルド・レーガン（1911-2004），イギリスのマーガレット・サッチャー（1925-2013）により新自由主義に基づき市場経済を重視する，すなわち**小さな政府**が標榜された（『年次世界経済報告』1981）。しかしながら，市場任せでは解決できない問題もやはり存在する。所得分配の不公平性，貧富の格差，環境破壊などであり，これらは政府やより高次の国際的な組織によって解決を考えていく必要がある。

　現在，国際的な環境問題として温暖化対策が重要視されている。温暖化は地域の気候・植生を変化させ，森林火災をはじめとしてすでに世界のさまざまな地域で大きな被害につながっている。地球温暖化対策として温室効果ガスの排出量を減らすために，石炭による火力発電から風力発電などの再生可能エネルギーへのシフト，自動車は従来のガソリン車から電気自動車にする，今後建築する建物には太陽光パネルを設置するといったことなどが思案されている。日本では2050年までにカーボン・ニュートラル（温暖化ガスの排出量と吸収量を均衡させること）を目指している。2015年に開催された**国連気候変動枠組条約締約国会議**（COP21, Conference of the Parties 21）で，**「パリ協定」**（Paris Agreement）が採択された。パリ協定では，世界共通の長期目標として，「世界的な平均気温上昇を工業化以前に比べて摂氏2度より十分に低く保つとともに，摂氏1.5度内に抑える努力を追求すること，今世紀後半に温室効果ガスの人為的な発生源による排出量と吸収源による除去量との間の均衡を達成すること，イノベーションを活用すること」などが取り決められ，2016年に発効した。ここで「工業化以前」というのは，すなわち「産業革命以前」ということであり，温室効果ガスの排出を減らす際の数値目標を定める際の重要時点，社会経済に大きな変化をもたらした転換点として産業革命が取り上げられたということである。産業革命については，第9章を中心に学習してきたが，地球規模での環境変化につながる要素をはらんでいたと現在でも考えられたわけである。1980年に**アルビン・トフラー**（1928-2016）によって**『第三の波』**が著された。社会に大きな変革をもたらしてきた出来事として，第一の波である1万年前の**第一次農業革命**，第二の波である18世紀後半の**産業革命**，そして20世紀

における社会変革として第三の波が挙げられた。そこで今一度，産業革命による社会と暮らしの変化について考えてみよう。

　産業革命は，最初に 18 世紀後半にイギリスで生じ，①エネルギー，②動力，③各国の関係性を変化させた。まず，エネルギーについては，木炭ではなく石炭という化石燃料が用いられ，多大なエネルギーが消費されるようになった。動力の変化は，それまで馬や牛などの畜力や人力に代わって蒸気力が使用されるようになり，紡績業を中心として工場で機械による生産がおこなわれるようになった。消費財生産が機械でおこなわれることは，工作機械の発展をも引き起こした。地球規模での地理上の結びつきの変化については，イギリスを中心とする世界的経済枠組みの誕生と経済的格差のひろがりが挙げられる。ここでは，**ウィリアム・ハーディ・マクニール**（1917-2016）による，イギリス産業によるインド経済への負の影響に関する論述を紹介したい。

　　1700 年の世界において大量の織物を輸出する国はインドだけだった。だが，1860 年になると，安価なエネルギーを利用できず，標準化や品質管理が可能な工場システムも持たないインドの織物業者はイギリスに対抗できなくなった。繊維産業の中心地だったダッカについてチャールズ・トレヴェリアン卿は英国議会上院で次のように証言している。「ジャングルやマラリアによって急速に侵食されつつあるインドのマンチェスターは，繁栄の都市から小さく貧しい町に転落した」と。1750 年に 12 ～ 15 万人だったダッカの人口は，1850 年には 4 ～ 6 万人に減少してしまった。

　　　　　　　　　　　　　　　　　（マクニール 2015 Ⅱ：pp. 350-351）

　イギリスの植民地であったインドの織物産業の地位は宗主国により奪われ，インドは原料輸出国という地位を余儀なくされた。それは，ダッカ地域の経済を下降させ，人口減少にもつながった。

　では，イギリス産業革命は，ひとびとに何をもたらしたのだろうか。産業革命が始まった当初，イギリスの産業都市は工場から排出される煤煙によって覆われて暗くなったともいわれる（図表 15 − 3）。また，狭い炭鉱では女性や児童

図表 15 − 3 　産業革命期のイギリス

出所：iStock

は体躯が小さいために労働者として多く活用されたという。資本家がその富を
増やす一方で労働者は酷使され，社会問題ともなった。すなわち，産業革命が
生じた初期には，ひとびとの暮らしはむしろ悪化したともいえる（⇒第 14 章）。
その後，労働運動が生じ，少しずつ暮らしは改善した。植民地を犠牲にしなが
らも機械による生産は従来の生産を上回り，イギリスでは人口増加にもつなが
っていく。同様の状況は産業革命期のアメリカにおいても見られた（⇒第 11 章）。
広大な土地を抱えるアメリカでは，まず蒸気船の運航によって流通が発展した
が，やがて蒸気機関車の運航によって短時間で東部地域と西部地域とがつなが
ることが可能となった。その後，アメリカは大量生産によりイギリスの世界一
の経済大国という地位を奪っていく。日本における産業革命の開始は，19 世
紀後半，明治期のことになる（⇒第 10 章）。開国によって世界の経済状況を知
った明治政府は，大国によって植民地化されることを防ぎつつ，欧米諸国から
の技術導入により産業化を推し進めた。それまで「鎖国」をおこなっていた日
本が諸外国とより頻繁に接触することになったため，アメリカ大陸で生じたの
と同様に，コレラやインフルエンザの流行にひとびとを晒すことになった。ま
た，人口密度の高い都市では疫病の流行も速かった。しかし，それでも人口増
加が生じたことは明治期に経済が発展したことを裏付けているともいえる。
　第一次産業革命を経験した社会は，その後，第二次産業革命，第三次産業

革命，第四次産業革命を迎えた。第二次産業革命は，19 世紀後半から生じた。動力源が蒸気機関（石炭）から電力・石油へと変化し，産業の中心が繊維産業などの軽工業から，鉄鋼・科学などの重化学工業へ移行するという経済変化であり，大量生産がおこなわれた。第三次産業革命は，1960 年代頃から生じた，IT（Information Technology，情報社会化）と ME（Micro Electronics，コンピュータ）の登場による変化である。コンピュータ革命あるいはデジタル革命とも呼ばれる。第四次産業革命は，インダストリー 4.0 とも呼ばれ，ドイツが 2011 年に打ち出した産業政策に端を発する 21 世紀からの産業変化である。IoT（Internet of Things，モノのインターネット）やテレワーク，ビッグ・データの活用などを含む ICT（Information and Communication Technology），ロボットなどを含む AI の活用，バイオ・テクノロジー，ナノ・テクノロジーなどを特徴とする。3D プリンタや空飛ぶ車の実用化も含まれる。

　いまやコンピュータは掌におさまるほどに小型化され，生活のさまざまな部分にもちいられている。通信機器の発展も急速に進んでいる。情報を手にすることは歴史的に重要と考えられてきた。戦争においても敵の情報を事前に知ることが勝利につながった。前述のトフラーも，産業革命以前において情報は富裕な人や権力者などの支配者層のみが手にすることが可能な「武器」であったと述べる。第二の波が起こると，情報は多くの人に共有されるようになった。イギリスで 1837 年にローランド・ヒル（1795-1879）が，手紙を出すときには差出人が切手を貼ることによって料金を前納して全国一律の料金で届ける郵便制度を考案した。日本でも，明治期に前島密（1835-1919）によって郵便制度が確立したときには，飛脚に代わり切手を貼ってポストに投函するだけで相手に届けられる手紙というのはだれもが驚嘆する存在であった。以降，より早く情報を伝える電信・電報・電話などが導入された。携帯電話が普及する前には，ポケットベルがもちいられた。しかし，現代社会では携帯電話（スマートフォン）によって日本から外国にいる知人に連絡をするにも費用がほとんどかからず，メールで伝えることができるし，会議をおこなうことすら可能である。かつて携帯電話が市場に登場したときには大型で高価であった。電話付の自動車は VIP が乗る存在であった。しかし，いまではスマートフォンを所有してい

ない人はいないほどである。

　ここで，スマートフォンで日常おこなっていることを考えてみて欲しい。電話での通話はいうまでもないが，メール・チャット・会議・写真撮影・ビデオ撮影・買い物・調べ物・ゲーム・翻訳・読書・作文・授業課題提出・音楽を聴く・家電の操作・電卓で計算…………など，枚挙に暇^{いとま}がない。いまや，スマートフォンがないと日常の作業に支障をきたすほどになっている。そして，そのスマートフォンを利用して，一般の個人がYouTubeやTwitterなどのSNS（Social Networking Service）を通じて多くの人びとに瞬時に情報を届けることが可能な社会となっている。その中には，偽情報（フェイク・ニュース）も含まれる。かつては情報を得るためにさまざまな努力がなされてきた。もちろん，その中には偽情報もあっただろう。しかし，現代社会ではあふれている情報の中から自分自身で真の情報を見極める能力が必要とされる。

考えてみよう

1．昨今のめざましい技術発展の中で，あなたがもっとも素晴らしいと考える技術は何か。その理由も説明せよ。
2．AIが今後も私たちの暮らしを変えていくことが予想されるが，その中で変化しないものは何だろうか。その理由も説明せよ。
3．これから望まれる経済社会とはどのようなものだろうか。歴史を振り返りつつ，あなたの意見を述べよ。

さらなる学習のために

新井紀子（2018）『AI vs. 教科書が読めない子どもたち』東洋経済新報社
クラウス・シュワブ（2016）『第四次産業革命：ダボス会議が予測する未来』日経BPマーケティング
アルビン・トフラー著，徳岡孝夫監訳（1982）『第三の波』中央公論社

参考文献
(引用の際に表記を一部変更した箇所がある)

【第1章】
大塚久雄（1955）『共同体の基礎理論』岩波書店

岡崎哲二（2006）『コアテキスト・経済史』新世社

北村厚（2018）『教養のグローバル・ヒストリー』ミネルヴァ書房

クラーク，グレゴリー著，久保恵美子訳（2009）『10万年の世界経済史』日経BP

コンラート，ゼバスティアン著，小田原琳訳（2021）『グローバル・ヒストリー　批判的歴史叙述のために』岩波書店

中塚武（2022）『気候適応の日本史：人新世をのりこえる視点』吉川弘文館

ポメランツ，ケネス著，川北稔訳（2015）『大分岐』名古屋大学出版会

水島司（2010）『グローバル・ヒストリー入門』世界史リブレット127，山川出版社

【第2章】
鬼頭宏（2007）『図説　人口で見る日本史』PHP

速水融（2012）『歴史人口学の世界』岩波現代文庫

ボズラップ，エスター著，安沢秀一・安沢みね訳（1991）『人口圧と農業——農業成長の諸条件』ミネルヴァ書房

マルサス，トマス・ロバート著，斉藤悦則訳（2011）『人口論』光文社古典新訳文庫

Malthus, Thomas. An Essay on the Principle of Population (pp. 8-9). Heraklion Press, 1798

吉川洋（2016）『人口と日本経済——長寿，イノベーション，経済』中公新書

リヴィ-バッチ，マッシモ著，速水融・斎藤修訳（2014）『人口の世界史』東洋経済新報社

（参考サイト）
・アメリカ・センサス局

　https://www.census.gov/popclock/

・アメリカ自然史博物館

　http://www.amnh.org/explore/amnh.tv/(watch)/science-bulletins/human-population-through-time

・国際連合ホームページ

　https://population.un.org/wpp/Maps/

・North West Kent Family History Society
http://www.nwkfhs.org.uk/publicnsnews.htm

【第3章】

アーベル，ヴィルヘルム（1986）『農業恐慌と景気循環—中世中期以来の中欧農業及び人口扶養経済の歴史』未来社

石坂尚武編（2017）『イタリアの黒死病関係史料集』刀水書房

オーウィン，クリスタベル・スーザン　オーウィン・チャールズ，スチュワート著，三沢岳郎訳（1980）『オープン・フィールド—イギリス村落共同体の研究—』お茶の水書房

河原温・堀越宏一（2015）『図説中世ヨーロッパの暮らし』河出書房新社

ドロール，ロベール著，桐村泰次訳（2014）『中世ヨーロッパ生活史』論創社

ブロック，マルク著，河野健二・飯沼二郎翻訳（1959）『フランス農村史の基本性格』創文社

ホワイト，ジュニア・ホワイト（1985）『中世の技術と社会変動』思索社

ゲッツ，ハンス・ヴェルナー著，轡田収・山口春樹・川口洋・桑原ヒサ子訳（1989）『中世の日常生活』中央公論社

パウア，アイリーン著，三好洋子訳（1960）『中世に生きる人々』東京大学出版会

ポスタン，マイケル・モイゼイ著，保坂栄一・佐藤伊久雄訳（1983）『中世の経済と社会』未来社

堀越宏一（1997）『中世ヨーロッパの農村世界』世界史リブレット24，山川出版社

レーゼナー，ヴェルナー著，藤田幸一郎訳（1995）『農民のヨーロッパ』平凡社

Pounds, Norman John Greville (1994) An Economic History of Medieval Europe. 2nd. Ed. Routledge.

Gilomen, Hans-Jörg (2014) Wirtschaftsgeschichte des Mittelalters. München C. H. Beck.

【第4章】

井上康男（1976）『西洋社会と市民の起源』そしえて

イブン・ハルドゥーン著，森本公誠訳（2001）『歴史序説』岩波文庫

ヴェーバー，マックス著，世良晃志郎（1965）『都市の類型学』創文社

クリスタラー，ヴァルター著，江沢譲爾訳（1969）『都市の立地と発展』大明堂

エンネン，エディート（1987）『ヨーロッパの中世都市』岩波書店

河原温・池上俊一編著（2021）『都市から見るヨーロッパ史』放送大学教育振興会

河原温・堀越宏一（2015）『図説中世ヨーロッパの暮らし』河出書房新社

ザックス，ハンス詩，ヨースト・アマン版，小野忠重解題（1970）『西洋職人づくし』岩崎美術社

シュルツ，ハンス，クヌート（1997）『西欧中世史事典』ミネルヴァ書房

ゾンバルト，ヴェルナー著，岡崎次郎訳（1942）『近世資本主義　第一巻第一冊』生活社

ピレンヌ，アンリ著，佐々木克己訳（2018）『中世都市―社会経済史的試論―』講談社

フルフュルスト，アドリアン著，森本・藤本・森訳（2001）『中世都市の形成』岩波書店

プラーニッツ，ハンス著，林毅訳（1983）『中世ドイツの自治都市』創文社

ナースィレ・フスラウ著，森本一夫監訳，北海道大学ペルシア語史料研究会訳（2004）『旅行記（Safarnamah）』訳注（Ⅲ）『史朋』pp. 1-26

平凡社編集部編（1956）『西洋史料集成』平凡社

三浦徹（1997）『イスラームの都市世界』（世界史リブレット）山川出版社

ヨーロッパ中世史研究会編（2000）『西洋中世史料集』東京大学出版会

ラピダス，アイラ，マーヴィン（2021）『イスラームの都市社会：中世のネットワーク』岩波書店

歴史学研究会編（2018）『世界史史料　5　ヨーロッパ世界の成立と膨張』オンデマンド　岩波書店

【第5章】

植松忠博（1995）「仏教と経済活動」『国際協力論集』神戸大学大学院国際協力研究科，第3巻第1号 pp. 1-42，http://www.research.kobe-u.ac.jp/gsics-publication/jics/uematsu_3-1.pdf

ヴェーバー，マックス著，大塚久雄訳（1988）『プロテスタンティズムの倫理と資本主義の精神』岩波書店

ヴェーバー，マックス著，杉浦宏訳（1946）『アメリカ資本主義とキリスト教』喜久屋書店

江上波夫監修（1975）『新訳　世界史史料・名言集』山川出版社

オズトルコ，ナジフ（2012）『トルコ・イスラーム文明における非政府組織　ワクフ―その伝統と「作品」』東京・トルコ・ディヤーナト・ジャーミイ

加藤博（2016）「イスラム経済の基本構造」『経済研究所年報』成城大学経済研究所，第29号，pp. 5-44，http://www.seijo.ac.jp/research/economics/publications/jtmo420000000msx-att/29-2.pdf

近藤信彰（2022）「サファヴィー朝期シャイフ・サフィー廟の管財人とワクフ財」『アジア・アフリカ言語文化研究 別冊』pp. 197-212

シューマッハー，F・アーンスト著，小島慶三・酒井懋訳（1986）『スモール イズ ビューティフル』講談社学術文庫

鈴木正三（1889）『万民徳用』須原屋北畠書店，国立国会図書館デジタルコレクション，http://dl.ndl.go.jp/info:ndljp/pid/817029

寺西重郎（2018）『日本型資本主義その精神の源』中公新書

西川健司（2016）「イスラム金融の現状について」三菱 UFJ 信託銀行，http://www.tr.mufg.jp/houjin/jutaku/pdf/u201608_1.pdf

保坂俊司（2006）『宗教の経済思想』光文社新書

【第6章】

朝日新聞朝刊 (2019)「けいざい＋「最後の巨大市場」へ接近　アリババの売る力　下」, 2019年12月14日

岡本隆司編 (2013)『中国経済史』名古屋大学出版会

岸本美緒 (1998)『東アジアの「近世」』山川出版社

久保亨 (2012)『中国経済史入門』東京大学出版会

久保亨・加島潤・木越義則 (2016)『統計でみる中国近現代経済史』東京大学出版会

渋沢栄一 (1985)『論語と算盤』国書刊行会

宋応星撰, 藪内清訳注 (1969)『天工開物』平凡社

土田健次郎編 (2010)『21世紀に儒教を問う』早稲田大学出版部

杜石然他編著, 川原秀城他訳 (1997)『中国科学技術史』上・下, 東京大学出版会

永田和宏 (2017)『人はどのように鉄を作ってきたか 4000年の歴史と製鉄の原理』講談社

日経ビジネス (2020)「国家と企業　溶ける境界線　テックが決める GAFA 後の覇者」日経 BP 社, 2020年1月6日

北京鋼鉄学院『中国古代冶金』編集部著, 館充他訳 (2011)『中国の青銅と鉄の歴史』慶友社

松本ますみ (2017)「「一帯一路」構想の中の「鄭和」言説：中華民族の英雄か, 回族の英雄か」, 塚田誠之・河合洋尚編『中国における歴史の資源化の現状と課題』国立民族学博物館調査報告142巻, pp. 31-54

村田純一 (2009)『技術の哲学』岩波書店

余英時著, 森紀子訳 (1991)『中国近世の宗教倫理と商人精神』平凡社

Li Chenyang（李晨陽）(2015), *The Confucian Philosophy of Harmony*, Routledge

【第7章】

アコスタ, ホセ・デ著, 増田義郎訳 (1966)『大航海時代叢書　Ⅲ　新大陸自然文化史　上』岩波書店

アリストテレス著, 高田三郎訳 (1971)『ニコマコス倫理学　上』岩波文庫

アリストテレス著, 牛田徳子訳 (2001)『政治学』京都大学学術出版会

今村仁司 (2000)『交易する人間（ホモ・コミュニカンス）』講談社

ウィリアムズ, ジョナサン著, 湯浅赳夫訳 (1998)『図説お金の歴史全書』東洋書林

上田信 (2016)『貨幣の条件：タカラガイの文明史』筑摩選書

菊池雄太編著 (2022)『中世ヨーロッパの商人』河出書房新社

国立歴史民俗博物館編 (1998)『お金の不思議』山川出版社

ピガフェッタ, フィリッポ著, 河島英昭訳 (1984)「コンゴ王国記」『ヨーロッパと大西洋』（大航海時代叢書 第Ⅱ期　1）岩波書店

宮澤知之 (2007)『中国銅銭の世界　銭貨から経済史へ』思文閣出版

デ　ローヴェル, レイモンド著, 楊枝嗣朗訳 (1986)「為替手形発達史—14〜18世紀 (1)」

『佐賀大学経済論集』第 19 巻第 1 号，pp. 105-156

ファーガソン，ニーアル著，仙名紀訳（2015）『マネーの進化史』早川書房

ヘロドトス著，松平千秋訳（2006）『歴史 上』岩波文庫

ポランニー，カール著，玉野井芳郎・石井溥・長尾史郎・平野健一郎・木畑洋一・吉沢秀成訳（2003）『経済の文明史』筑摩学芸文庫

ポランニー，カール著，栗本慎一郎・端信行訳（2004）『経済と文明』ちくま学芸文庫

ポーロ，マルコ ダ・ピーサ，ルスティケッロ著，高田英樹訳（2013）『世界の記「東方見聞録」対校訳』名古屋大学出版会

湯浅赳夫（1998）『増補新版文明の「血液」』新評論

ロペス，ロバート・サバチーノ著，宮松浩憲訳（2007）『中世の商業革命』法政大学出版局

【第8章】

アズララ著，永南実訳「ギネ－発見征服誌」，アズララ カダモスト（1967）『西アフリカ航海の記録』（大航海時代叢書 II）岩波書店，pp. 105-147

アコスタ，ホセ・デ著，増田義郎訳（1966）『新大陸自然文化史 上』（大航海時代叢書 III）岩波書店

飯島幸人（2004）『航海技術の歴史物語—帆船から人工衛星まで—』成山道書店

カダモスト「航海の記録」，アズララ カダモスト（1967）『西アフリカ航海の記録』（大航海時代叢書 II）岩波書店，pp. 481-607

カサス，ラス著，染田秀藤訳（2013）『インディアス破壊についての簡潔な報告』岩波文庫

カサス，ラス著，長南実訳（1981）『インディアス史』（大航海時代叢書第 II 期 21）岩波書店

国本伊代（2001）『概説ラテンアメリカ史—改訂新版—』新評論

金七紀男（2003）『増補版ポルトガル史』彩流社

金七紀男（2004）『エンリケ航海王子』刀水書房

金七紀男（2022）『図説ポルトガルの歴史 増補改訂版』河出書房新社

コロンブス著，林屋永吉訳（2011）『全航海の報告』岩波文庫

関哲行・立石博高編訳（1998）『大航海の時代—スペインと新大陸—』同文舘

染田秀藤・友枝啓泰（1992）『アンデスの記録者ワマン・ポマ』平凡社

立石博隆編（2022）『図説スペインの歴史』河出書房新社

真鍋周三（2011）「植民地時代前半期のポトシ銀山をめぐる社会経済史研究—ポトシ市場経済圏の形成—（前編）」『紀要』（京都ラテンアメリカ研究所編集委員会 編）11，pp. 57-84

真鍋周三（2012）「植民地時代前半期のポトシ銀山をめぐる社会経済史研究—ポトシ市場経済圏の形成—（後編）」『紀要』（京都ラテンアメリカ研究所編集委員会 編）12，pp. 1-31

ワマン・ポマ著，大場四千男監修，女澤史恵訳（2011）「『インカ王族の子孫の記録者による挿絵』（二）」，『北海学園大学学園論集』第147号，pp. 1-86

【第9章】

荒川浩（1985）「資本輸出とヘゲモニー」『成城大学経済研究』第90巻，pp. 1-27

アシュトン，トマス・サウスクリフ著，中川敬一郎訳（1973）『産業革命』岩波文庫

アレン，R. C. 著，眞嶋史叙・中野忠・安元稔・湯沢威訳（2017）『世界史のなかの産業革命』名古屋大学出版会

大野誠（2017）『ワットとスティーヴンソン』（世界史リブレット人059）山川出版社

片山幸一（1999）「第3章　工業化」，経欧史学会編『世界史にみる工業化の展開―二重性―』，pp. 75-97

経欧史学会編（1999）『世界史にみる工業化の展開―二重性―』学文社

キャメロン，ロンド・ニール，ラリー著，速水融監訳（2013）『概説世界経済史Ｉ，Ⅱ』東洋経済

小池滋（2006）『英国鉄道物語』晶文社

坂巻清（2009）『イギリス毛織物工業の展開』日本経済評論社

チャップマン，スタンレー・D 著，佐村明知訳（1990）『産業革命のなかの綿工業』晃洋書房

田中章喜（2017）「19世紀イギリス綿工業における技術開発と普及過程」『専修大学経済学報』51巻第3号，pp. 111-128

ディキンソン，H. W. 著，磯田浩訳（1994）『蒸気機関の歴史』平凡社

中村直人（1999）『高炉物語』アグネ技術センター

玉川寛治（1997）「初期日本綿糸紡績業におけるリング紡績機導入について」『技術と文明』第10巻2号，pp. 1-26

デフォー，ダニエル著，泉谷治訳（2010）『イギリス通商案』法政大学出版会

都築正信（1993）「イギリス産業革命期における飛杼織機」『科学史研究』32巻188号，pp. 213-224

トリンダー，バリー著，山本通訳（1986）『産業革命のアルケオロジー』新評論

永田和宏（2017）『人はどのように鉄を作ってきたか』講談社

ネフ，ジョン・アーリック著，紀藤信義・隅田哲司訳（1977）『十六・七世紀の産業と政治：フランスとイギリス』未来社

長谷川貴彦（2012）『産業革命』（世界史リブレット）山川出版社

原善四郎（1988）『鉄と人間』新日本新書

ハリス，ジョン・レイモンド著，武内達子訳（1998）『イギリスの製鉄業　1700－1850年』早稲田大学出版会

ホブズボーム，エリック・ジョン・アーネスト（1996）『産業と帝国』未来社

マサイアス，ピーター著，関西大学経済史研究会編訳（2008）『経済史講義録―人間・国家・統合―』晃洋書房

ランデス，デビット・ソウル著，石坂昭雄・富岡庄一訳（1980）『西ヨーロッパ工業史 1.2』みすず書房

【第10章】

赤羽武・加藤衛拡（1984a）「挿画吉野林業全書　解題」，赤羽武編『明治農書全集』13，農山漁村文化協会，pp. 261-294

赤羽武・加藤衛拡（1984b）「炭焼手引草　解題」，赤羽武編『明治農書全集』13，農山漁村文化協会，pp. 351-370

阿部武司（2022）『日本綿業史』名古屋大学出版会

阿部希望（2015）『伝統野菜をつくった人々―「種子屋」の近代史―』農山漁村文化協会

荒野泰典（1988）『近世日本と東アジア』東京大学出版会

飯田賢一（1979）『日本鉄鋼技術史』東洋経済新報社

石井寛治（1972）『日本蚕糸業史分析』東京大学出版会

伊藤康宏（1992）『地域漁業史の研究―海洋資源の利用と管理―』農山漁村文化協会

梅村又次・山田三郎・速水佑次郎・高松信清・熊崎実（1966）『長期経済統計』9，東洋経済新報社

大石慎三郎（1977）『江戸時代』中央公論新社

大橋周治（1991）『幕末明治製鉄論』アグネ

大豆生田稔（1993）『近代日本の食糧政策』ミネルヴァ書房

岡光夫（1984）「解題＜1＞―特用作物の技術動向―」，岡光夫編『明治農書全集』5，農山漁村文化協会，pp. 379-445

荻野喜弘（1993）『筑豊炭鉱労資関係史』九州大学出版会

落合功（2015）『「徳川の平和」を考える』日本経済評論社

角田徳幸（2019）『たたら製鉄の歴史』吉川弘文館

春日豊（1976）「官営三池炭礦と三井物産―原蓄期三池炭礦の再生産構造―」『三井文庫論叢』10，pp. 187-313

片岡千賀之（2010）『近代における地域漁業の形成と展開』九州大学出版会

加藤衛拡（1995）「近世の林業と山林書の成立」，佐藤常雄・徳永光俊・江藤彰彦編『日本農書全集』56，農山漁村文化協会，pp. 3-31

加藤衛拡（2007）『近世山村史の研究―江戸地廻り山村の成立と展開―』吉川弘文館

上山和雄（1975）「農商務省の設立とその政策展開」『社会経済史学』41(3)，pp. 47-68

神山恒雄（2014）「殖産興業政策の展開」『岩波講座　日本歴史』第15巻，岩波書店，pp. 95-129

川崎茂（1964）「日本産業革命期における鉱業の空間的展開」『歴史地理学紀要』6，pp. 99-127

絹川太一（1937）『本邦綿糸紡績史』第1巻，日本綿業倶楽部

木村茂光編（2010）『日本農業史』吉川弘文館

清川雪彦（2009）『近代製糸技術とアジア』名古屋大学出版会

國雄行（2018）『近代日本と農政―明治前期の勧農政策―』岩田書院

熊崎実（1967）「林業発展の量的側面―林業産出高の計測と分析（1879 ～ 1963）―」『林業試験場研究報告』201，pp. 1-174

小岩信竹（2016）「近代漁業の成立と展開」，伊藤康宏・片岡千賀之・小岩信竹・中居裕編『帝国日本の漁業と漁業政策』北斗書房，pp. 31-51

小風秀雅（1995）『帝国主義下の日本海運―国際競争と対外自立―』山川出版社

小林正彬（1977）『日本の工業化と官業払下げ―政府と企業―』東洋経済新報社

斎藤修・高島正憲（2017）「人口と都市化，移動と就業」，深尾京司・中村尚史・中林真幸編『岩波講座　日本経済の歴史』第 2 巻，岩波書店，pp. 61-104

斎藤善之（2005）「近世的物流構造の解体」，歴史学研究会・日本史研究会編『日本史講座』第 7 巻，東京大学出版会，pp. 99-131

坂根嘉弘（2010）「近代」，木村茂光編『日本農業史』吉川弘文館，pp. 255-336

坂根嘉弘・有本寛（2017）「工業化期の日本農業」，深尾京司・中村尚史・中林真幸『岩波講座　日本経済の歴史』第 3 巻，岩波書店，pp. 152-178

佐藤常雄（1993）「特産物列島日本の再発見―モノ・ヒト・情報の生かし方―」，佐藤常雄・徳永光俊・江藤彰彦編『日本農書全集』45，農山漁村文化協会，pp. 5-26

佐藤常雄（1994）「近世経済を担った農産加工業―資源活用型の等身大技術―」，佐藤常雄・徳永光俊・江藤彰彦編『日本農書全集』50，農山漁村文化協会，pp. 5-30

佐藤常雄・大石慎三郎（1995）『貧農史観を見直す』講談社

島田竜登（2010）「世界のなかの日本銅」，荒野泰典・石井正敏・村井章介編『日本の対外関係』6，吉川弘文館，pp. 305-319

鈴木淳（1996）『明治の機械工業―その生成と展開―』ミネルヴァ書房

鈴木淳（2009）「ものづくりと技術―断絶―」，宮本又郎・粕谷誠編『講座・日本経営史』第 1 巻，ミネルヴァ書房，pp. 171-208

高橋美貴（2007）『「資源繁殖の時代」と日本の漁業』山川出版社

高橋美貴（2013）『近世・近代の水産資源と生業―保全と繁殖の時代―』吉川弘文館

高橋美貴（2016）「水産資源と環境　総論」，渡辺尚志編『生産・流通・消費の近世史』勉誠出版，pp. 399-402

高村直助（1971）『日本紡績業史序説』上，塙書房

高村直助（1995）『再発見　明治の経済』塙書房

武田晴人（1987）『日本産銅業史』東京大学出版会

谷本雅之（1998）『日本における在来的経済発展と織物業』名古屋大学出版会

玉川寛治（2001）「繊維産業」，中岡哲郎・鈴木淳・堤一郎・宮地正人編『新体系日本史』11，山川出版社，pp. 245-283

田村均（2004）『ファッションの社会経済史―在来織物業の技術革新と流行市場―』日本経済評論社

徳永光俊（1996）『日本農法の水脈―作りまわしと作りならし―』農山漁村文化協会

所三男（1980）『近世林業史の研究』吉川弘文館

鳥越皓之（1985）『家と村の社会学』世界思想社

永井秀夫（1990）『明治国家形成期の外政と内政』北海道大学図書刊行会

中岡哲郎（2006）『日本近代技術の形成―＜伝統＞と＜近代＞のダイナミクス―』朝日新聞社

中西聡編（2013）『日本経済の歴史―列島経済史入門―』名古屋大学出版会

中林真幸（2017）「資本主義的な生産組織の形成―工業」，深尾京司・中村尚史・中林真幸編『岩波講座　日本経済の歴史』第 3 巻，岩波書店，pp. 192-212

永原慶二（2004）『苧麻・絹・木綿の社会史』吉川弘文館

中村尚史（1998）『日本鉄道業の形成― 1869 ～ 1894 ―』日本経済評論社

中村尚史（2010）『地方からの産業革命』名古屋大学出版会

中村尚史（2014）「日本の産業革命」『岩波講座　日本歴史』第 16 巻，岩波書店，pp. 147-182

中村尚史・大島久幸（2017）「交通革命と明治の商業」，深尾京司・中村尚史・中林真幸編『岩波講座　日本経済の歴史』第 3 巻，岩波書店，pp. 231-272

西川善介（1961）「林業経済史論」（5）『林業経済』14(2)，pp. 1-12

西村卓・勝部眞人（1991）「近代における農業と農政」，岡光夫・山崎隆三・丹羽邦男編『日本経済史―近世から近代へ―』ミネルヴァ書房，pp. 209-240

二野瓶徳夫（1981）『明治漁業開拓史』平凡社

農政調査委員会編（1977）『改訂日本農業基礎統計』農林統計協会

芳賀和樹・加藤衛拡（2012）「19 世紀の秋田藩林政改革と近代への継承」『林業経済研究』58(1)，pp. 14-26

速水融（2003）『近世日本の経済社会』麗澤大学出版会

速水融・宮本又郎（1988）「概説　一七－一八世紀」，速水融・宮本又郎編『日本経済史』1，岩波書店，pp. 1-84

速水佑次郎（1967）「肥料産業の発達と農業生産力」『経済と経済学』18・19，pp. 109-125

速水佑次郎（1986）『農業経済論』岩波書店

平野哲也（2010）「近世」，木村茂光編『日本農業史』吉川弘文館，pp. 143-253

深尾京司・攝津斉彦（2017）「成長とマクロ経済」，深尾京司・中村尚史・中林真幸編『岩波講座　日本経済の歴史』第 3 巻，岩波書店，pp. 2-22

深尾京司・攝津斉彦・中林真幸（2017）「生産・物価・所得の推定」，深尾京司・中村尚史・中林真幸編『岩波講座　日本経済の歴史』第 3 巻，岩波書店，pp. 273-288

深尾京司・中村尚史・中林真幸編（2017）『岩波講座　日本経済の歴史』第 3 巻，岩波書店

藤野正三郎・藤野志朗・小野旭（1979）『長期経済統計』11，東洋経済新報社

古島敏雄（1958）「地租改正後の地主的土地所有の拡大と農地立法」，古島敏雄編『日本地主制史研究』岩波書店，pp. 315-357

松村敏（1983）「養蚕　解題」，吉武成美編『明治農書全集』9，農山漁村文化協会，

pp. 323-367

水本邦彦（2003）『草山の語る近世』山川出版社

山口明日香（2015）『森林資源の環境経済史—近代日本の産業化と木材—』慶應義塾大学出版会

山口和雄（1951）「『明治七年　府縣物産表』の分析」『経済学研究』1，pp. 23-58

湯澤規子（2017）「『下肥』利用と『屎尿』処理—近代愛知県の都市化と物質循環の構造転換—」『農業史研究』51，pp. 23-38

脇野博（2006）『日本林業技術史の研究』清文堂出版

和鋼博物館編（2001）『和鋼博物館　総合案内』和鋼博物館

渡辺善次郎（1983）『都市と農村の間—都市近郊農業史論—』論創社

渡辺尚志（1998）『近世村落の特質と展開』校倉書房

渡辺ともみ（2006）『たたら製鉄の近代史』吉川弘文館

【第11章】

阿川尚之（2013）『憲法で読むアメリカ史』ちくま学芸文庫

岡田泰男（2000）『アメリカ経済史』慶應義塾大学出版会

貴堂嘉之（2019）『南北戦争の時代 19世紀：シリーズ アメリカ合衆国史』岩波新書

紀平英作編（1999）『アメリカ史（新版）（上）（下）』山川出版社

ギャロウェイ，スコット著，渡会圭子訳（2018）『the four GAFA 四騎士が創り変えた世界』東洋経済新報社

坂出健・秋元英一・加藤一誠編著（2019）『入門アメリカ経済 Q&A100』中央経済社

鈴木圭介編（1972）『アメリカ経済史』東京大学出版会

鈴木圭介編（1988）『アメリカ経済史II』東京大学出版会

ズボフ，ショシャナ著，野中香方子訳（2021）『監視資本主義：人類の未来を賭けた闘い』東洋経済新報社

谷口明丈・須藤功編（2017）『現代アメリカ経済史』有斐閣

デイビッドソン，ジェームズ・ウエスト著，上杉隼人・下田明子訳（2018）『若い読者のためのアメリカ史（Yale University Press Little Histories)』すばる舎

中野耕太郎（2019）『20世紀アメリカの夢 世紀転換期から1970年代：シリーズ　アメリカ合衆国史』岩波新書

中村甚五郎（2010-2014）『アメリカ史「読む」年表事典（1）（2）（3)』原書房

古矢旬（2020）『グローバル時代のアメリカ 冷戦時代から21世紀：シリーズ アメリカ合衆国史』岩波新書

和田光弘（2019）『植民地から建国へ 19世紀初頭まで：シリーズ アメリカ合衆国史』岩波新書

【第12章】

クローウェル，トマス・J著，藤原多伽夫訳（2012）『戦争と科学者　世界史を変えた25人の発明と生涯』原書房

近藤好和「日本古代の騎兵——中世武士の前提として」，佐々木虔一・川尻秋生・黒済和彦編（2021）『馬と古代社会』八木書店，pp. 495-511

坂口正治（2013）「飯盒の歴史と機能について」『ライフデザイン学研究』pp. 409-416

マクニール，ウィリアム・H著，高橋均訳（2014）『戦争の世界史——技術と軍隊と社会』（上・下）中公文庫

益川敏英（2015）『科学者は戦争で何をしたか』集英社新書

山田克哉（1996）『原子爆弾　その理論と歴史』（ブルーバックス）講談社

ローランド，アレックス著，塚本勝也訳（2020）『戦争と技術』創元社

ランドセル130年史編纂委員会編（2016）「ランドセル130年史　ランドセル130年の軌跡，そして…」一般社団法人日本鞄協会ランドセル工業会

（参考サイト）

Atomic Heritage Foundation, https://www.atomicheritage.org/key-documents

【第13章】

池田一夫・藤谷和正・灘岡陽子・神谷信行・広門雅子・柳川義（2005）「日本におけるスペインかぜの精密分析」東京健安研セ年報 Ann. Rep. Tokyo Metr. Inst. P. H., 56, pp. 369-374

岡田晴恵編（2006）『強毒性　新型インフルエンザの脅威』藤原書店

奥武則（2020）『感染症と民衆：明治のコレラ体験』平凡社新書

王芮・高島正憲・髙橋美由紀（2023）「明治前期日本におけるコレラ流行の数量的分析」『経済学季報』第72巻第4号，立正大学経済学会，pp. 57-81

加藤茂孝（2013）『人類と感染症の歴史——未知なる恐怖を超えて——』丸善出版

加藤四郎（2016）『小児を救った種痘学入門：ジェンナーの贈り物』（緒方洪庵記念財団・除痘館記念資料室撰集）創元社

斎藤月岑（1912）『武江年表』国書刊行会，https://dl.ndl.go.jp/info:ndljp/pid/949631

ダイアモンド，ジャレド（2000）『銃・病原菌・鉄　上』草思社

須田圭三（1973）『飛騨O寺院過去帳の研究』生仁会須田病院

高橋敏（2005）『幕末狂乱　コレラがやって来た！』朝日新聞社

速水融（2006）『日本を襲ったスペイン・インフルエンザ』藤原書店

富士川游（1912）『日本疾病史』吐鳳堂（国立国会図書館デジタルコレクション，https://dl.ndl.go.jp/info:ndljp/pid/833367）

与謝野晶子（1918）「感冒の床から」『横浜貿易新報』Kindle版

与謝野晶子（1920）「死の恐怖」『横浜貿易新報』Kindle版

（参考サイト）

・NIID　国立感染症研究所
https://www.niid.go.jp/niid/ja/typhi-m/iasr-reference/2523-related-articles/related-articles-485/9755-485r02.html
・国立公文書館
https://www.archives.go.jp/exhibition/digital/tenkataihen/epidemic/contents/50/photo/pn03.html。

【第14章】

エンゲルス，フリードリヒ著，石田精一訳（1999）『空想から科学へ』新日本出版社

エンゲルス，フリードリヒ著，浜林正夫訳（2000）『イギリスにおける労働者階級の状態』（上）・（下），新日本出版社

小野堅・岡本武・溝端佐登史編（1994）『ロシア・東欧経済——体制転換期の構図』世界思想社

川北稔編（1998）『新版 世界各国史11 ——イギリス史』山川出版社

ケインズ，ジョン・メイナード著，大野忠男訳（1980）『ケインズ全集10 ——人物評伝』東洋経済新報社

ケインズ，ジョン・メイナード著，大野一訳（2021a）『雇用，金利，通貨の一般理論』日経BP

ケインズ，ジョン・メイナード著，山岡洋一訳（2021b）『ケインズ 説得論集』日経BP

神戸大学経済経営学会編（2011）『ハンドブック経済学』ミネルヴァ書房

堺憲一（2009）『新版 あなたが歴史と出会うとき——経済の視点から』名古屋大学出版会

サムエルソン，ポール・アンソニー著，都留重人訳（1966-1967）『経済学——入門的分析』（上）・（下），岩波書店

スミス，アダム著，山岡洋一訳（2007）『国富論——国の豊かさの本質と原因についての研究』（上）・（下），日本経済新聞出版社

高木八尺・末延三次・宮沢俊義編（1957）『人権宣言集』岩波書店

谷川稔・北原敦・鈴木健夫・村岡健次（2009）『世界の歴史22 ——近代ヨーロッパの情熱と苦悩』中央公論新社

チャドウィック，エドウィン著，橋本正己訳（1990）『大英帝国における労働人口集団の衛生状態に関する報告書』日本公衆衛生協会

パイプス，リチャード著，飯嶋貴子訳（2007）『共産主義が見た夢』ランダムハウス講談社

林直道（2000）『恐慌・不況の経済学』新日本出版社

マーシャル，アルフレッド著，伊藤宣広訳（2014）『マーシャル クールヘッド＆ウォームハート』ミネルヴァ書房

マルクス，カール著，宮川彰訳（2001）『『経済学批判』への序言・序説』新日本出版社

マルクス，カール／エンゲルス，フリードリヒ著，服部文男訳（1998）『共産党宣言／共産主義の諸原理』新日本出版社

マルクス，カール／エンゲルス，フリードリヒ著，後藤洋訳（2000）『ゴータ綱領批判／エルフルト綱領批判』新日本出版社

ミル，ジョン・ステュアート著，末永茂喜訳（1959-1963）『経済学原理』（1）-（5），岩波書店

安元稔（2019）『イギリス歴史人口学研究——社会統計にあらわれた生と死』名古屋大学出版会

吉井昌彦・溝端佐登史編著（2011）『現代ロシア経済論』ミネルヴァ書房

レーニン著，角田安正訳（2011）『国家と革命』講談社

【第 15 章】

新井紀子（2018）『AI vs. 教科書が読めない子どもたち』東洋経済新報社

石黒浩（2009）『ロボットとは何か　人の心を映す鏡』講談社現代新書

今津健治（1992）『からくり儀右衛門』ダイヤモンド社

河本信雄（2019）『田中久重と技術の継承』思文閣出版

シュワブ，クラウス（2016）『第四次産業革命：ダボス会議が予測する未来』日経 BP マーケティング

トフラー，アルビン著，徳岡孝夫監訳（1982）『第三の波』中央公論社

マクニール，ウィリアム・ハーディ著，福岡洋一訳（2015）『世界史』Ⅰ，Ⅱ，楽工社

細川半蔵頼直（1796）『機巧図彙』東都書林，https://dl.ndl.go.jp/info:ndljp/pid/2568591

（参考サイト）
・オリヒメ　https://orihime.orylab.com/
・GROOVE X　https://lovot.life/
・ソフトバンク　https://www.softbankrobotics.com/jp/event/wrs/
・手塚プロダクション　https://tezukaosamu.net/jp/manga/291.html）
・東芝未来科学館
　https://toshiba-mirai-kagakukan.jp/history/toshiba_history/hisashige.htm
・Nippon.com（からくり人形）　https://www.nippon.com/ja/views/b00907/
・ロボットスタート　https://robotstart.co.jp/company.html

あとがき

　このテキストの発足は，立正大学経済学部「経済史基礎」の授業で何をどのように学ぶことが望まれるか，についての模索に由来する。テキストの構想は，経済学部における経済史という授業科目の位置づけを再確認するところから始まった。かつては，1年次には「一般経済史」を必修通年科目として配置していた。しかし，カリキュラム改正に伴って，「一般経済史」から「経済史入門」，そして「経済史基礎」へと名称変更され，さらに通年30回の科目から1セメスター15時間の科目となった。また，今後は1セメスター13回になると予定されている。2023年度における立正大学経済学部初年次必修専門科目としては，このほかに「ミクロ経済学基礎」「マクロ経済学基礎」「マルクス経済学基礎」が設置されている。基礎科目である以上，基本的に学ぶ項目を確定する必要があるということから，それをまとめたテキストを作ろうという構想を立てていたところ，創成社の西田徹さんが快くお引き受けくださった。確か2015年頃と記憶している。しかしながら，編者の怠慢から執筆が思うように進まず，構想から出版までにかなりの年月を費やしてしまった。申し訳ない限りである。この間に，第6章担当の田中が本学を離れて第14章担当の小沢が着任するという変化や，第10章担当の芳賀が経済史基礎の講師を辞めるなどの変化もあった。

　何を学んでもらうか，ということで苦労してきたのが，学生による既習科目・知識の相違である。経済史はもちろん大学に入学してから学ぶ科目ではあるが，学生の中に日本史を多く学んできた者とそうでない者，世界史を多く学んできた者とそうでない者が混在し，知識レベルにかなりの差が存在する。そこで，本テキストでは基本的な内容を主軸としつつ，知識のある方にも関心を持っていただけるよう，編年形式ではなくある程度時系列に沿いつつもテーマ

学習的な構成としてトピック的な事項も盛り込んだつもりである。また，理解を深めるために図も多く挿入した。2022年4月からは高校1年生で歴史総合が必修となったことから，今後一定の知識レベルの共有が図れることを期待している。

2023年4月

高橋美由紀

索　引

サ

【人名索引】

《編著者紹介》

髙橋美由紀（たかはし・みゆき）担当：第1章，第2章，第5章，
　立正大学経済学部教授　　　　　第12章，第13章，第15章

《著者紹介》（執筆順）

平伊佐雄（たいら・いさお）担当：第3章，第4章，第7章，第8章，
　立正大学経済学部准教授　　　　第9章

田中有紀（たなか・ゆうき）担当：第6章
　東京大学東洋文化研究所准教授

芳賀和樹（はが・かずき）担当：第10章
　法政大学人間環境学部准教授

水野里香（みずの・りか）担当：第11章
　立正大学・横浜国立大学非常勤講師

小沢佳史（おざわ・よしふみ）担当：第14章
　立正大学経済学部准教授

（検印省略）

2023 年 4 月 30 日　初版発行
2024 年 11 月 20 日　第二版発行　　　　　　　略称―経済史

現代社会を考えるための経済史 ［第二版］

編著者　髙橋美由紀
発行者　塚 田 尚 寛

発行所　東京都文京区　　**株式会社　創 成 社**
　　　　春日 2 - 13 - 1
　　　　電　話 03（3868）3867　　Ｆ Ａ Ｘ 03（5802）6802
　　　　出版部 03（3868）3857　　Ｆ Ａ Ｘ 03（5802）6801
　　　　http://www.books-sosei.com　振　替 00150-9-191261

定価はカバーに表示してあります。

©2023, 2024 Miyuki Takahashi　組版：ワードトップ　印刷：エーヴィスシステムズ
ISBN978-4-7944-3254-4　C3033　製本：エーヴィスシステムズ
Printed in Japan　　　　　　　落丁・乱丁本はお取り替えいたします。